JN044670

メタ認知トレーニングをはじめよう！

― MCTガイドブック―

編

石垣　琢麿

星和書店

は　じ　め　に

　メタ認知トレーニング（以下，MCT と記します）はドイツ・ハンブル
ク大学のシュテフェン・モリッツ（Steffen Moritz）教授のチームが開発
した精神療法・心理教育のプログラムです（Moritz & Woodward, 2007）。
筆者は 2009 年のヨーロッパ認知行動療法学会（EABCT）でモリッツ教
授の講演を直接初めて聴きました。そこで紹介されていた MCT が素晴ら
しいプログラムであることがわかり，2010 年から日本学術振興会・科学
研究費補助金の支援のもとに，現在まで継続的に日本に紹介してきました
（石垣，2012）。2015 年からは毎年のようにハンブルク大学で研修を受け，
共同研究を行っています。

　また日本では，MCT の研究と普及を目的とする MCT-J ネットワーク
（以下，M ネットと記します：http://mct-j.jpn.org/）を主催しています。
M ネットは 2021 年 8 月現在で会員数が 1,500 人を超えています。会員の
職業は多岐にわたり，精神科医療に携わる人たちだけでなく，教育・福
祉・産業分野の専門家も数多く含まれています。詳しくは第 15 章をご覧
ください。

　治療法を総合的に評価するためのメタ分析によって，MCT の統合失調
症に対する有効性はすでに明らかにされています（たとえば，Eichner &
Berna〔2016〕）。うつ病に関してもランダム化比較試験（RCT）がドイツ
で行われ，効果が実証されています。筆者らも日本で初めて統合失調症に
対する RCT を実施して効果を明らかにしました（Ishikawa et al., 2020）。

　MCT のキーワードは認知バイアス（認知的偏り）です。うつ状態や妄
想に陥りやすい人に対して，精神症状を直接扱うのではなく，症状の背
後にある認知バイアスに関する知識を持ってもらい（メタ認知的知識），
セッションの中でそれに気づき（メタ認知的体験），ホームワークでそれ

をモニタリングしたりコントロールしたり（目標＆活動）することによって，最終的に症状を改善させることが目的です。これらについて詳しくは第1章と第2章を，その他の認知機能とそのリハビリテーションに関しては第7章を，それぞれご覧ください。

　上記の目的を達成するために，臨床的に重要な認知バイアスごとに分かれたモジュールが用意され，モジュールに基づいて各セッションはきめ細かく構造化されています。また，（原則として）集団療法である利点を生かして，医療者が患者に教育する形式ではなく，参加当事者同士で気づきが深まるような工夫が随所に配置されています（たとえば，グループで行うクイズやディスカッション）。

　さらにメタ分析で明らかになったMCTの特長は，参加者の満足度が非常に高いという点です。つまり，ドイツや日本だけでなく世界中で，参加者は楽しみながら認知バイアスに関する学習ができ，MCTの結果に満足しているといえるでしょう。

　ハンブルク大学では統合失調症用MCTのコンセプトを受け継いだうつ病用のD-MCT（第4章と第11章），強迫症用のmyMCT（第5章），境界性パーソナリティ障害用のB-MCT，高齢者用のMCT-Silver（ともに第6章）なども開発しています。Mネットのメンバーは，うつ病のマニュアルを出版し（石垣・森重，2019），強迫症への日本語版セルフヘルプ・プログラムも完成させました（石川・吉田，2021）。

　MCTは開発者のモリッツ教授の「精神科医療はどの国でも予算が少ないので，各国語版を無料で提供したい」という希望から，ハンブルク大学のサイトから無料で入手できるようになっています（https://clinical-neuropsychology.de/metacognitive_training/）。ドイツの研究者はヨーロッパ全体，あるいは世界全体の状況を考慮して行動しています。ヨーロッパと一言でいっても経済的に豊かでない国もあり，特に精神科医療は立ち遅れている国もありますから，特許や独占権を主張しないモリッツ教授のグループはヨーロッパだけでなく世界全体の精神科医療に大いに貢献しているといってもよいでしょう。

日本でもモリッツ教授の意志に沿い，Mネットに入会すれば，統合失調症用と強迫症用のスライドやマニュアルを無料で入手できるように設定しました。うつ病に関してはマニュアルを購入した人が出版社のサイトから入手できるシステムになっています。このように，使用するツールに関しては日本でも入手の敷居は低いといえますが，実践する際に実施者（以下，トレーナーと記します）はいくつかの困難に遭遇することが予想されます。

　まず，MCTはグループで行うことが原則なので，集団療法を行ったことがない人は，ベテランの医療専門職であっても難しいと感じるかもしれません。次に，MCTの背景理論は認知行動療法（以下，CBTと記します）ですが，これを全く知らない人や，実践したことがない人は，MCTの臨床的意義の理解が難しいかもしれません。MCTのトレーナーはどのような職種が行ってもよいとマニュアルには書かれていますが，ドイツと日本では，実践者のCBTに関する知識と経験が異なるかもしれません。さらに，MCTではマニュアルが完備され，各セッションが構造化されているとはいえ，パワーポイント・スライドを使って手際よく患者グループに情報を伝えてディスカッションするという形式に，トレーナー自身が慣れていないかもしれません。

　そこで，本書では，【基礎編】の第1章から第7章でMCTとCBTの基礎，あるいはメタ認知や各種認知機能について解説し，【実践編】の第8章から第15章でさまざまな職種のトレーナーが日常臨床における実践上の工夫について解説し，MCTをこれから始めたい人や，さらに効果を上げたいトレーナーへ適切，かつ十分にアドバイスすることを目的としました。

　MCTのトレーナーは多職種ですから，それぞれの業務内容，知識，これまでの職業トレーニングのありかたは大きく異なっています。この多職種であることの利点はMCTでも大いに生かす必要があります。本書ではこれが【実践編】に反映されています。職種の違いだけでなく，入院，外来，デイケアなどの医療場面ごとで注意しなければならない点も異なりま

すから，それぞれの工夫も解説されています（第8章から第11章）。また，日常臨床で実践しやすいようにMCTを応用したケース（第12章と第13章）や専門家教育（第14章）に至るまで説明されていますので，多様な場面でMCTを使うコツを理解していただけると考えています。

　MCTとCBTの基本的知識は【基礎編】で共有します。最近は日本でもCBTが普及しつつありますが，一方で知識と経験の格差が広がっているかもしれません。MCTを実践するうえで，ある程度のCBTの知識は必須ですから，CBTについてよく知らないという読者はCBTの入門書として，よく知っているという読者は復習のつもりで，【基礎編】を読んでみてください。

　MCTはトレーニングという名前がついていて，参加への敷居も低いため，一般の人が（効果はともかく）認知症予防として取り組んでいる「脳トレ」や，NEARのような神経認知リハビリテーションと同じようにとらえられてしまう恐れがあります。これらの技法の中には，何度も繰り返すスキル学習によって効果が生じる課題もあるでしょうし，実際に記憶や遂行能力のような神経認知機能が向上するトレーニングもあるでしょう。しかしMCTはスキル学習のトレーニングではなく，また，神経認知機能の向上が第1の目標というわけでもありません。統合失調症に対する認知行動療法を理論的背景に持つ「心理教育＋精神療法」の1つとしてご理解ください。「何回繰り返したらよいか？」というご質問や，「認知機能の検査を行っても改善が認められない」というご意見をいただくことがありますが，目標としているところが少し違うので，できれば【基礎編】全体を読んでいただきMCTの背景をご理解いただけると幸いです。

　一方で，日常臨床で忙しく時間がない方はまず【実践編】で，現場ですぐに使える技術やコツを学んでください。また，すでにMCTを実践されている読者や，CBTに関する知識をお持ちの読者も【実践編】から読み進めて，【基礎編】に戻られることをお勧めします。各章は関連しつつも独立していますから，読者と同じ職種の執筆者の章（各執筆者の職種はp.300に記載）や，同じ職域や支援形態の章から読まれてもよいと思います。

先にも述べたように，モリッツ教授はMCTの資料を無償で提供することをルールとしていますから，資料に発生する著作権もそれに従って定められています。したがって，残念ながら，本書にMCTの資料をそのまま掲載することはできません。その代わり，類似の図表を使って説明します。また，【実践編】での各章には現場の工夫やありのままの姿が書かれていますので，元資料が手元になくても読者には実際の様子を感じ取っていただけるでしょう。

私たち執筆者は，統合失調症をはじめとする当事者の症状がMCTだけで軽減したり，社会適応がよくなったりするとはもちろん考えていません。MCTは支援ツールの1つに過ぎません。しかし，MCTは当事者と医療者の垣根を低くしたり，当事者の主体性や能動性を大切にしたりすることで，当事者により一層寄り添った支援を展開できる「窓口」になる可能性を秘めています。本書を手に取られた皆さんが，私たちと一緒にMCTに取り組まれ，当事者の立場や意見を大切にする支援のありかたを模索されることを心から期待しています。

最後に，各執筆者の職種や職場は多様ですので，それに応じてMCTの対象となる人々の呼び方は「患者さん」，「当事者」，「クライエント」などと異なっています。MCTが利用されている領域の広さを表すために表記はあえて統一しませんでした。どのような表記であっても，執筆者は対象者の人権を最大限に尊重していることをお伝えしておきます。（石垣琢麿）

1）Eichner C and Berna F：Acceptance and Efficacy of Metacognitive Training（MCT）on Positive Symptoms and Delusions in Patients With Schizophrenia：A Meta-analysis Taking Into Account Important Moderators. Schizophrenia Bulletin, 42：952-962, 2016.
2）石垣琢麿：メタ認知トレーニング（Metacognitive Training；MCT）日本語版の開発．精神医学，54：939-947，2012.
3）石垣琢麿，森重さとり監訳，原田晶子訳：うつ病のためのメタ認知トレーニング—解説と実施マニュアル—（Jelinek L, Hauschildt M and Moritz S：Metakognitives Training bei Depression（D-MKT）. Beltz, 2015）. 金子書房，東京，2019.
4）Ishikawa R, Ishigaki T, Shimada T, et al.：The Efficacy of extended metacognitive training for psychosis：A randomized controlled trial. Schizophrenia Research, 215：399-407, 2020.

5）石川亮太郎, 吉田賀一：myMCT 資料. MCT-J ネットワーク（http://mct-j.jpn. org/）, 2021.

6）Moritz S and Woodward TS : Metacognitive training in schizophrenia : From basic research to knowledge translation and intervention. Current Opinion in Psychiatry, 20 : 619-625, 2007.

Contents

基礎編

メタ認知とは

第1節　メタ認知の心理学的概念

1．メタ認知の意味

　メタ認知という言葉に対して「最近はどんどん新しい用語が出てきて困る」というご意見もあるかもしれませんが，実は概念が提唱されたのは今から50年近く前のことで，決して最近の新発見ではありません。

　メタというのは「〜の上の」とか「〜を超えた」という意味で，古代ギリシア語を起源に持ちます。また，ここで使われる認知という概念には，思考，信念，記憶，イメージなどが含まれます。したがって，メタ認知は「思考についての思考」と定義されることがあります。

　たとえば，「私は，『自分の仕事はとてもやりがいがある』と自分が考えていることを知っている」という思考を検討してみましょう。「自分の仕事はとてもやりがいがある」という考えが，いわゆる認知です。その外側にある「私は，そういう考え（認知）を自分が持っていることを知っている」という考えがメタ認知になります。両者の関係を簡単に**図1-1**に示しました。具体的な対象に関して，その場その場で抱く思考が認知とすれば，それらを包括して認識することがメタ認知だといえるでしょう。

　あるいは，自分の状態を俯瞰して見るのがメタ認知なのだ，という説明もわかりやすいかもしれません。うつ病用のD-MCTのスライドには，人工衛星から地球を眺めている絵が挿入されており，「これと同じように，自分の状態を観察することがメタ認知だ」と説明されています（**図1-2**）。

　しかしながら，認知という概念には思考，信念，記憶，イメージなど複数の心理的要素が含まれていますから，その上に位置するメタ認知も，多

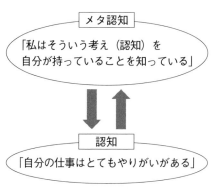

図1-1　認知とメタ認知

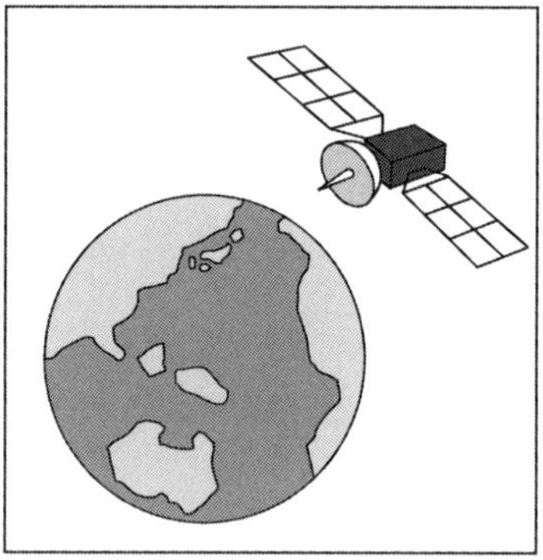

図1-2　人工衛星から眺めてみる

くの要素を含んだまま使用されてしまう可能性があります。メタ認知について勉強する際に，私たちはここに注意しなければなりません。学習者は，本や論文の筆者が何をメタ認知とよんでいるのかを明確にしておきましょう。また，あとで説明するように，メタ認知には知識だけでなく体験，目標，活動などの要素も含まれるため，どの要素に注目しているのかを押さえれば，精神療法のいろいろな理論や技法を混同してしまう恐れが減ります。

2．フレイヴェルの定義

　このようなメタ認知は，1970年代に提唱された当初から，発達心理学，教育心理学，学習心理学で注目されていましたが，精神医学や臨床心理学で取り上げられるようになったのは最近のことです。モリッツとライサカーによると，早くからメタ認知に注目していた発達心理学者のひとりにスタンフォード大学のジェイムズ・フレイヴェル（James Flavell）教授がいます（Moritz & Lysaker, 2018）。

　フレイヴェルは，幼児期から青年期にかけてメタ認知がどのように発達するかに興味がありました。そこでその発達過程を幼稚園児や小学生を対

表1-1　フレイヴェルが提唱した4つのメタ認知要素

メタ認知要素	概要
知識	人間の認知に関する知識。「人は焦っていると不注意になるものだ」。「自分は，記憶力は良いがなかなか決断できない」。人間，課題，方略の3つのカテゴリーがある。
体験	自らの認知に関する気づき。アハ体験を伴うことがある。メタ認知的モニタリングの1つとされることもある。
目標	メタ認知的モニタリングに基づいて設定される。活動の結果を評価して，必要に応じて柔軟に修正される。
活動	メタ認知的モニタリングと目標に基づいて遂行される。活動の結果を評価して，必要に応じて柔軟に修正される。メタ認知的活動と認知的活動の区別はあいまいである。

象にして調べました。「完璧に思い出すことができるまで，ある事物を記憶する」という実験的な方法を使って調べたところ，子どもたちは年長になるほど，自分の記憶力とそれに基づくパフォーマンスを適切に予測できるようになりました。つまり，年長の子どもが「自分は完璧に思い出せる」と言えば，実際にほとんどの場合で完璧に思い出せたのですが，幼い子どもの場合は，彼ら自身は完璧に思い出せると考えていても，実際にはそうならなかったのです。この研究から，人間は成長に伴って，うまく記憶できるようになるだけでなく，記憶という自分の認知の程度や状況を適切にモニタリングしたり，その結果に基づいて自らの行動を制御したりできるようになるということがわかります。

　しかし，フレイヴェルがいうメタ認知は，こうした認知（上記の例では記憶）の主観と客観を比較する能力だけを意味するのではありません。彼は相互に関連する4つのメタ認知要素を提案しています（Flavell, 1979）。(a) メタ認知的知識，(b) メタ認知的体験，(c) 目標（あるいは，課題），(d) 活動（あるいは，方略），です（表1-1）。本章ではこのフレイヴェルの提案した4つの要素に沿って解説したいと思います。

　発達心理学や教育心理学では，メタ認知の発達とピアジェ的な，あるい

はヴィゴツキー的な発達概念との関係が問題にされるのですが，本書は心理学の教科書ではありませんからそこには言及しません。詳しく知りたい読者は，三宮（2008）や三宮（2018）をお読みください。

　メタ認知が発達心理学や教育心理学で注目されている理由はたくさんあります。三宮真智子氏はメタ認知が研究されるようになった意義を次のようにまとめています（三宮，2008）。

・学習者の能動性や自己制御（自己調整）が注目されるようになった。
・学習の認知的側面と感情的・動機づけ的側面を統合して考えられるようになった。
・学習の転移を説明する枠組みを提供できるようになった。
・学習法や教授法の改善に向けて指針を提供できるようになった。

　学校の先生が漢字ドリルを毎日やれと言ったから，親にもうるさく言われてしぶしぶそれだけを毎日やっていたが，国語の成績は上がらなかった，という小学生を想像してみてください。やれと言われたことをやっていても成績が上がらず評価されないなら，「勉強なんてやらなくていいや！」とこの小学生は思うのではないでしょうか。メタ認知の観点からは，先生の助言を受けつつ，自分の興味に合った目標を持ち，スケジュールを組んで楽しく課題ができれば，国語だけでなく算数の成績も上がる可能性がある，ということになります。

　そんな理想的な小学生がいるはずがない，とは言わないでください。メタ認知は教育できるとアメリカ心理学会でも認められていますから，教育効果が上がらないのであれば，教師や親の指導のありかたに問題があるかもしれません。もちろん，子どもの発達過程に応じて，メタ認知に基づく教育のありかたも変えていく必要はありますし，子どもの発達スピードには個人差が大きいですから，指導が容易でないのは当然です。

　上記はあくまでも普通学級のような教育場面での学習を想定していますが，特別支援学級（学校）での学習や，医療機関で成人に対して行われる

表1−2　人間に関するメタ認知的知識の分類（三宮［2008］を参考に作成）

人間に関するメタ認知的知識	例
自分自身の認知特性についての知識	私は，英文読解は得意だが英会話は苦手だ。
個人間の認知特性についての比較に基づく知識	A さんは B さんより理解が早い。
一般的な認知特性についての知識	目標を持って学習したことは身につきやすい。

心理教育にも大きく関係すると考えられます。三宮（2008）はメタ認知研究の意義として，気分障害への介入や学習障害への支援に指針を提供できるようになったことも挙げていますが，この点については第2節で詳しく検討したいと思います。

3．メタ認知的知識

　フレイヴェルはメタ認知的知識を次のように定義しています。「人間を認知的存在として扱い，人間の多様な認知的課題，認知的目標，認知的活動，認知的経験を扱うために必要な，世界に関する知識」。少し難しいのでかみくだくと，「人の認知能力に関して，自分や家族・友人・同僚といった個別例についてだけでなく，人間全体や社会・世界についての知識を持つこと」といえるでしょう。「人は焦っていると不注意になるものだ」や「自分は，記憶力はよいがなかなか決断できない」などは人間のカテゴリーに当てはまりますし，「計算問題では数字の桁数が増えるほど計算ミスが増える」というのは課題のカテゴリーに，「抽象的問題を解くときは頭の中だけでなく紙に書き出して考えると正解に至りやすい」というのは方略のカテゴリーに含まれます。

　三宮は人間についてのメタ認知的知識を**表1−2**のように3つに分類しています（三宮，2008）。

　メタ認知的知識が重要な理由は，それに基づいて目標が設定されたり活動が行われたりするからです。もしこの知識が間違っていれば目標も活動も間違ったものになるかもしれません。「よいプレゼンテーションとは，

図1‑3　アハ体験（イメージ）

与えられた時間内にできるだけ多くの情報を速いペースで提示することである」というプレゼンテーションに関する間違ったメタ認知的知識を持った営業マンは，プレゼンテーションが短時間であっても情報を詰め込みすぎて，クライエントにかえってわかりづらい，悪いプレゼンテーションを行ってしまいます（三宮，2008）。

　また，第2節で詳しく解説するように，各精神障害に特有の偏った，あるいは誤ったメタ認知的知識があり，それらが働くことで症状が持続してしまう可能性が多くの研究で示されていますので，臨床上も重要です。

4．メタ認知的体験

　メタ認知的体験とは，自らの認知プロセスに関する何らかの気づきのことです。場合によってはアハ（A‑ha）体験（**図1‑3**）を伴います。アハ体験とは，簡単にいえば，これまでよく知らなかったことにはっと気づいたり，はっきりしなかったことが急に霧が晴れたように理解できたりする体験です。フレイヴェルは，こうしたメタ認知的体験には自分や他者のパフォーマンスに関する驚きや不満足感などが伴うと考えていました。

　メタ認知的体験はメタ認知的知識の獲得や修正に影響します。「なるほ

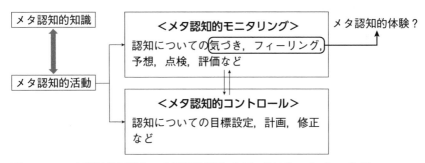

図1-4　メタ認知的知識とメタ認知的活動（三宮［2008］に基づいて作成）

ど！」と腑に落ちる体験があると，正しいメタ認知的知識が短時間で身につくでしょう。また，これまで持っていたメタ認知的知識が間違っていたとしても，「ああ，確かに間違っていた」という納得できる体験がないと容易に修正できないかもしれません。さらに，メタ認知的体験が残り2つのメタ認知要素（目標と活動）に先立って生じると，動機づけが高まり，適切な目標や活動が設定，実施されるため，学習が効率化，深化すると考えられています。

　理屈のうえで少し面倒なのですが，現代の心理学では，メタ認知的体験はメタ認知的活動に属するという考え方もあります。先のフレイヴェルの分類とは少し異なっています。三宮（2008）が「認知についての気づき・フィーリング」と表現したものがメタ認知的体験に相当すると考えられ，図1-4のようにメタ認知的活動の中のメタ認知的モニタリングの1つとしてとらえています。

　メタ認知的体験を独立したものとして考えるか，メタ認知的活動に含めるかというのは，心理学的には重要な議論ですが，一般的な精神科医療とはあまり関係がありません。モリッツ教授らは，メタ認知的体験はMCTにとってとても重要だと考えていますので，本書では表1-1のように独立したものとしてとらえておこうと思います。

5．目標

　現代心理学におけるメタ認知の概念を表す図1‐4では，目標や計画を立てることはメタ認知的コントロールに含まれます。しかし，メタ認知的な目標や計画というのは，自らの認知活動をモニタリング（観察）できていないと立てられませんから，結局のところ図1‐4のメタ認知的モニタリングとコントロールは常に連動していて分けられない場合も多いと考えられます。

　中学生の学習場面を考えてみましょう。やみくもに，あるいは先生が言ったからという理由だけで努力目標や学習計画を立てるのではなく，学習すべき内容の性質と自らの認知特性に照らし合わせて，現状で最適な目標を立てるのがメタ認知的な目標設定ということになります。たとえば，「自分は，暗記は苦手だけど戦国時代のゲームは好きだ。だから今は，細かい年号を覚えようとせず，戦国武将の重要な人物だけをまずは覚えよう」というような目標設定が大切だということです。ただし，それが可能になるのは，学習者が学ぶべき内容の全体像を理解できていたり，学習者に合わせた個別指導が行われていたり，時間的に余裕があったりする場合に限ります。このような一人ひとりの学習への配慮が重要になります。

　状況は急に変わることもありますし，活動の効果や結果によっては目標も再設定されなければなりません。「状況や，自分の認知と活動へのモニタリングに基づいて，メタ認知的な目標は柔軟に修正されるべきだ」ということもメタ認知的知識の1つでしょう。

6．活動

　フレイヴェルはメタ認知を使う例として，試験前の状況を挙げています（Flavell, 1979）。もし，試験の数日前に「合格できるほどは教科書を読み込んでいない」と強く感じたとすれば，それもメタ認知的体験だと彼は言います。この体験には強い不安が伴うことが容易に想像できます。この不安を払拭するために（ゲームやスマホに逃げるのではなく）積極的な行動をとると仮定した場合，認知的な活動（方略）とは，この教科書で大切だ

と先生が言った箇所を何度も読むことです。一方，メタ認知的な活動とは，学習すべき知識を自分自身に問い，試験でうまく答えられる程度を文字化したり数値化したりしてモニタリングしながら，理解を深めることです。ただし，その活動がメタ認知的なのか，認知的なのかは目標次第で変わるといわれており，境界はあいまいです。いずれにしても，目標を達成したり効果を上げたりするためには，活動はメタ認知的モニタリングに基づいて柔軟に修正されなければなりません。

1）Flavell JH : Metacognition and Cognitive Monitoring : A New Area of Cognitive-Developmental Inquiry. American Psychologist, 34 : 906-911, 1979.
2）Moritz S and Lysaker PH : Metacognition-What did James H. Flavell really say and the implications for the conceptualization and design of metacognitive interventions. Schizophrenia Research, 201 : 20-26, 2018.
3）三宮真智子：メタ認知研究の背景と意義. 三宮真智子編著：メタ認知—学習力を支える高次認知機能—. 北大路書房, 京都, p.1-16, 2008.
4）三宮真智子：メタ認知で〈学ぶ力〉を高める—認知心理学が解き明かす効果的学習法—. 北大路書房, 京都, 2018.

第2節　メタ認知を扱う臨床的意義

1. メタ認知的知識と病理

さて，ようやくここからメタ認知と臨床との関係についての解説になります。ここまで読み進めた読者は，メタ認知という心理的能力の重要性と，それが学習に及ぼす影響について理解できたと思います。

ここではメタ認知的知識の臨床的な面を検討します。メンタルヘルスにとってどのようなメタ認知的知識が問題になるのでしょう。**表1-3**には，病的な状態の偏ったメタ認知的知識の例を挙げました。

表1-3からもわかるように，病的な状態と関係するメタ認知的知識には，人間に関するカテゴリーに属するものだけでなく方略に関するものもあります。

CBTを学んだり実践したりしている人は「あれ？　メタ認知的知識は

表1‐3　病的な状態のメタ認知的知識の例

状態	偏ったメタ認知的知識
不安状態	いろいろと心配することは問題解決の役に立つ。
うつ状態	私は何をやってもうまくいかないし，同僚に迷惑をかける存在だ。
躁状態	私は万能なのだから周囲の人より常に優れている。
被害妄想	世の中は私をだまそうと狙っている人で満ちている。

CBTの介入対象とされている自動思考と同じではないか。あるいは，ス
キーマとよばれる信念に近いのではないか」という疑問を持つかもしれま
せん。その疑問は間違いではなく，メタ認知的知識と自動思考やスキーマ
との重なりは大きいのです。特に気分障害や被害妄想のCBTについてよ
くご存じの読者は，頭の中で言葉の読み替えが必要になるかもしれませ
ん。

　概念が似ているのに言葉が異なるので混乱してしまいますが，臨床で注
目された時期が異なるためにこのような事態が生じたと考えられていま
す。たとえば，アーロン・ベック（Aaron Beck）が認知療法を始めたの
は1950年代からですが，そのころはまだメタ認知の概念は発達心理学の
分野でも生まれていませんでした。メタ認知の概念がもう少し早く臨床に
生かされていたら混乱は生じなかっただろうとモリッツとライサカーも
言っています（Moritz & Lysaker, 2018）。CBTをあまりよくご存じない
読者は，次章第2節を参考にしてください。

　さて，メタ認知的知識と自動思考・スキーマとの異同についての議論は
とりあえずわきへ置いて，表1‐3のような知識に基づいて目標が立てら
れ，活動が遂行されたらどうなるか，被害妄想の例から考えてみましょう
（図1‐5）。

　表1‐3の「世の中は私をだまそうと狙っている人で満ちている」とい
う強い猜疑心は，この人の信念（＝思考）です。しかし，事実ではありま
せん。にもかかわらず，メタ認知的モニタリングやコントロールができて

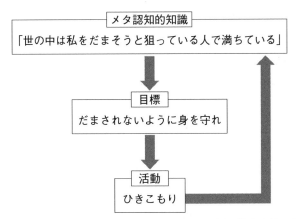

図1−5　メタ認知的知識と目標・活動の関係：被害妄想の例

いないと，ゆるぎのない事実（＝知識）になってしまうことがあります。これに基づいて立てられる目標の１つは，「だまされないように身を守れ」です。自分の身を守らなければならない敵は，同居する家族かもしれませんし，世の中の人すべてかもしれません。とはいえ，その目標を達成するために他者への攻撃行動をとる人は，実際にはそれほど多くはありません。家族や友人などと小競り合いは起こしても，暴力的な手段がとられることはめったにないと言ってよいでしょう。他者への攻撃とは逆に，狙われているという恐怖によって社会からのひきこもりを選択する人のほうが多いのではないでしょうか。

　ひきこもっていると他者，あるいは社会との接触がなくなりますから，自らのメタ認知的知識を修正する機会が失われ，さらに強化されてしまうかもしれません。加えて，生活環境の狭小化によって些細な環境変化への注目が起こります。たとえば，真冬に家族が家の窓を換気のために開けたとしましょう。その意図を知らないと，「閉まっているべきはずの窓が開いていて，自分はとても寒い。これが自分を苦しめようと狙っている人がいる証拠なんだ」と自分のメタ認知的知識を強化する証拠ばかりを集めて

しまうことになりかねません。

　このように，メタ認知的知識と目標・活動は互いに強め合ってしまいます。病的な状態では，恐怖，不安，抑うつなどのネガティブな気分も強く影響して，知識－目標－活動の関係はさらに強固なものになっていきます。

２．認知バイアス

　認知バイアスは MCT の主な介入対象ですから次章以降で具体的に説明します。ここでは概説にとどめておきます。

　認知バイアスはたまに「認知の誤り（＝エラー）」などと記されることがあります。しかし筆者は「認知の偏り（＝バイアス）」のほうが妥当だと考えています。「誤り」という言葉の反対には「正しい」があるはずですが，人の認知が正しいか誤っているか，誰も判断できません。もし判断できるとしても，判断する人の価値観が反映されてしまうので普遍的ではありません。また，「正しいか誤っているか」という「白か黒か」の考え方はメンタルヘルスにとって危険です。その点，偏りという言葉は，ある極から反対の極までの幅広い中間があることを想定しています。つまり，白と黒の間にいろいろな濃さの灰色の段階があるということです。このことは MCT にとってとても大切な考え方なのです。

　さて，認知バイアスにはどのようなものがあるでしょう。表１－４に例を２つ挙げておきました。「結論への飛躍（jumping to conclusion）」は特に妄想と関連する認知バイアスとして知られていますが，うつ病とも関連するといわれています。少ない証拠で結論を導いてしまう傾向のことですが，この傾向は発症前のハイリスク状態でも，寛解に至った状態でも，ある程度続くと考えられていますし，受診はしていないが妄想的な考え方を抱きやすい人にも存在するといわれています。「べき」思考はうつ病の臨床で見出された，自分の思考や行動を強く縛ってしまう認知バイアスです。

　先にも書きましたが，認知バイアスは日常生活で必要だったり役に立ったりすることもあります。たとえば，出勤前にあまり深く考えず靴下を選

表1-4　認知バイアスの例

認知バイアス	概要
結論への飛躍	少ない証拠で結論を導いてしまう傾向。特に妄想と関連すると考えられている。
「べき」思考	「〇〇ならば××すべきだ」という考え方を固く抱いて，多くの場面にあてはめてしまうこと。特に抑うつと関連すると考えられている。

ぶこと（結論への飛躍）はかえって時間の節約になります。また，「医療者は清潔を心がけるべきだ」という「べき」思考は職責上必要です。問題になるのは，結論に飛びついてはいけない状況で即断したり，「べき」思考を融通が利かないほど強く持ち，仕事場面以外の至るところで使ってしまったりするときです。自分の発言に相手が相槌を打たなかっただけで「この人は自分を嫌っている」と強く考えたり，医療者が自宅や遊びに行った先で職場と同じように「清潔であるべきだ」と考えたりしたら，日常生活はどうなってしまうでしょう。

　こうした認知バイアス，あるいは「考え方のクセ」ともいえる心理的現象はいくつも発見されています（たとえば，鈴木〔2020〕や高橋〔2021〕）。認知バイアスはクセですから，自分で気づくことはなかなか難しいのです。貧乏ゆすりをする人が，ほかの人から注意されてはじめて，脚をがたがた動かしていることに気づくのと同じです。

　CBTやMCTでは，こうした認知バイアスが妄想や抑うつのような精神症状を強めたり，持続させたり，再燃させたりする心理的要因だと考えています。精神症状が出現する根本的な原因はまだよくわかっていませんが，そこには脳内の多くの神経伝達物質が関与しているでしょう。また，たとえば統合失調症の再発には，感情表出（Expressed Emotion：EE）のような社会的要因も重要だということが知られています。このような生物的要因や社会的要因は精神障害の発症や再発に大きな影響を与えます。心理的要因も同様に精神症状に影響することが知られており，その1つと

して認知バイアスが重要だと現在では考えられています。

治療上まず大切なのは、「一般に，人間にはこういう認知バイアスがある」，あるいは「私はある場面でこの認知バイアスを働かせがちだ」と気づくことです。この気づきもメタ認知的体験といえるでしょう。そして，それを知識として定着させたものがメタ認知的知識です。CBT や MCTでは，このメタ認知的知識をもとに適応的な行動を身につけるための目標が設定され，活動することになります。

3. ウェルズのメタ認知療法

英国のエイドリアン・ウェルズ（Adrian Wells）が創始した精神療法はメタ認知療法（Meta Cognitive Therapy）とよばれ，「MCT」と略されることがあるため，メタ認知トレーニングと混同しないよう注意してください。

アーロン・ベックが創始した認知療法が自動思考やスキーマという認知の「内容」（＝何を考えるか）を問い，それらを適応的に修正することをめざすのに対し，ウェルズのメタ認知療法は心配，反すう，思考抑制などの認知の「プロセス」と，それを持続させてしまうメタ認知的要因に病理的問題があると考えました（Wells, 2011）。反すうというのは文字通り，ネガティブな考えやイメージを頭の中で繰り返し想起してしまうことです。思考抑制とは，嫌な思考や記憶が頭に浮かばないように努力してしまうことです。思考抑制を強く行うと，思い出したくない考えや出来事をかえって思い出してしまうということは，読者の皆さんにもおぼえがあるのではないでしょうか。

メタ認知療法では，メタ認知を含む自己調節実行機能（Self-Regulatory Executive Function：S-REF）という心理モデルと，注意認知症候群（Cognitive Attention Syndrome：CAS）という概念が重要です。そして，病理の根源である自己注目から逃れるための方法であるデタッチト・マインドフルネス（Detached Mindfulness）の獲得を治療法の中心に据えています。デタッチト・マインドフルネスは「距離をおいた客観性」ともよ

ばれます。

　不安症やうつ病で長年苦しんでいる人たちには非常に硬い思考パターンがあり，それを適応的に修正するためには長い時間がかかり，認知療法のやり方では修正できないかもしれないとウェルズは考えました。そこで，「自分の思考は思考に過ぎず，事実ではない」と考えて距離をおき，自分の心理現象にばかり向いている注意を柔軟に切り替えられるようになることが症状改善のうえで重要だと考えました。このようなメタ認知を獲得するためにマインドフルネス瞑想が推奨されることもあります。

　メタ認知療法が当初，全般不安症（全般性不安障害）を対象に発展したことを考えれば，ウェルズが理論を展開したプロセスがよく理解できます。メタ認知療法が病理の所在だと考えるメタ認知的要因には知識と活動（方略）の両方が含まれています。

　たとえば，表1−3で示した「いろいろと心配することは問題解決の役に立つ（方略）」というメタ認知的知識を考えてみましょう。心配しても問題解決に役立たないことは心理学的な研究上も，個人の経験上も，よく知られています。しかし，いわゆる心配性の人や全般不安症の人は，ネガティブな記憶や考えが頭をよぎるたびに「心配する」という方略を使ってしまい，問題解決が遅れ，さらに不安が持続するのです。それは上記のようなメタ認知的知識によって心配することが肯定的にとらえられてしまっているからだとメタ認知療法では考えます。こうした心理メカニズムを理解したうえで，デタッチト・マインドフルネスを身につけることが治療上大切になります。メタ認知療法については，日本語で杉浦・杉浦（2008）やウェルズ（2012）に詳しい解説がありますので，興味のある人は参照してください。

　このように，メタ認知療法とMCTは出自がまったく異なりますし，背景概念や実践方法も異なっていますが，MCTにはメタ認知療法的な考え方，たとえば反すう，思考抑制という認知プロセスや思考パターン，あるいは不適応的なメタ認知的知識が不安や抑うつを持続させてしまうこと，デタッチト・マインドフルネスが有効であること，などが取り入れられて

います。次章第1節で解説するように，MCT ではメタ認知的体験を経て
メタ認知的知識を獲得するという学習の流れを治療上重視していますが，
内容としては当事者の役に立つことはすべて取り入れようとしており，精
神療法の技法による区別を行っていません。

4．心理教育と精神療法へのメタ認知からの示唆

　本章第1節（2）で取り上げた小学生の仮想例を再掲します。学校の先
生が漢字ドリルを毎日やれと言ったから，親にもうるさく言われてしぶし
ぶそれだけを毎日やっていたが，国語の成績は上がらなかった。この小学
生は，やれと言われたことをやっていても成績が上がらず評価されないな
ら，「勉強なんてやらなくていいや！」と考えた。別の小学生は，先生の
助言を受けつつ，自分の興味に合った目標を持ち，スケジュールを組んで
楽しく課題ができたので，国語だけでなく算数の成績も上がった。

　こうした例は小学生だけにあてはまるものではありません。メタ認知に
関連させて考えれば，大人にも該当する部分が必ずあるはずです。精神科
の日常臨床では大人の当事者を対象に心理教育を行ったり，精神療法を実
践したりすることが多いのですが，身体科でも大人を対象とする状況は同
じでしょう。たとえば，糖尿病の血糖コントロールに関して，やるべきだ
と教えたことを患者さんが正しく実践しないのでイライラしたりがっかり
したりした経験のある医療者は多いと思います。まず，糖尿病で治療への
モチベーションが低い患者さんに対しては動機づけ面接が大切です。そし
て，実際に学習がはじまったら，学習者（当事者）の主体性を重視しつ
つ，自らの認知に関するメタ認知的知識を獲得してもらい，それに合わせ
た課題とゴールを設定することが効果を上げる鍵になります。

　ここで重要なのは，CBT で重視される協働的経験主義とよばれる姿勢
と，集団におけるピアの力です。協働的経験主義とは，簡単にいえば，治
療者と当事者が同じ目線で問題解決しようとする態度のことです。「共同
研究者のような態度」と説明されることもあります。医療者がどんなに親
切に，どんなにていねいに説明しても，「上から目線」では当事者の理解

図1-6　協働的経験主義とピアの重要性
（イメージ）

は深まりません。ピアとは同僚とか仲間とかという意味ですが，ここでは
MCT に参加している人たち，「同じ問題を抱えた人同士」の意味でとら
えてください（**図1-6**）。

　協働的経験主義もピアも，MCT では非常に重視されます。つまり，医
療者からの一方的な情報伝達だけでは当事者のメタ認知に働きかけること
はできず，仲間の体験を聴いたり自分と比較したり，あるいは自分と同じ
目線のトレーナーからの助言を得たりすることによってはじめて，「なる
ほど，自分はこういう認知バイアスを持っているんだ！」というアハ体験
を伴うメタ認知的体験を経て，メタ認知的知識を獲得できるということです。

　MCT は「当事者と同じ目線に立つ」という難しい課題を医療者に突き
つけます。しかし，MCT では意外と楽に，この態度を実践できます。こ
の点については次章で説明します。　　　　　　　　　　　　（石垣琢麿）

1）Moritz S and Lysaker PH : Metacognition : What did James H. Flavell really
　say and the implications for the conceptualization and design of metacognitive
　interventions. Schizophrenia Research, 201 : 20-26, 2018.
2）杉浦義典，杉浦知子：認知行動療法とメタ認知．三宮真智子編著：メタ認知―学習
　力を支える高次認知機能―．北大路書房，京都，p.189-206, 2008.

3）鈴木宏昭：認知バイアス─心に潜むふしぎな働き─．講談社ブルーバックス，東京，2020．

4）高橋昌一郎監修，情報文化研究所著：情報を正しく選択するための認知バイアス事典．フォレスト出版株式会社，東京，2021．

5）Wells A : Metacognitive Therapy for Anxiety and Depression. Guilford Press, New York, 2011．（熊野宏昭，今井正司，境泉洋監訳：メタ認知療法─うつと不安の新しいケースフォーミュレーション─．日本評論社，東京，2012.）

第
2
章

メタ認知トレーニングとは
―メタ認知トレーニングと認知行動療法―

第1節　メタ認知トレーニングの概説

1．概要

　本章では，MCT シリーズで最初に開発された統合失調症用 MCT（以下，本章では単に MCT と記します）について概説します。ほかの精神障害に対するトレーニングも基本的な考え方や実施方法は共通していますから，MCT を理解すればシリーズ全体の中核的な考え方と方法を理解することができます。なお，本章第1節には【基礎編】第3章と重複する箇所がいくつも出てきます。繰り返し学習することが目的ですが，煩わしい場合は第3章に進んでいただいて結構です。

　MCT は特に妄想を抱きやすい人によくみられる認知バイアスに焦点を当てた8つのモジュール（module）から構成されています（表2‐1）。8つのモジュールのかたまりは1サイクル（Cycle）とよばれ，2サイクルが用意されています。2つのサイクルに属するモジュールのタイトルは同じですが，使われるスライドは異なっています。

表2‐1　MCT の基本的モジュール

モジュールのタイトル
1．帰属―誰かのせいと自分のおかげ
2．結論への飛躍 I
3．思い込みを変えよう
4．共感すること I
5．記憶
6．共感すること II
7．結論への飛躍 II
8．気分

クイズ：このスライドをしばらく見た後で，見えないようにして，何が描かれていたかを当てる。

図2-1 「5. 記憶」のクイズの例

　それぞれのモジュールは構造化されています。つまり，セッションの進行の仕方や行うべきことが決められています。使用できるスライドの量は膨大なので，トレーナーが適宜選択して用います。選択の基準としては，参加者の状態，MCTへの慣れ（参加者とトレーナー双方の），時間設定などが挙げられますが，マニュアルを参考にして選ぶこともできます。各モジュールのテーマに関連する認知バイアスへの気づき（メタ認知的体験）と知識（メタ認知的知識）が得られるよう随所に工夫が施されています。

　認知バイアスに注目したところがMCTのきわめて優れた点です。前章でも説明しましたが，認知のバイアス（＝偏り）の程度は白から黒までの間にあり，人によってさまざまです。つまり，「症状」はなくても，バイアスならば誰にでも大なり小なりありうると考えられます。突き詰めれば，認知バイアスは患者さんでなくても存在するということです。

　筆者もトレーナーとしてMCTに参加してきましたが，「自分にも認知バイアスがあるな」と実感することが多々ありました。つまり，筆者にとってのメタ認知的体験でした。それは参加者と一緒にMCTのクイズを行っているときです。クイズの詳細はその他の章に譲りますが，各モジュールではクイズによって認知バイアスの存在が明らかにされるのです。

　たとえば，「5. 記憶」での例を図2-1に示します（図はMCTで実際に使われているスライドとは異なります）。

表２-２　MCT で用いられるクイズの利点の例

生じる現象	利点とその意味
トレーナーも答えをはずすことがある。	誰にでも認知バイアスがあることが参加者に実感できる。
１つのテーマに関していろいろな意見があることがわかる。	１つのテーマを多角的に考えることの重要性を理解できる。
	自分とは異なる意見があっても，それは自然なことだと実感できる。
はずれても間違いではない。	評価されないので安心して発言できる。
共感してもらえる。励ましてもらえる。	参加へのモチベーションが上がる。自尊心が高まる。

　絵に描かれた情景が何か（どこか）を理解すると，私たちはそこに描かれていなかったものも描かれていたかのように考えがちです。

　たとえば，図２-１はプールの絵ですが，ビーチボールは描かれていません。しかし，「描かれていたのは何だったでしょう？」という問いの選択肢にビーチボールがあると，実際にそれが描かれていたような気になってしまう，ということです。これは人間の記憶の不確かさを表す現象だといえますが，「こういう情景なのだから○○が描かれているに違いない」という思い込み（＝バイアス）や自分の過去の経験が現在の記憶を支配してしまう可能性も示唆しています。

　私たちはカメラのようにそこにあるものすべてを記憶することはできませんから，限界のある人間の記憶力を補う意味でこの記憶のバイアスは非常に優れた一面も持っています。MCT では認知バイアスを一方的な悪者にするのではなく，状況によって適応的にも不適応的にもなるということが強調されます。これも，認知バイアスに関する正しいメタ認知的知識ということができます。

　表２-２には MCT でクイズを使う利点を示しました。ここで，前章の最後を思い出してください。トレーナーが参加者と同じ目線に立って考えることとピアの力が MCT では重要だと考えられている，という内容でし

た。表2-2をご覧になって，まず，ピアの力は一目瞭然です。1つの事象を多角的に考えることや，共感・励ましを得ることはピア・グループならではの利点でしょう。

　前章の最後に筆者が「MCTでは意外と楽に，この態度（当事者と同じ目線に立つこと）を実践できる」と書いた意味を，表2-2からご理解いただけるでしょうか？　筆者もトレーナーとして参加者のユニークな，しかし論理的な視点に驚いたことがしばしばありますし，実際に自分が答えをはずしてみると，自然に参加者と同じ目線に立たざるを得なくなります。これは頑張ることなく達成できるので，参加者にとってもトレーナーにとってもありがたいことです。

　さて，認知バイアスを扱うもう1つの利点は，症状や病気という言葉を使わなくてもよいことです。医療者は，自分では当事者との間の垣根を意識していなくても，患者，症状，病気などの言葉を使うことによって，どうしても自他を分けてしまいますし，その言葉を聞いた当事者も見えない垣根を感じることになります。しかし，認知バイアスであれば，程度の問題だけで自他ともにあるわけですから，抵抗なく共有できるでしょう。

　また，よくあることですが，幻聴や妄想と名づけられた体験が自分の生活を脅かしていると考えていない場合，つまりいわゆる病識がない人の一部は，「症状や病気を治そう！」と銘打ったグループに参加しようとはそもそも考えません。医師や看護師や家族が参加しろと言うからしぶしぶ，という人が多いと思われます。しかし，認知バイアスや「考え方のクセ」について考えましょう，というグループならば，抵抗なく参加できることに加えて，認知バイアスは誰にでも（トレーナーにも）あるわけですから，「自分にもあるかも」と考えてくれたら，そこからさらに治療を展開できます。

　もちろんMCTでも，「妄想は認知バイアスと同じで誰にでもあるのだから気にするな」などと伝えるわけではありません。認知バイアスが極端な状況になると妄想に至ってしまうという説明が繰り返し行われますし，実際に極端な状況に陥った体験がないかと参加者に問いかけます。「妄想

をなくしましょう」と直接的に伝えるのではなく，認知バイアスと症状が関連していることを学び（＝メタ認知的知識），認知バイアスが極端になるような状況を避けること（＝目標や活動）を促すことで，結果として妄想に陥るのを避ける，というのが MCT の方略なのです。

　MCT の各モジュールで繰り返し伝えられるメッセージは，「結論を出す前に十分な情報を集めよう」ということと，「いったん決めたことであっても状況によって修正してよい」ということです。前者の「十分な情報」には他者の意見も含まれます。このメッセージが重要な理由は，結論への飛躍バイアスとともに，自分の予想に沿った証拠だけを集めようとする確証バイアスや，うつや不安のような妄想以外の症状も妄想に影響するからです。また，「いったん決めたことであっても状況によって修正してよい」というメッセージが重要なのは，結論を出した後でも情報が加わる可能性があるにもかかわらず思考を修正できない固さが，妄想を抱きやすい人にはあるからです。これらはすべて，MCT の中で，獲得すべきメタ認知的知識として繰り返し学習されます。

　MCT はグループで実施することが基本とされていますが，集団に対する恐怖や緊張が強く，グループに参加できない人もいます。そういう当事者とトレーナーが一対一で行う MCT ＋（プラス）も開発されています。MCT ＋はオリジナルの MCT とは構成が多少異なります。MCT ＋の「ユニット」の詳細は第3章コラムをご覧ください。

　また最近では，表2-1の8つのモジュールに，「9．自尊心」と「10．偏見（スティグマ）に対処する」の2つのモジュールが加えられました。筆者らはこの10のモジュールを用いて効果を測定し，MCT 終了後も陽性症状の改善が継続することを実証しました（Ishikawa et al., 2020）。

　「8．気分」や「9．自尊心」を敢えてモジュールとして設定した背景には，統合失調症の心理学的な研究が反映されています。統合失調症の当事者の多くは抑うつ気分に苦しめられており，その背景には自尊心の著しい低下があると考えられています。また，こうしたネガティブな思考や気分が妄想を持続させてしまう間接的な要因になっていることもわかってき

ました。

　さらに，社会からの偏見（スティグマ），あるいは自分自身が精神障害に対して抱いている偏見が，ネガティブな気分をもたらして，社会的にひきこもる行動を助長している可能性もあります。こうしたスティグマに個人が立ち向かうのは大変なことですが，「10. 偏見（スティグマ）に対処する」では，精神障害に関するノーマライゼーション（p.40 の解説を参照）が行われ，対処法の例が紹介されて，偏見に少しでも立ち向かえるよう支援しています。妄想だけでなく当事者の気分や QOL を向上させる意味でも，これらのモジュールの役目は大きいと考えられます。

　MCT の効果に関するメタ分析（Eichner & Berna, 2016）でも明らかにされているように，MCT は症状に対して有効なだけでなく，参加者がMCT を喜んで受け入れて，楽しいと感じていることがわかっています。日本でも同じ傾向が認められました（細野ら，2016）。これは MCT 自体の効果だけでなく，トレーナーの姿勢やピアの力にもよると思われます。MCT に何度も参加することの効果は今のところ不明ですが，集団活動の1 つとして長期にわたって参加することにも意味があるかもしれません。参加者の気分や QOL の改善にも MCT が役立ってくれることを期待しています。

２．モジュールの構造

　各モジュールは心理教育とノーマライゼーションから始まります。たとえば，モジュール 2「結論への飛躍Ⅰ」をみてみましょう。まず，結論への飛躍という認知バイアスが，人間全般にみられることが参加者に示されます（＝ノーマライゼーション）。次に，結論へ飛躍してしまう多くの実例や，それによる問題が示されます。そして，クイズが挿入されます。モジュール 2 では，少しずつ完成する線画が何を描いたものか当てるクイズと，だまし絵によるクイズが用意されています。最後に「学習目標」が提示され，精神症状と結論への飛躍の関係性が示されて終わりになります。ここでも先ほどの「結論を出す前に十分な情報を集めよう」と，「いった

表2-3　MCT の資料構成

資料	概要
16 のパワーポイント・スライド	各々8つのモジュールを含むサイクル A とサイクル B からなる
マニュアル	全体の概念と，各モジュールの実践方法，実践ポイントが示されている
6 つのホームワーク資料	モジュールごとに用意されている（ただし，モジュール2と7，4と6は同じ資料）。ホームワークの前半はモジュールの要点がまとめられており，後半はモジュールの内容に沿った日常生活での実体験を自己記入する課題が設定されている
1 枚のイエローカード	認知的修正，対処法の再考を促す3つの質問「そう考える証拠は何ですか？」「別の見方はありますか？」「たとえ本当だとしても，過剰に反応していないでしょうか？」からなる
1 枚のレッドカード	緊急連絡先を記入するカード

ん決めたことであっても状況によって修正してよい」が伝えられます。

　この構造やセッションの流れは，すべてのモジュールで共通しています。構造が各モジュールで共通しているために，トレーナーが実践しやすく，認知機能がやや低下している人も安心して参加できます。認知機能が低下すると突然の予定変更や，やり方が流動的に変化することにうまく適応できないことがありますから，MCT の一貫した構造は「安心できるマンネリ」を生み出すためのものだと理解してください。

　MCT を実施するうえで必要な資料は**表2-3**のような構成になっています。パワーポイントによる膨大な量のスライド，トレーナー用のマニュアル，ホームワークのための資料，イエローカードとレッドカードです。現在はすべての日本語版があり，M ネット会員にはこれらの日本語版も無料で提供されています。

　マニュアルはとてもていねいに，詳しくできているので，初めて実践する場合はこれを熟読し，できればスタッフ同士で試してから当事者グルー

メタ認知トレーニング（MCT）：自分に対する３つの質問

もしあなたが，バカにされた，おどされた，恥をかかされた，と感じたら…？

１．証拠はあるか？

どうやってそれがわかったのか？本当の証拠？うわさ？推測？私は真実をすべて知っているのか？

２．別の見方はあるか？

私が信頼する人は，別の見方をするのではないか？結論に飛びついていないか？　この状況を公平に，客観的にとらえているか？

３．たとえそれが本当だとしても…，私は過剰に反応していないか？

私は適切に反応しているか？過剰に反応して，将来損をすることはないか？まずよく考えて―それから行動！

図２-２　MCT のイエローカードの内容

プを対象に実践してみることをお勧めします。

　サッカーが大好きなドイツ人が作ったツールですからイエローカードもレッドカードも用意されています。イエローカードのほうは，妄想が生じそうな場面や状態だと自ら気づいたら，MCT で学習した内容を思い出せるような質問が並べられています（**図２-２**）。「危ないと思ったらこれを見て立ち止まってほしい」という意味がこめられています。ただし，何を危ない状況とするかを本人がしっかりと認識していないといけません。そこを MCT の各モジュールで学習することになります。「こういう状況は自分にとって危険である」という知識もメタ認知的知識といえます。レッドカードは危機的状況にあるときに使いますから，援助してもらえる人（専門家や家族，友人）の連絡先を記入します。

３．実施方法

　MCT の１つのモジュールには大量のパワーポイント・スライドが含ま

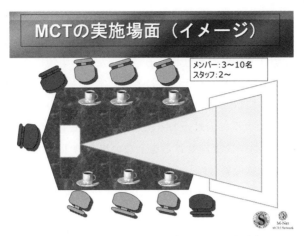

図2-3　MCTの実施場面の例（野村照幸氏作成）

れています。それをトレーナーが適宜選んで，スクリーンに映写します。**図2-3**（国立病院機構さいがた医療センターの野村照幸氏作成）を参考にしてください。

　マニュアルでは，1週間で2つのモジュールを実施し，体験を深めて効果を維持するために2つのサイクルの両方に参加することが推奨されています。しかしながら，先行研究でも週1回，合計8回参加で有効性が証明されています。日本での臨床研究（Ishikawa et al., 2020）でも週1回，合計10回で効果が認められています。

　実施するモジュールの順番は決められていませんから，どのモジュールから始めても構いません。ただし，筆者の経験では，内容を理解することが少々難しいモジュールもありますので，参加者の状態やMCTへの慣れに合わせて，事前に順番を決めておいたほうがよかろうと思います。もちろん，トレーナー自身の習熟度も基準になります。

　MCTはオープングループで行われます。ここでのオープングループというのは，たとえば最初の2回を休んでしまったが3回目から出席する，ということが許されるグループという意味です。所要時間は，マニュアル

では 45 ～ 60 分とありますが，筆者の経験では 60 分程度は必要です。マニュアルでは，グループの人数は 3 人以上 10 人までが適当となっており，一般的な集団療法と同じだと思われます。ただし，事情によっては参加者が 1 人だけという状況も生じうるでしょう。本当はグループで実施すべきですが，マニュアルには「参加者が 1 人では実施できない」とは書かれていません。先述したように一対一の方法としては MCT ＋ が開発されていますが，MCT を一対一で実施せざるをえない場合の工夫は第 9 章に詳しく紹介されていますので参考にしてください。

　図 2-3 の濃いグレーの座席にはトレーナーを含むスタッフが座ります。この図だと 6 人の参加者と 3 人のスタッフがいます。トレーナー以外に 1 人から数人のスタッフが同席すると，トレーナーが気づかないところや手が届かないところをカバーしてもらえるので進行がスムーズになります。たとえば，参加はしても発言できない人をサポートしてくれたり，万一具合が悪くなった人がいれば別室に付き添ってもらったりできます。

　マニュアルでは，「はじめに前回のモジュールを振り返り，次にホームワークの確認を行う」という順序が推奨されています。セッション終了の時間が迫っているときは，すべてを終えていなくても，トレーナーはそのモジュールの学習目標が要約されている最後のスライドだけは提示すべきだとされています。セッションの最後にホームワーク用紙が配布されます。万一，セッション中に参加者の精神症状が悪くなった場合は，その場での治療的行為は行わず，主治医や担当者にお願いしてください。

　ホームワークはとても重要です。MCT セッション自体よりも大切かもしれません。MCT の背景理論となっている CBT でも同じことがいわれています。セッション中にどれだけうまくいっても，学習したことが日常生活で生かされなければ意味がないからです。

　筆者の経験では，ホームワークをしっかりやってくる参加者は比較的少ない印象です。しかし，トレーナーはがっかりしないでください。表 2-4 に示したような対応をお願いします。

　一方，当事者がホームワークを実践しなくても，その人に関わるすべて

表2-4　ホームワークについての問題への対応

問題	対応
一部しかやっていない。	一部でも問題はありません。やれたことを評価して，次の機会には別の部分をやってみるよう勧めてください。
まったくやってこない。	もしかすると，ホームワーク自体がその人に合っていないか，理解できていないのかもしれません。その人ができるような内容や量に，あるいはその人が興味を持てるようなものに変えてみましょう。
ホームワーク用紙を失くしてしまった。	筆者は参加者一人ひとりにホームワーク用のプラスティック・ファイルを渡して，失くさないようにお願いしています。

の医療スタッフがMCTの目的・内容とそこで使われる用語を理解して，日々の支援にそれを用いれば，当事者にとってホームワークを行うことと同等の体験ができます。

　たとえば，デイケア活動中にほかのメンバーに被害的な考えを抱いてしまい口喧嘩になった人がいるとしましょう。その相談を受けたデイケア・スタッフは，「あなたの考えは，MCTで学習した結論への飛躍かもしれませんね」と伝えて，もう一度なぜ被害的な考えを抱くようになったのかをその人に検討してもらうのです。こうした対応はホームワークと同じ効果を生むでしょう。治療上重要なことは，「参加者にホームワークを確実にやってもらう」ことではなく，「MCTで学習した内容を，日常生活に反映させる」ことです。ホームワークに関する工夫については【実践編】も参照してください。

4．参加者の基準

　MCTは統合失調症および統合失調症スペクトラム障害が主たる対象です。入院でも外来でも可能だとされていますが，それ以外の診断を受けた患者さんにも適用は可能だと考えられています。その場合の工夫については，本書の【実践編】の特に第10章，第11章，第12章に詳しく紹介さ

れていますので参照してください。

　どのような人でも理論上は参加可能ですが，集団のルールを守れない人は参加できません。トレーナーは，たとえばほかの人の話に耳を傾けることや，異なる意見を尊重することといった集団の基本的ルールを事前に説明しておいてください。大きな紙に書き出して部屋に貼っておいてもよいでしょう。

1）Eichner C and Berna F : Acceptance and Efficacy of Metacognitive Training（MCT）on Positive Symptoms and Delusions in Patients With Schizophrenia : A Meta-analysis Taking Into Account Important Moderators. Schizophrenia Bulletin, 42 : 952-962, 2016.
2）細野正人，石川亮太郎，石垣琢麿ほか：メタ認知トレーニング日本語版（MCT-J）満足度調査票の開発．精神医学，58 : 255-258，2016.
3）Ishikawa R, Ishigaki T, Shimada T, et al. : The Efficacy of extended metacognitive training for psychosis : A randomized controlled trial. Schizophrenia Research, 215 : 399-407, 2020.

第2節　認知行動療法の概説

1．CBTとはどのような精神療法か

　本節ではMCTの背景になっているCBTに関して概説します。行動療法ではなく，アーロン・ベック（Aaron Beck）が創始した認知療法からの引用が多くなります。また後半では，統合失調症を中心とするpsychosis（精神症）へのCBT（Cognitive Behavioral Therapy for psychosis：CBTp）について説明します。CBTについてはテキストがたくさん出版されていますが，行動療法に重きを置いたものもあれば，認知療法を中心に説明しているものもありますので，バランスよく読むことをお勧めします。

　さて，CBTとは，クライエントの行動，感情，認知をターゲットとして，不適応反応を軽減しつつ，適応的反応を学習させる治療法の総称を指します。CBTとよばれているものの中には，学習理論（行動科学），認知心理学，情報処理理論，などの影響を受けて発展した出自の異なるさまざ

表2-5　CBTの共通要素

①治療面接は構造化され，治療者は積極的にクライエントに働きかける
　ことが求められる。
②治療者は，現在の症状や行動上の問題に焦点を当て，クライエントの
　問題を扱うための一連の治療を計画する。
③クライエントの児童期の体験や発達初期の家族との人間関係について
　検討はするが，それが症状に本質的な影響を及ぼしているとは考えな
　い。
④無意識や幼児期の性的問題，防衛機制などといった精神分析的な仮説
　に基づいた治療は行わない。
⑤クライエントは不適応的な反応パターンを学習してしまっているが，
　それを学習解除して，適応的な反応パターンを学習することが可能で
　ある，と考える。

まな技法が混在しています。また，介入対象となる不適応状態（あるいは
症状）によっても，用いられるモデルや技法が異なります。しかし，この
混在や多様性は，混乱を意味するわけではありません。CBTの先駆者た
ちは，クライエントの認知と行動の変容を促すためには，各種技法の原理
を理解したうえで，積極的にそれらを組み合わせて実践することが重要だ
と言っています。

　このようにCBTにはさまざまな考え方が含まれていますが，**表2-5**
に挙げる項目はすべてに共通すると考えられています（Beck, 1970）。

　さらに，日本におけるCBTの第一人者のひとり坂野雄二氏は，CBTの
特徴を**表2-6**のようにまとめています（坂野，1998）。

　表2-6を見て，MCTがめざすものと似ているという印象を持った読
者も多いのではないでしょうか。MCTに直接関係すると思われる部分に
下線を引きました。ベックも坂野氏もメタ認知という言葉は使っていませ
んが，認知と行動を自らがモニタリングしてコントロールすることを重視
することに加えて，当事者の能動性や自己制御の能力を高めることを目標
としているところはMCTと同じだといえます。

　CBTにとってアルバート・エリス（Albert Ellis）はとても重要な人物

表2-6　CBTの特徴（坂野［1998］をもとに作成。下線は筆者）

①行動を単に刺激と反応の結びつきだけで説明するのではなく，予期や判断，思考や信念体系といった認知的活動が行動の変容におよぼす意味を理解し，それらが行動に影響をおよぼすと考える。
②行動をコントロールする自己の役割を重視し，セルフコントロールという観点から行動変容を捉える。それとともに，人間理解と治療的かかわりの基本的発想として，人間の行動に関して，それが結果によってコントロールされているという受動性よりも，人間が自分の行動を自分自身でいかにコントロールするかという能動性を強調し，その能動性を発揮させている要因としての認知的活動を重視する。
③認知的活動はモニタリング可能であり，変容可能であると考える。
④望ましい行動変容は，認知的変容によって影響を受ける。
⑤治療標的は行動変化だけだと考えるのではなく，信念や思考様式といった個人の認知変容そのものであったり，認知変容をきっかけとした行動変容であったりする。
⑥治療の方針として，行動的技法のみならず，認知的な技法も用いる。
⑦行動と認知の両者を治療効果の評価対象とする。

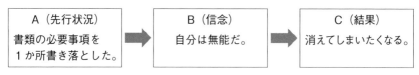

図2-4　アルバート・エリスのABC理論

です。彼のABC理論がCBTの基礎になっているからです（**図2-4**）。A（Antecedent：先行状況），B（Belief：信念），C（Consequence：結果）のうち，クライエントは症状としてのCを訴えて治療者のもとを訪れますが，それを直接生じさせるのはAではなくB（＝「不合理な信念」）であり，AはBの手がかりにすぎないとエリスは考えました。つまり，症状（C）をなくすために，状況（A）を変えることも必要ですが，それ以上に，状況の解釈（B）を変えなければならない，と考えたのです。

　ベックはこのエリスのABC理論に影響を受けつつ，独自の「認知の歪みモデル」を考案しました（**図2-5**）。「認知の歪みモデル」における

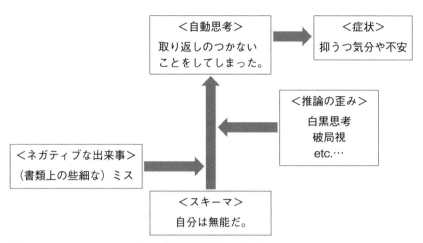

図2-5　アーロン・ベックの「認知の歪みモデル」

　彼のオリジナリティは，「不合理な信念」を構造化したことにあります。ベックによると，症状を直接生じさせるのは自動思考とよばれる思考ですが，自動思考はスキーマと推論の歪みが存在することに加えて，その人にとって苦手でネガティブな出来事が生じることによって出現します。推論の歪みは後述する媒介信念や，MCT で扱う認知バイアスと重なる部分が大きいものです。スキーマとは世界観や人生観に通ずる固定した，しかも通常は意識しない信念を意味し，抑うつなら抑うつの，不安なら不安のスキーマがあると考えられています。

　ベックが提示したこの心理的メカニズムは，自動思考，媒介信念，中核信念（＝スキーマ）と表記されることもあります。媒介信念は「もし～だったら…にちがいない（仮定あるいは思い込み）」や「～でなければならない（ルール）」などの形を持つ，極端で非現実的な思考を指します。スキーマはメタ認知的知識と，媒介信念は認知バイアスと，それぞれ重なる部分が大きい概念です。たとえば，図2-5の抑うつスキーマは「自分は（すべてにおいて）無能だ」です。この抑うつスキーマは表1-2のメタ認知的知識「自分自身の認知特性についての知識」に該当しますが，大

きく偏っています。

　ベックは，スキーマも推論の歪みも，それらがどんなに偏った，強固に見えるものであろうと，それまでの人生において学習されてきた認知である限り，修正したり再学習したりできると考えました。

2．CBT におけるセルフコントロール

　CBT がめざす治療ゴールは，症状とそれを生じさせる行動と認知をクライエントがセルフコントロールできることです。そのためにさまざまな技法が用いられます。セルフコントロールの構成要素は次の 3 つだと考えられています。

　・適切なセルフモニタリング（self-monitoring）
　・偏りのない自己評価（self-evaluation）
　・自己強化（self-reinforcement）

　それぞれが十分機能して，はじめて持続的なセルフコントロールが可能になるのです。このうちセルフモニタリングは特にメタ認知的な体験や活動と関連しますし，偏りのない自己評価のためにはメタ認知的知識が必要とされます。

　CBT では，まず，ていねいなアセスメントによって，クライエントが抱えている問題の全体像が把握されます。この作業は事例定式化（ケースフォーミュレーション），あるいは事例概念化とよばれます。精神療法としての CBT ではこのプロセスがとても大切なのですが，MCT では省略されます。したがってその意味では，集団へのアプローチである MCT は個別の CBT ほどきめの細かい介入はできません。

　次の，偏りのない自己評価を行うために，認知再構成法や行動実験が行われます。認知療法の代名詞のようになっているカラム法はセルフモニタリングの手段でもあります。カラム法は MCT のモジュール 8「気分」でも採用されています（図 2-6）。

状況	気分	考え （自動思考）	適応的思考	結果
（書類上の些細な）ミスをした。	気分が沈む。ひどく不安だ。	取り返しのつかないことをした。	このミスなら修正できる。	少し安心できた。

図2-6　5カラム法の例

　図2-6は5カラム法（5つの記入欄がある方法）の例ですが，最初から5つの欄すべてを埋めることはほとんどのクライエントができません。まず，状況や気分を明確にするところから始めて，その気分になったときの考え（自動思考）を発見したのち，治療者と一緒に適応的な思考を考案して，適応的な思考による結果をモニタリングします。

　認知再構成法を行動実験と組み合わせることもあります。CBTでは，セッションでクライエントが治療者と一緒に合理的な思考を考案するだけでは治療効果は小さいと考えます。新たに学習した認知を日常生活で試し，行動変化に結びつけなければならず，そのためには実際に行動する必要があります。MCTではこれがホームワークで生かされることになりますが，先述したように，当事者がホームワークを実践しなくても，その人に関わるすべての医療スタッフがMCTの目的・内容とそこで使われる用語を理解して，日々の支援に用いれば，当事者にとってホームワークを行うことと同等の体験ができます。

　認知再構成→行動実験という流れとは逆に，行動実験を行うことで自己効力感が向上し，スキーマが変容する（＝認知が再構成される）こともあります。たとえば，これまで絶対にできないと考えていたスポーツを少しでもできれば，考えてもいなかった力が自分にあることがわかり，そのスポーツに関してまったくの無能だと思っていた自己像が変わる，ということです。MCTのメタ認知的体験や活動には，こうした体験による認知再構成と同様の臨床的意義があると思われます。

　また，認知の偏りや歪みが大きいと，クライエントは媒介信念やスキーマになかなか気づくことができません。そのため，認知療法では，クライ

エントの内省を深め，自らの力で認知的問題を発見できるように誘導するための「ソクラテス的質問法」という面接技法が重視されています（石垣・山本，2019）。ただし，MCT ではトレーナーがこの面接技法を学ぶ必要はありません。こうした質問法が必要だと思われる局面で，スライドに質問が掲載されており，それに沿って参加者に質問すればよいからです。

　最後に，自己強化のためには，ホームワークの適切な設定と確実な実践が治療上不可欠だと CBT では考えられています。先述のように，ホームワークはセルフモニタリングや行動実験，あるいは学習般化のためにも必要です。当事者がホームワークをうまくできないときは，本章の表2‐4のように考えてください。

3．統合失調症の認知行動療法の概略

　ベックは若いころに精神分析を学んでいましたが，精神分析を長期間実施しても改善しないうつ病の患者さんが多いことに気づきました。そこで，患者さんの「過去の」体験を探る精神分析ではなく，「現在の」認知を中心に扱う認知療法を創始しました。このように，認知療法，あるいは CBT は，当初うつ病を中心とする気分障害に対して有効性が認められ，その後さまざまな技法が発展し，多くの精神障害に適用されるようになりました。その中には統合失調症も含まれます。

　CBT は感情の平板化や社会的ひきこもりのような陰性症状にも適用されますが，ここでは幻覚や妄想などの陽性症状に対する CBT に限定して，MCT と関連させて概説します。なお，治療対象は統合失調症スペクトラム障害全体や双極性障害まで広がるため，特に英国では for schizophrenia ではなく，Cognitive Behavior Therapy for psychosis とよばれています（以下，CBTp と記します）。

　統合失調症の陽性症状に CBT を用いた症例研究は 1950 年代からありましたが，1990 年代までは，有効性が明らかになるには至りませんでした。その原因の1つは，統合失調症の陽性症状に関連する認知的特徴を考慮せず，気分障害や不安障害に用いる技法をそのまま用いたことにあった

表2-7　CBTp の治療指針

①認知行動療法の基本的態度である「協働的であること」を重視しつつ（協働的経験主義），症状についての詳細な情報を当事者本人から得ること。
②薬物療法の効果が少ない陽性症状は「認知と行動の偏りによって維持されている」という仮説に基づき，認知と行動の適応性・柔軟性を向上させ，対処法を学習・強化することを目的とする（この維持要因には，統合失調症に特異的な認知バイアスだけでなく，抑うつや不安など一般的な感情の問題も含まれる）。
③詳細なアセスメントと認知行動モデルに基づく個別のフォーミュレーションを行い，当事者と共有すること。
④ノーマライゼーションの視点に立った心理教育を重視すること。
⑤再発予防を重視すること。

と思われます。

　陽性症状に関する認知心理学的研究は 1980 年代以降に発展し，妄想や幻聴に関与する（特に症状の持続や再燃に関与する）特異的な認知バイアスの存在が明らかになりました。ここまで何度も登場している「結論への飛躍」バイアスもその 1 つです。詳しくは Garety and Hemsley（1994）を参照してください。

　こうした知見を参考にした CBTp プログラムが開発されるようになり，1993 年には RCT による臨床研究が行われました。その結果，「十分適切だと考えられる薬物療法によっても消失しない（陽性）症状」に対する臨床的有効性が確認されるに至りました。以後，現在でも CBTp の基本的テキストとされる Kingdon and Turkingdon（1994），Fowler et al.（1995），Chadwick et al.（1996），の著作が同時期に出版されました。

　英国にはロンドン大学やマンチェスター大学を中心とする CBTp の研究・実践拠点がいくつも存在します。技法の詳細は多少異なりますが，どのグループにも共通する治療指針は**表2-7**に示す 5 点です。この治療指針は MCT でも，アセスメントとフォーミュレーション以外はそのまま採用されています。

これらに加えて，CBTp では治療関係（ラポール）の構築に十分な時間をかけなければならないといわれています。統合失調症の当事者は，その精神症状が原因となり他者に強い不信感を抱いている場合もありますし，社会的ひきこもりの期間が長くて他者とのコミュニケーションがうまくいかない人もいます。言語や思考に関する認知機能がやや低下している人もいれば，強制的な入院環境下にある人もいます。そのため，ラポールの構築に時間をかけることは統合失調症の当事者に対してはきわめて大切です。

　一方，MCT では，MCT の内容や構造，トレーナーの姿勢，ピアの力などによって，特に努力しなくても，少なくともグループ内ではよい関係を比較的早く築くことができます。

　ノーマライゼーションとは，自らの体験（症状）の特殊性や強烈さに圧倒され，絶望感や孤立感が強くなりがちな当事者に対して，体験の普遍性を強調して苦痛を減弱する目的で行われる心理教育的アプローチのことです。簡単にいえば「条件がそろえば誰でも幻覚や妄想を体験する可能性がある」と伝えることです。ノーマライゼーションは MCT でも重視されており，すべてのモジュールに組み込まれています。

　CBTp と MCT のノーマライゼーションは，従来型の精神医学を学んだ医療者にはなかなか受け入れがたいかもしれません。精神医学では「精神病」と健康な精神状態との間に越えられない離断を想定してきました。もちろんその正しさが将来証明されるかもしれませんが，現在のところ明確な離断を想定しなければならない強力な科学的証拠はありません。したがって，CBTp では「精神病」と健康な状態の差は（質の差ではなく）程度の差であると説明し，MCT でも認知バイアスの偏りの程度の差であると説明されます。その際に，精神科受診歴のない人たちを対象とした社会調査の結果がよく引用されます。こうした調査からわかったことは，幻聴や妄想とよばれている体験の一部は，予想されたよりも多くの人が体験しているということです（たとえば，Peters et al., 1999 や van Os et al., 2000 など）。

　調査で一般の人が「幻聴を体験した」と回答したとしても，その体験の

表2-8　CBTp の介入法のまとめ

介入ステップ	介入の内容	目的・技法・標的
1	ラポール形成（関係構築）	協働的治療関係，ノーマライゼーション，心理教育
2-1	アセスメント	問題の同定・焦点化，問題の共有，臨床類型，生活歴・病歴・家族背景・サポート資源，認知行動ABC アセスメント，問題への対処方略
2-2	フォーミュレーション	発達的フォーミュレーション，統合失調症の「新しいモデル」，感情
3	フォーミュレーションに基づく介入	現実検討，信念・推論・評価の修正，対処方略増強法（CSE），心理教育，非機能的中核信念（スキーマ），陰性症状
4	再発予防と社会的障害への対処	フォローアップ（ブースター）セッション，訪問面接

多くは統合失調症の幻聴とはさまざまな点で異なっているでしょう。しかし，予想よりも多くの人が何らかの（自分と似たような）体験をしたことがあるという事実は，当事者を孤立から守り，勇気づけて，健康な生活へ回帰を図るモチベーションを高めるためにとても役に立ちます。このことに関して日本語で読むことができる文献（丹野ら，2004 や丹野ら，2008）もありますので，実践の際に参考にしてください。

　表2-8は，英国の研究グループの介入ステップや目標，介入内容，キーワードをまとめたものです。CBTp の概要を把握するために役に立つと思われます。詳しくは山崎（2013）や山崎・石垣（2019）を参照してください。

　グループ・アプローチである MCT では，表2-8の2-1や2-2はほぼ省略されます。その後に続く「3．介入」と「4．再発予防と社会的障害への対処」は MCT のマニュアルに沿って行われますが，アセスメントやフォーミュレーションには基づいていません。ただし，個別対応用のMCT＋は，CBTp の概念や治療法にかなり類似していると MCT＋のマニュアルにも書かれています。

表2-9　CBTp が適用とならない当事者の特徴

・記憶や集中力の障害が重い人
・治療ゴールが設定できない人
・思考や発話が解体している人
・精神症状による苦痛を感じていない人
・複雑で体系化された妄想を持つ人

（注：モリソン教授来日講演［2015 年 12 月 11 日@仙台］より）

　一般に，CBTp のセッション数は他の精神障害に対する CBT よりもかなり多く設定されています。1 週間に 1 回のセッションで 30 回以上（つまり，7 か月以上）を要するという報告もありますが，明確な基準はありません。Brabban et al.（2009）はセッション数 6 回という短期 CBTp を精神科看護師に教育し，実施しています。結論として，当事者が女性だと症状全般と病識が改善し，介入当初から妄想の確信度が低い当事者は介入への反応がよいと報告しています。

　ただし，CBTp は何度も繰り返して行われることを想定していません（MCT ＋も同様です）。MCT のマニュアルには実施回数についての明確な記載がありません。MCT の臨床研究では 8 回，10 回，16 回など定められた回数に参加した結果を評価，分析していますが，1 つのモジュールには膨大な量のスライドが含まれていますから，トレーナーが選び方を工夫すれば，当事者が同じモジュールに何回参加してもその都度新しい発見ができると思われます。

　CBTp の効果が発揮されない当事者はどのようなタイプでしょうか。2015 年に来日した英国マンチェスター大学のアンソニー・モリソン（Anthony Morrison）教授は，講演会で表2-9のように語っています。

　モリソン教授が，CBTp が適用とならないという人の特徴は，MCT の効果が上がらない人にも当てはまりそうです。しかしながら，治療ゴールが設定されていなくても，精神症状による苦痛を感じていなくても，MCT には参加可能です。

　表2-9に当てはまる人には，まず MCT に参加してもらい，メタ認知

的体験を経て認知バイアスと精神症状に関するメタ認知的知識を学習し（その後，目標と活動ができればよりよいのですが），自分が抱えている問題を自覚して，モチベーションが向上したらCBTpに移行する，というような治療の流れの有効性を今後検証する必要があります。

　最後に，実施する側，CBTpでは治療者，MCTではトレーナーの質を保証するにはどうすればよいでしょう。医療者が常に研修や勉強を続けて，自らの知識を深め技術の向上に努力しなければならないのは当然ですが，CBTpによる治療をどこでも，誰でも受けられるようにするためには，治療者の技術がある程度均質化していなければなりません。そのため，Haddock et al.（2001）はCTS-Psyという客観的尺度を作成しています。これに基づいて，スーパーヴァイザーが治療者を評価しますが，治療者自身もこの尺度項目について自らの治療内容を振り返ることができます。

　MCTではトレーナーを評価することは当初考えられていませんでした。マニュアルを熟読すればどのような医療者でも実施可能だと考えられていたからです。実際にその通りですが，日本の場合はCBTやCBTpに関する知識や経験がトレーナーによってさまざまですから，ドイツとは事情が異なります。そこで，私たちはMCT-Jネットワークを創設して，トレーナーの研修を地方規模，全国規模で行ってきました（第15章を参照してください）。日本でのMCTの有効性を明らかにしたIshikawa et al.（2020）の臨床研究で，トレーナーを務めてくれたのもこの研修会に参加した多職種の人々ですから，MCT-Jネットワークによる研修効果がここでも実証されたと考えています。

　日本ではCBTpが十分普及しているとはまだ言い難い状況ですが，筆者らはCBTpネットワークという勉強会を2011年から開いており，その一つの到達点として2019年に金剛出版より『事例で学ぶ統合失調症のための認知行動療法』を上梓しました。この本にはCBTpの概説から，実際に日本の臨床現場でどのようにCBTpが用いられているのかの実例が数多く掲載されていますので参考にしてください。　　　　　　　（石垣琢麿）

1 ） Beck AT : Cognitive therapy : Nature and relation to behavior therapy. Behavior Therapy, 1 : 184-200, 1970.
2 ） Brabban A, Tai S and Turkington D : Predictors of Outcome in Brief Cognitive Behavior Therapy for Schizophrenia. Schizophrenia Bulletin, 35 : 859-864. 2009.
3 ） Chadwick PD, Birchwood MJ and Trower P : Cognitive Therapy for Delusions, Voices and Paranoia. Wiley, New Jersey, 1996.（古村健，石垣琢麿訳：妄想・幻声・パラノイアへの認知行動療法．星和書店，東京，2012.）
4 ） Fowler D, Garety P and Kuipers E : Cognitive-Behaviour Therapy for Psychosis : Theory and Practice. Wiley, New Jersey, 1995.（石垣琢麿，丹野義彦監訳：統合失調症を理解し支援するための認知行動療法．金剛出版，東京，2012.）
5 ） Garety P and Hemsley D : Delusions : Investigations into the psychology of delusional reasoning. The Institute of Psychiatry, London, 1994.（丹野義彦監訳：妄想はどのようにして立ち上がるか．ミネルヴァ書房，京都，2006.）
6 ） Haddock G, Devane S, Bradshaw T, et al. : An investigation into the psychometric properties of the cognitive therapy scale for psychosis (CTS-Psy). Behavioural and Cognitive Psychotherapy, 29 : 221-233, 2001.
7 ） 石垣琢麿，山本貢司編著，東京駒場 CBT 研究会著：クライエントの言葉をひきだす認知療法の「問う力」―ソクラテス的手法を使いこなす―．金剛出版，東京，2019.
8 ） Ishikawa R, Ishigaki T, Shimada T, et al. : The Efficacy of extended metacognitive training for psychosis : A randomized controlled trial. Schizophrenia Research, 215 : 399-407, 2020.
9 ） Kingdon DG and Turkington D : Cognitive-Behavioural Therapy of Schizophrenia. Lawrence Erlbaum, New Jersey, 1994.（原田誠一訳：統合失調症の認知行動療法．日本評論社，東京，2009.）
10） Peters ER, Joseph SA and Garety PA : Measurement of delusional ideation in the normal population : Introducing the PDI (Peters et al. Delusions Inventory). Schizophrenia Bulletin, 25 : 553-576, 1999.
11） 坂野雄二：さまざまな認知行動療法．岩本隆茂，大野裕，坂野雄二編：認知行動療法の理論と実際．培風館，東京，p.57-71，1998.
12） 丹野義彦，長谷川寿一，熊野宏昭編著：認知行動療法の臨床ワークショップ〈2〉アーサー＆クリスティン・ネズとガレティの面接技法．金子書房，東京，2004.
13） 丹野義彦，坂野雄二代表編，世界行動療法認知療法会議神戸大会プログラム委員会編：PTSD・強迫性障害・統合失調症・妄想への対応―ワークショップから学ぶ認知行動療法の最前線―．金子書房，東京，2008.
14） van Os J, Hanssen M, Bijl RV, et al. : Strauss (1969) revisited : A psychosis continuum in the general population? Schizophrenia Research, 45 : 11-20, 2000.
15） 山崎修道：認知行動療法．日本統合失調症学会監修：統合失調症．医学書院，東京，p.552-558，2013.
16） 山崎修道，石垣琢麿：統合失調症のための認知行動療法（CBTp）．石垣琢麿，菊池安希子，松本和紀ほか編著：事例で学ぶ統合失調症のための認知行動療法．金剛出版，東京，p.22-34，2019.

統合失調症のための
メタ認知トレーニング

第1節　統合失調症の治療における MCT の位置づけ

1．統合失調症とは

　統合失調症は古来より存在が知られている慢性の精神疾患で，その有病率は地域によって多少の差があるものの，おおむね1％前後とされており，決して稀なものではありません。通常は思春期から青年期に発症し，生涯にわたる経過を有するため，統合失調症による社会的損失は身体疾患を含めたあらゆる疾患の中でも非常に大きいと指摘されています（GBD 2017 Disease and Injury Incidence and Prevalence Collaborators, 2018）。

　幻覚，妄想，思考障害といったいわゆる陽性症状に加え，陰性症状とよばれる無気力，感情表出の低下，さまざまな認知機能障害といった症状も，患者さんの社会機能低下に大きな影響を及ぼしていると考えられています。さらに，はっきりした幻覚，妄想などの症状によって"発症"が明らかになる数年以上前から，認知機能や社会機能が低下していることもわかってきました。このような広範にわたる症状が長期間生じるため，社会的な対人関係を維持すること，働き続けること，自立した生活を送ることなど，患者さんは日常生活のさまざまな局面において困難を抱えており，一般的な人口と比べて，平均寿命が大幅に短くなっていることも大きな問題となっています。

　統合失調症の原因としてはいまだに多くのことがわかっていませんが，ドパミン作動性神経の異常があるという"ドパミン仮説"がよく知られています（Weinstein et al., 2017）。この仮説について，近年の分子神経イメージング研究でも，統合失調症の患者さんでは脳の線条体でのドパミン取り込みが一貫して増加していることが確かめられています。

さらに，近年の機能的 MRI，脳波，脳磁図などの研究によって，脳内の大規模なネットワークの異常が陽性症状，陰性症状，認知機能障害と関連していることがわかってきました。たとえば，後述する「心の理論」に関係するといわれる神経ネットワークの研究において，統合失調症の患者さんでは，「風に飛ばされた風船がグラスを倒して割ってしまう」というような「人為的な意図のない刺激」に対しても，何らかの意図を感じているように脳が活動してしまうことが報告されています（Walter et al., 2009）。また，確率的推論を行う際に賦活されるべきネットワークの活動が，統合失調症の患者さんでは低下していることが報告されており（Rausch et al., 2014），後述する「結論への飛躍」のような認知バイアスにつながっている可能性があります。こういった所見の蓄積から，統合失調症は脳の情報処理と最も関連が深い精神疾患だといえるかもしれません（Kahn et al., 2015）。

2．統合失調症の治療

統合失調症の治療には抗精神病薬を用いた薬物療法が必須です。1960年代に開発されたクロルプロマジンが患者さんの精神運動興奮を抑えたことから，統合失調症の初の治療薬として導入され，後にその薬理作用であるドパミン遮断作用が治療に有効であるとの考えから，同じ作用を持つ多くのいわゆる第一世代抗精神病薬が開発されました。

1990年代頃から，副作用の錐体外路症状が軽減されたセロトニン・ドパミン遮断薬（SDA）や，ドパミン以外の多くの神経伝達物質の受容体にも作用する多元受容体作用抗精神病薬（MARTA）などを含む第二世代の抗精神病薬が使われ始めましたが，実際のところ治療反応率の著明な改善はなく，副作用の違いでしか薬の選択基準もないのが実情といえます（Huhn et al., 2019）。

陽性症状以外の陰性症状や認知機能障害については，それを明らかに改善させる薬剤はいまだ開発されておらず，抗精神病薬の役割には限界があるといわざるをえません（Goff, 2021）。また，複数の抗精神病薬を十分量，

十分な期間使っても治療反応性に乏しい難治性の患者さんに唯一効果が立証されている薬剤としてクロザピンがありますが，諸外国に比べて日本での導入は遅れています。そういった面からも，精神科治療の基本である広い意味での精神療法の重要性はいうまでもなく，また近年は統合失調症の心理学的理論の基礎の構築が進んだことから，統合失調症に対する認知行動療法が注目されるようになっています。

　統合失調症に対する認知行動療法については第2章で詳しく述べましたが，陽性症状および陰性症状の改善に一定の効果を示すことが示されており（Jauhar et al., 2014, Turner et al., 2014），最近ではクロザピン抵抗性の難治症例の陽性症状を改善させる効果があるという報告もあります（Todorovic et al., 2020）。

　しかし，個人向けの認知行動療法のような専門的で集中的な心理的介入が行える施設は限られており，統合失調症がどの国，どの地域でも普遍的にみられることや，多くの患者さんが治療を受ける環境にないという「治療の空隙（Treatment Gap）」の問題を考えると，メタ認知トレーニングは導入が比較的簡単であり，さまざまなセッティングでの利用が可能であることからも，臨床における有用性は非常に高いといえるでしょう。

1 ）GBD 2017 Disease and Injury Incidence and Prevalence Collaborators : Global, regional, and national incidence, prevalence, and years lived with disability for 354 diseases and injuries for 195 countries and territories, 1990 to 2017 : A systematic analysis for the Global Burden of Disease Study 2017. The Lancet, 392 : 1789-1858, 2018.
2 ）Goff DC : The Pharmacologic Treatment of Schizophrenia-2021. JAMA, 325 : 175 -176, 2021.
3 ）Huhn M, Nikolakopoulou A, Schneider-Thoma J, et al. : Comparative efficacy and tolerability of 32 oral antipsychotics for the acute treatment of adults with multi-episode schizophrenia : A systematic review and network meta-analysis. Lancet, 394 : 939-951, 2019.
4 ）Jauhar S, McKenna PJ, Radua J, et al. : Cognitive-behavioural therapy for the symptoms of schizophrenia : Systematic review and meta-analysis with examination of potential bias. British Journal of Psychiatry, 204 : 20-29, 2014.
5 ）Kahn RS, Sommer IE, Murray RM, et al. : Schizophrenia. Nature Reviews Disease Primers, 1 : 15067, 2015.

6 ） Rausch F, Mier D, Eifler S, et al. : Reduced activation in ventral striatum and ventral tegmental area during probabilistic decision-making in schizophrenia. Schizophrenia Research, 156 : 143-149, 2014.

7 ） Todorovic A, Lal S, Dark F, et al. : CBTp for people with treatment refractory schizophrenia on clozapine : A systematic review and meta-analysis. Journal of Mental Health, 1-8, 2020.

8 ） Turner DT, van der Gaag M, Karyotaki E, et al. : Psychological Interventions for Psychosis : A Meta-Analysis of Comparative Outcome Studies. American Journal of Psychiatry, 171 : 523-538, 2014.

9 ） Walter H, Ciaramidaro A, Adenzato M, et al. : Dysfunction of the social brain in schizophrenia is modulated by intention type : An fMRI study. Social Cognitive and Affective Neuroscience, 4 : 166-176, 2009.

10） Weinstein JJ, Chohan MO, Slifstein M, et al. : Pathway-Specific Dopamine Abnormalities in Schizophrenia. Biological Psychiatry, 81 : 31-42, 2017.

第2節　統合失調症における認知バイアス

　統合失調症の患者さんには特徴的な認知バイアスがあり，妄想の形成，維持に関与しています。学習能力や治療反応性に影響を与え，生活の質や転帰を損なう要因ともなるでしょう。以下に，統合失調症で頻繁にみられる認知バイアスについて検討します。

1．結論への飛躍（Jumping to Conclusions：JTC)

　統合失調症の患者さんにみられる認知バイアスの中で最も注目されているものとして，「結論への飛躍」があります。これは意志決定をしたり，結論を下したりするまでにほんの少ししか情報を集めないという傾向のことです。このような傾向は精神疾患を持たない人にも3割程度にはみられますが，統合失調症の患者さんでは6割程度にみられることがわかっています（Dudley et al., 2016)。

　JTC を評価するための心理学的実験にビーズ課題とよばれるものがあります。この課題では，ビーズの色の比率が異なる2つの瓶（たとえば，A［白85％，黒15％］，B［白15％，黒85％]）のどちらか一方からビー

ズが取り出され，被験者は A，B どちらの瓶から取り出されたかを判断します。1つビーズが取り出されるたびに，被験者はビーズがどちらの瓶から取り出されたと思うか，その判断にどの程度確信を持っているかを尋ねられます。JTC の傾向が強い人は，1つか2つのビーズが出てきただけで，すぐに A（あるいは B）だと決定してしまいます。JTC はほとんど証拠がないような考えを強化するように働くため，妄想の形成と持続に関与していると考えられています。

2．否定的な証拠に対するバイアス（Bias Against Disconfirmatory Evidence：BADE）

　一度形成された信念に反する事実を受け入れようとしないバイアスのことです。ある判断を下した後に新しい情報が加わったら，最初の判断を修正して，より妥当な判断に至るのが正しい筋道ですが，このバイアスが強い人はそれができないことになります。最初の判断に固執するあまり，それを否定する情報を非合理に棄却してしまうともいえます。このような認知的傾向があると，妄想に矛盾する事実を受け入れることができないため，一度形成された妄想が持続しやすくなると考えられます。

3．誤った記憶への過信（Over Confirmation in Memory Errors）

　これは，自分の判断，推論，予測に不合理なほどの高い確信を持つことを指します。私たちの記憶は意外なほどいい加減であり，実際にはなかったことをあったと思ったり，さまざまなエピソードがごちゃごちゃに記憶されていたりすることは珍しくありません。たとえば，修学旅行で一緒に行動した高校の同級生と思い出話をしていて，自分が覚えていることとまったく違う記憶を相手が持っているという経験をした人は多いと思います。BADE とも似ていますが，こちらは誤った記憶に対して過剰な確信を持つという面に注目しています。

4．帰属の歪み（Attributional Bias）

ある出来事が起こった場合，その原因として実際はさまざまな要因が組み合わさっているものですが，これを何か1つの要因に求めすぎる傾向のことです。たとえば，自分にとってネガティブな出来事が起こったときに，その原因を他者や外的環境だけに求める傾向が強いと，被害的な認知が生じる可能性が高まります。逆に，原因を自分にばかり帰属させる傾向があると抑うつ的な気分に陥りやすいでしょう。

5．心の理論（Theory of Mind）の欠陥

心の理論とは，他者の心的状態（たとえば，信念，欲求，感情）を理解する能力のことです。心の理論の障害，つまり他者が考えていることを適切に推測できないという現象が統合失調症では広く認められています。これは最も検証が進んでいる認知バイアスの1つであり，統合失調症への罹患しやすさに関連する要因かもしれないといわれています（Freeman, 2007）。

しかし，「他者の考えを適切に推測できないと自分が攻撃や迫害を受けていると考えやすい」という理屈は一見わかりやすいのですが，心の理論の障害は被害妄想よりも陰性症状や思考障害との関連が強いようです。心の理論の障害だけでは，自分に被害を与えている対象が特定の人や集団になぜ限定されてしまうのかを説明できません。

6．抑うつ気分と自尊心（Depression and Self Esteem）

統合失調症の患者さんの多くは自尊心が低く，抑うつ気分の合併も多いと考えられています。自分のことをネガティブにとらえてしまう「否定的な自己認知」に対する防衛として妄想的な思考が形成される可能性もありますが，むしろ抑うつ気分と低い自尊心が妄想を生じさせるための必要条件であり（十分条件ではありません），妄想がさらに抑うつ気分の悪化や自尊心の低下につながるという悪循環が起こっていると考えるのが妥当でしょう。

　これらのバイアスは程度の差こそあれ，統合失調症の患者さんに限らず，誰にでもみられるものです。私たちも，余裕がないときは早とちりをしたり，自分の意見をなかなか変えられなかったり，仕事でつまずくと誰かに嫌がらせをされているような気がしたり，ということはあると思います。

　MCTでは，参加者が認知バイアスに自然と気づくような課題がたくさん用意されています。トレーナーもセッションを通じて自分の認知バイアスに気づき，それを共有しながら進めていくことで，患者さんもさらに前向きに，自然なかたちで課題に取り組むようになることが期待できます。

　一方で，このような認知バイアスが，精神的に不調なときには顕著になるという事実もしっかりと伝える必要があるでしょう。症状の原因や起源を，何か邪悪で得体の知れないものに求めるのではなく，理解可能な人間本来の特性に求めることで，患者さん自身が統合失調症に対する偏見を減らし，自己評価を高めることが可能になると考えられます。

1 ）Dudley R, Taylor P, Wickham S, et al. : Psychosis, Delusions and the "Jumping to Conclusions" Reasoning Bias : A Systematic Review and Meta-analysis. Schizophrenia Bulletin, 42 : 652-665, 2016.
2 ）Freeman D : Suspicious minds : The psychology of persecutory delusions. Clinical Psychology Review, 27 : 425-457, 2007.

第3節　統合失調症に対するMCTの治療効果

　では，MCTの統合失調症の患者さんへの効果は，実際どのようなものなのでしょうか。

　開発者であるモリッツ教授らのグループは150人の統合失調症の患者さんを，MCTを受ける群と，CogPackとよばれるコンピューターを用いた認知機能リハビリテーションを受ける群にランダムに振り分けて，4週後と6か月後の両群の症状を評価しています。その結果，MCTを受けた群ではCogPack群と比較して，妄想についての評価項目の点数が4週後と

6か月後で有意に改善していました（Moritz et al., 2013）。

　モリッツ教授らはさらに長期的なフォローアップを続け，MCTを受けた群ではその妄想に対する効果がプログラム終了後3年経っても続いており，プログラム終了直後にはみられなかった自尊心の改善もみられるようになったと報告しています（Moritz et al., 2014）。

　その後行われたメタ分析でも，MCTは陽性症状に対して中程度の効果がみられることが確認されています（Eisenacher et al., 2016やLiu et al, 2018）。日本でも6施設共同で50人の統合失調症の患者さんが参加したランダム化比較試験が行われ，MCTの終了直後と1か月後の評価で陽性症状に改善がみられることが報告されました（Ishikawa et al., 2020）。

1）Eisenacher S, Rausch F, Mier D, et al. : Bias against disconfirmatory evidence in the 'at-risk mental state' and during psychosis. Psychiatry Research, 238 : 242–250, 2016.
2）Ishikawa R, Ishigaki T, Shimada T, et al. : The efficacy of extended metacognitive training for psychosis : A randomized controlled trial. Schizophrenia Research, 215 : 399–407, 2020.
3）Liu YC, Tang CC, Hung TT, et al. : The Efficacy of Metacognitive Training for Delusions in Patients With Schizophrenia : A Meta-Analysis of Randomized Controlled Trials Informs Evidence-Based Practice. Worldviews on Evidence-Based Nursing, 15 : 130–139, 2018.
5）Moritz S, Veckenstedt R, Bohn F, et al. : Complementary group Metacognitive Training (MCT) reduces delusional ideation in schizophrenia. Schizophrenia Research, 151 : 61–69, 2013.
4）Moritz S, Veckenstedt R, Andreou C, et al. : Sustained and "Sleeper" Effects of Group Metacognitive Training for Schizophrenia. JAMA Psychiatry (Chicago, Ill.), 71 : 1103, 2014.

第4節　統合失調症に対するMCT

　この章の最後に，MCTの各モジュールの内容をみていくことにします。第2節で述べた認知バイアスとの対応は表3-1のようになります。

　MCTはこの8つのモジュールでもともと構成されていましたが，後に

表3-1　認知バイアスとMCTの各モジュールとの関係

認知バイアス	MCTのモジュール
帰属の歪み	モジュール1
結論への飛躍	モジュール2と7
否定的な証拠に対するバイアス	モジュール3
「心の理論」の欠陥	モジュール4と6
記憶への過信	モジュール5
自尊心と気分	モジュール8

表3-2　対象者の参加基準と除外基準

1. 主たる対象は統合失調症および統合失調症スペクトラム障害。それ以外の患者さんでも，現在までに精神病症状（特に妄想，関係念慮，幻覚）があれば適用できます。
2. できるだけ継続的にセッションに参加する必要があります。注意力が低下している患者さんには大きなストレスになるでしょう。しかし，それでも，参加するよう促してみてください。
3. 自分に関連した強い妄想が生じない限り，妄想や幻覚の存在は除外基準になりません。ただし，（反社会的，性的，敵意といった）不適切な行動があると，それが改善するまで参加できません。グループの集団力動を壊さないためです。
4. もし，患者さんがあるセッションを欠席したとしても，個別に実施する必要はありません。プログラムはどこから参加してもよいからです。

　2つの追加モジュールが開発されました。1つは自尊心について，もう1つはスティグマに対処することについて，をテーマとしています。
　各モジュールに共通する基本的なセッションの構造や進め方については第2章を参照してください。マニュアルでは，参加対象者の基準と除外基準は**表3-2**のようになっています。

1．モジュール1：帰属─誰かのせいと自分のおかげ─

　このモジュールではセッションの最初に，偏った帰属のスタイル（出来事の原因を何か1つに起因すると決めつけてしまうこと）の弊害について学びます。たとえば，自分にとってネガティブな出来事が起きたとき，それを全部他の人のせいにしてしまうと，対人関係に支障をきたしてしまうということです。また，何かポジティブな出来事が起きたとき，それをすべて自分の手柄だと解釈すれば，傲慢な人間だと思われるかもしれません。ネガティブなことにせよ，ポジティブなことにせよ，すべての出来事は何か1つの原因から起きるのではなく，さまざまな要因が組み合わさって起きることだということを，MCTではクイズを通して学んでいきます。

　このモジュールでは，たとえば次のように問いかけるスライドが提示されます。「あなたが話をしているときに，他の人が笑いました。それは何故でしょうか？主な理由は何でしょう？─自分自身？他の人？環境や偶然？─」。3種類のありうる原因，すなわち自分自身，他者，状況について（単独，あるいはそれらの組み合わせを）検討することで，さまざまな状況を説明するよう求められます。

　確定的，断定的な「正解」を導くことが目的ではなく，1つの出来事が起きるには常に複数の要因が関係していると示唆することで，自分の中にある帰属スタイルの傾向や，何か1つの要因に出来事の原因を帰属させることの弊害に思い至るようになることが目的といえるでしょう。

2．モジュール2：結論への飛躍Ⅰ

　このモジュールの最初のセクションでは，情報を十分に吟味せずに結論へ飛躍してしまうと，どのような結果が生じるかが例示されます。実例として，有名な都市伝説（ビートルズのアビーロードのジャケットにまつわるポール・マッカートニー死亡説など）が紹介されていますが，参加者の年代や文化的背景などによっては全くなじみのない場合もありますので，適当な例に置き換えたほうがよいかもしれません。

図3-1　カエルになっていく線画

　このモジュールでのクイズは課題1と課題2に分かれています。課題1では，線画の一部分が示され，徐々に全体像が明らかになっていきます。部分的にしか示されないうちは，正解とは全くかけ離れた印象を与える絵が多く含まれています。たとえば，「カエル」の問題では，カエルだとわかる細部が現れるまで，すぐに答えを出すと間違ってしまうでしょう（図3-1）。この課題を通じて，参加者は最初の印象を新たな情報が加わるにつれて修正するようにトレーニングされます。

　課題2では，いわゆる「だまし絵」が提示されます。1つの絵でも，見方によって複数の対象物を見出せることを体験します。これらの課題を通じて，第一印象は最終的には間違っていたり，部分的な真実を表しているに過ぎなかったりすることを学ぶことが目的です。

3．モジュール3：思い込みを変えよう

　このモジュールの導入として，3つの刺激画像（サイクルAでは3種類の花）が提示され，「下の3枚の写真は，あるカテゴリに入ります。どんなカテゴリでしょう？」と質問されます。ほとんどの人は，当然「花」だと考えますが，その後で犬やクラゲ，人間の赤ちゃんなどの画像が追加され，参加者は「生物」のようなより上位のカテゴリに思い至ります。このように，最初に出した結論をその後に新しい情報が加わった場合に柔軟に変えられることの重要性について説明されます。

　クイズでは，3コマ漫画が3コマ目から逆順で1枚ずつ示されていきます。絵が提示される各段階で，参加者には漫画のストーリー解釈として4

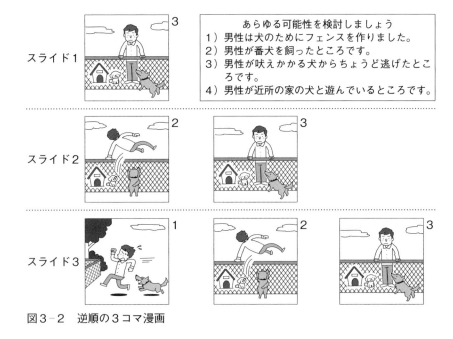

スライド1

スライド2

スライド3

あらゆる可能性を検討しましょう
1）男性は犬のためにフェンスを作りました。
2）男性が番犬を飼ったところです。
3）男性が吠えかかる犬からちょうど逃げたところです。
4）男性が近所の家の犬と遊んでいるところです。

図3-2 逆順の3コマ漫画

つの選択肢が提示され，それらの妥当性を評価するよう求められます（**図3-2**）。

クイズは，①最初の絵（3コマ目）が提示されたときに一番可能性が高いと思われる選択肢が正解である場合，②2枚目（2コマ目）の絵が提示されたときにストーリーのプロットが明らかになる場合，③最後の絵（1コマ目）が提示されたときにはじめてストーリーのプロットが明らかになる場合，の3パターンが用意されています。統合失調症の患者さんの多くは，②や③のパターンの際に，最初に出した結論を修正できないことが多いようです。第一印象に固執すると判断を誤る場合があり，広く情報を集めて適宜自分の判断を修正できることの重要性を学ぶことが目的です。

4．モジュール4：共感することⅠ

このモジュールではまず，人間の持つ基本的な感情（喜び，怒り，悲しみ，恐怖，驚き，嫌悪）を，相手の表情のみから読み取るのは難しいということを学びます。さらに，人は見た目では判断できないことを示すために，スポーツ選手，精神科医，俳優，凶悪犯罪者の顔写真が提示され，それぞれの人が何に該当するかを当ててもらいます。このクイズは多くの参加者が間違います。さらに，文化や世代の違いで表情とジェスチャーの解釈も変わってくることも説明されます。

このモジュールでは3つのクイズが用意されています。最初のクイズでは，いろいろな場面で，人物の顔の部分のみを切り取った写真が提示されます。参加者は写真の人物が何をしているのか，どのように感じているかを判断し，4つの選択肢から選びます。正解は，全体像が写った次のスライドではっきりします。たとえば，最初のスライドで，「片目をつぶり，開いているほうの眼で横にらみしている男性の目と鼻の部分だけが写った写真」が提示されます。選択肢は，1）サインを送っている選手，2）目の見えない修道僧，3）疑いの目，4）弓術，です。参加者はどの選択肢が妥当かをディスカッションします。この例では，次のスライドで弓矢を引いている全体像が提示され，正解は4）弓術であったことが明らかになります。つまり，顔の表情だけに注目してもその人物が何をしようとしているかを判断することは難しく，全体の文脈がわからないと判断はできない，ということを学びます。

次のクイズでは，最初に4コマ漫画の3コマ目が提示され，結論の4コマ目として3パターンの選択肢が示されます。3コマ目しか提示されていないときは，どの結末が妥当かはっきりしませんが，2コマ目，1コマ目と順に提示されて全体のストーリーが見えてくると，どの選択肢が4コマ目として妥当かがわかるようになっています。それぞれの段階で参加者は，どの選択肢が妥当かをディスカッションします（**図3-3**）。ストーリーを正しく理解できるのが何枚目の絵なのか，つまり設定された難易度は，問題によって異なります。

図3-3　4コマ目をあてるクイズ

　最後のクイズでは，4コマ漫画が1コマ目から順番に提示され，各々の絵が示されるごとにストーリーの曖昧さが減ります。参加者はそれぞれの段階で，3つの選択肢のうち登場人物の意図として最も適当なものはどれか，について話し合います。

　以上のように，このモジュールではクイズの数がとても多いため，参加者には簡単過ぎると思われるクイズを省いてもよいでしょう。このモジュールが全体として訴えたいことは，ある人が何を考えているか，何をしようとしているかを，表情のみや，1つの場面のみから判断することは難しく，前後や周囲の状況をよく観察して慎重に判断すべきだということです。

5．モジュール5：誤った記憶への過度な確信

　このモジュールでは，最初に私たちの記憶がいかに曖昧であるかについて教示した後で，ものがたくさんある場面の絵を提示し，あとでその絵に何が描かれていたかを思い出してもらい，選択肢から選ぶというクイズに取り組みます。

　たとえば，ビーチに人がたくさんいる場面の絵を参加者に示した後で，いかにもビーチにありそうな物品（タオル，ボール，パラソルなど）のリストを示して「何が描かれていたでしょう？」と問うと，実際には描かれていなかった物品も「描かれていた」として「思い出して」しまうという「偽記憶のパラダイム」に基づいています。後半では，たとえば工事現場の絵を示した後で，「工事現場によくあるものは何でしょうか？」と質問して，参加者に考えたり想像したりしてもらうと，偽記憶がより生じやすくなることも体験してもらいます。

　統合失調症の患者さんでは，記憶の正確さ自体は健常者と変わりないものの，誤った記憶への確信は不釣り合いに大きいことがわかっています。このモジュールの目的は，どんな人であれ誤った記憶を持ちやすいことを理解してもらい，鮮明に思い出せない場合はその記憶を疑ってみることも必要だと伝えることです。

6．モジュール6：共感することⅡ

このモジュールでは，他者についての判断を行う場合の手がかり（相手の表情や身振り，言葉，相手についての予備知識，自分の直感など）について，それぞれの長所と短所を考えることから始めます。

次に，一連の漫画が示され，参加者は主人公の視点から考えて，その人物が他者や出来事について考えていることを推論するよう求められます。たとえば，女の子がお婆ちゃんにキャラメルをプレゼントとして渡し，お婆ちゃんもその場ではとても喜んでいるようにみえましたが，女の子が帰ったあとで「キャラメルは（歯にくっついてしまうから）食べられない」と言って捨ててしまうというストーリーが示されます。参加者には「女の子は来年もキャラメルをプレゼントするでしょうか？」と質問されます。提示される漫画の中には，全体が示されても複数の解釈が可能なものも多く含まれています（図3-4）。

このように，自分が知っている情報と，他者が知り得る情報には違いがあることや，自分が把握できている事実だけでは全体を判断できないこともある，ということを学びます。他のモジュールとも共通しますが，判断するための証拠が十分でない可能性を常に考え，確信の程度を下げ，性急な決定を控えるよう促すことが目的となります。

7．モジュール7：結論への飛躍Ⅱ

モジュール2と同様に，導入部分では「結論への飛躍」について，代表的な都市伝説や陰謀論を用いて説明します。オリジナルのスライドでは「アポロは月に行っていない説」が紹介されていますが，これも参加者の世代や興味によっては全くなじみがない場合があるので，違う例を使うほうがよいかもしれません。例示した都市伝説や陰謀論に対する賛否両論を参加者から集め，その妥当性について意見交換し，評価します。この種の都市伝説は，一見わかりやすいが，よく考えると合理的ではない証拠から，無批判に結論へと飛躍することで生じるため，妄想的観念のモデルとして役立ちます。

図3-4　女の子の気持ちを考えてみよう

　このモジュールのクイズでは絵画が1枚提示され，その絵のタイトルを選択肢から選んでもらいます。どの選択肢が正解かについてグループ内で検討することによって，自分がまだ認識していない情報に注意を向けることができるようになります。詳しく検討したのちに，参加者に選択肢のそれぞれを再評価してもらいます。複雑な問題の解決には十分な時間と多角的な視点が必要だということを学ぶことが目的です。

8．モジュール8：気分

　このモジュールでは，他のモジュールで使われたようなクイズはなく，

うつ病やネガティブな思考に陥りやすい認知特徴についての心理教育という性質が強く表れています。ネガティブな思考につながりやすい考え方として，「過度の一般化」，「選択的知覚（悪いことばかりに注意が向く）」，「最終的な判断材料として（他者からの評価を受け入れずに）自分自身の基準だけを使う」，「ポジティブなフィードバックは認めないがネガティブなフィードバックは無批判に受け入れる」，「全か無かの思考」，「ネガティブ思考を無理矢理抑えようとする（と，かえってネガティブな思考が強くなる）」，「他者と自分を比較して，自分にハイレベルな要求をする」といったものが紹介され，それらをより現実的で適応的な考え方に置き換える方法が説明されます。

　最後に，低くなった自尊心と落ち込んだ気分を高めるのに役立つ技法をいくつか提示し，普段からそれを使うことを参加者に奨励します。日常のトレーニングによって抑うつ的認知スタイルの修正が可能であることを学んでもらいます。

9. 追加モジュール1：自尊心

　このモジュールでは，精神的に不調のときに自尊心が低くなりがちな理由について学び，日々の生活でのネガティブな側面や自分の欠点に注意を向ける代わりに，うまくいっている側面を探したり，うまくいっていることを正当に評価したりすることの大切さを学ぶことが目的となります。

　このモジュールでは，正解があるようなクイズはなく，自尊心を向上させるために役立つ方法について十分に話し合う時間をとることが重要です。第2節で説明したように，自尊心の低さと抑うつ気分は関係が深いため，モジュール8を補完するために用いるのが最適かもしれません。

10. 追加モジュール2：偏見（スティグマ）に対処する

　統合失調症をはじめとする多くの精神疾患では，患者さんは偏見や誤った先入観にさらされており，そのことがさらに精神的な不調につながることが知られています。そういった偏見，先入観が患者さん自身にも内在化

され，自分自身を正当に評価できなくなっていることも多いといわれています。

　このモジュールでは，精神疾患が一般人口において決して稀ではないこと，精神疾患があっても生産性のある活動は可能であることなどを，精神疾患を患っていた作家や芸術家の例を挙げながら学んでいきます。自分自身への偏見を減らし，精神疾患の有無がその人の価値を決めるものではないことを学ぶことが目的となります。　　　　　　　　　（織部直弥）

個人用メタ認知トレーニングについて

　個人用メタ認知トレーニング（以下，MCT＋と記します）は，その人の症状や性格，周囲の環境などの理由で，集団実施されるMCTへの参加が難しい患者さんのために開発されたツールです。マニュアルの序文には「MCT＋は，MCTや統合失調症の認知行動療法（CBTp），および心理教育の成果を統合した技法である」と記載され，「ゆえにこのプログラムは筆頭著者単独の研究ではなく，多くの研究者や臨床家との共同成果である」と続いています。

　このようにMCT＋は，MCTの内容を基本としながら，他の有効な介入方法を複合的に取り入れて開発されました。この開発過程は，MCT＋で使用されている「ユニット」という言葉に反映されています。MCTではモジュールとよばれていますが，より複合的な性質を持つという意味を込めてユニットとよぶことにしたのでしょう。

　そのユニットを表1に示しました。全部で11のユニットはMCTと共通する箇所も多いのですが，特徴的なのは，ユニット1，2，3において，トレーナーと患者さんとの信頼関係の構築と情報共有を入念に行うことです。

　たとえば，ユニット1ではスライドを使わずに，患者さんと向き合いながら，ワークシートを用いてアセスメントを進めます（図1）。

　ユニット2ではスライドを使ってMCT＋を紹介しながら，ワークシートで患者さんの抱えている問題の深刻度を数字（％）で表して共有します（図2）。

　ユニット3では患者さんとトレーナーが協力して，「心の調子が崩れるパターン」を客観的にとらえる練習に取り組みます。ここでもスライドとワークシートを使って，症状の引き金になる出来事（図3）や独特の信念がどのように強化されるのかなどについて，対話と検討が進められます。これはCBTにおけるケースフォーミュレーションにあたります。

　このように，対個人が前提のMCT＋では，個別性や個別の問題の把握に重きを置き，治療同盟の絆を強くすることに細心の注意を払います。これは，参加に対して自由度が高く，信頼関係を構築するための時間を特別に割かないMCTと比較すると大きな違いだといえるでしょう。

　MCTとの比較でいえば，ワークシートの使い方にも大きな違いがあります。MCTのワークシートは，1回のセッションの終了後にホームワークのために配

表1　日本語版 MCT＋のユニットとワークシート等の枚数

ユニット1	関係構築とアセスメント（スライド無）	アセスメントシート（6枚）ワークシート（2枚）
ユニット2	メタ認知トレーニング（MCT＋）への招待	ワークシート（3枚）
ユニット3	ケースフォーミュレーション（こころの調子が崩れるパターン）	ワークシート（2枚）
ユニット4	帰属スタイル	ワークシート（7枚）
ユニット5	正しい結論をくだす	ワークシート（9枚）
ユニット6	思い込みを変えよう	ワークシート（6枚）
ユニット7	相手の気持ちを理解する	ワークシート（6枚）
ユニット8	記憶と過信	ワークシート（2枚）
ユニット9	抑うつと思考	ワークシート（5枚）
ユニット10	自尊心	ワークシート（5枚）
ユニット11	統合失調症と付き合い，再発を防ぐ	ワークシート（6枚）

付されるツールでした。それに対して MCT＋では，スライドの中でワークシートを用いた複数の課題が提示され，患者さんはその場でワークシートに取り組みます。それによって，自分が MCT＋に何を求め，今後どうなっていきたいかを明確にすることができ，トレーナーと目標を共有することができるのです。

　ワークシートは，ユニット毎に最大9枚が用意されており（表1の右枠を参照），かなりのハードワークになる可能性がありますが，患者さんとトレーナーが二人三脚で取り組むことによって，治療同盟の強化につながることが期待されます。

　また，特筆すべきこととして，MCT＋のマニュアルの素晴らしさを挙げておきたいと思います。MCT＋の実施方法や手順についての説明はもちろんのこと，「治療における落とし穴」や「グループ用 MCT との組み合わせ」，「入院および外来患者の場合」や「（予期される）問題とその対策」などの項目で，トレーナーの視点に沿った実用的な内容がていねいに説明されています。MCT＋の実施を検討している医療スタッフだけではなく，統合失調症で苦しむ人に関わる方々に，ご一読をお勧めします。　　　　　　　　　　　　　　　（則包和也）

ユニット1：関係構築とアセスメント

ワークシート　1.1　あなたが持っている独特の考えについて

質問	答え	確信度 (0−100％)
どのような考えで頭がいっぱいでしょうか？		
その考えの背景にあるものは何／誰でしょうか？		
その考えはどのように始まったのでしょうか？原因は何だと思いますか？		
他の人だったらその状況をどのように考えるでしょう？別の説明はありますか？		
あなたは自分の考えにとらわれてしまうことが1日のうちでどれくらいありますか？	（分／時間）	

以下の問いに対して、最も適切だと思うところに○をつけてください	大いに	中くらい	ほんの少し	全然無い
ある考えにとらわれることによって、どのくらい日常生活が妨害されていますか？				
その考えのせいで生じる恐怖感や不快な感情の強さはどのくらいですか？				

図1　ユニット1のワークシート1.1

ユニット2：メタ認知トレーニング（MCT＋）への招待

ワークシート　2.1　抱えている症状／問題　次の項目を見て、今あなたが抱えている問題に〇をつけ、その深刻度を数字（％）で表してください。

抱えている症状／問題	深刻度 （0～100％）
声が聞こえてくることと、その他の知覚の誤り／錯覚（たとえば、他の人にはわからないにおいがすること）	
自分は迫害されているという考え	
自分には特殊な能力や才能があるという感じ	
自分は特別な使命のために選ばれたという感じ	
他の人に自分の考えがつつぬけになっている（こころが見透かされている）感じ	
他の人が自分や自分の考えをコントロールしているという恐怖感	
みじめな感じ／気分の落ち込み	
脱力感／疲労感	
集中力の低下、記憶力の低下	
考えのまとまらなさ（考えが次から次へと浮かんできて混乱すること）	
身の周りのことへの関心の低下	
自らすすんで引きこもること（たとえば、恐怖感や不安のために）	
自殺を考えたり、自殺の計画を立てたりする	
仕事をする能力の低下	
日常生活や住居の問題	
金銭的な問題	
罪悪感	
神経過敏、緊張	
健康に対する不安	
攻撃性／暴力／自制心を失うこと	
家庭や家族関係の問題	

図2　ユニット2のワークシート2.1

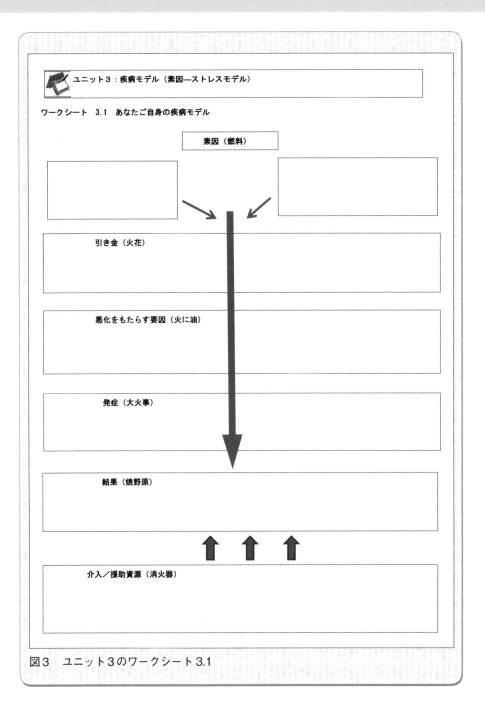

ユニット3：疾病モデル（素因―ストレスモデル）

ワークシート　3.1　あなたご自身の疾病モデル

素因（燃料）

引き金（火花）

悪化をもたらす要因（火に油）

発症（大火事）

結果（焼野原）

介入／援助資源（消火器）

図3　ユニット3のワークシート3.1

第
4
章

うつ病のための
メタ認知トレーニング

第1節　うつ病のためのメタ認知トレーニング（D-MCT）とは

1．D-MCT 全体と各モジュールの概要

　うつ病は世界的にみてももっとも発症頻度の高い精神障害だと考えられています。発症率は総人口の 12 〜 15％にのぼります。症状には，抑うつ気分，興味と喜びの喪失，食欲不振や体重減少，睡眠障害，精神運動制止，興奮・焦燥，活力の減退，自分への罪悪感や無価値感，集中困難や決定困難，自殺念慮／企図などがあります。事業所従業員のうつ病による休職が 1 年間平均で 30 〜 50 日であるという事実は，うつ病によって国民経済も大きな損失を受けることを意味しています。

　D-MCTは，ドイツ・ハンブルク大学のレナ・イェリネク(Lena Jelinek)教授が責任者として 2009 年に開発されました。D-MCT は認知行動療法（以下，CBT と記します）を理論的基礎とした集団療法プログラムです。CBT はうつ病に対する効果のエビデンスがあり，もっとも普及している心理療法の 1 つですが，個人療法が中心で，専門家による治療はドイツでもすぐには受けられません。D-MCT は何らかの理由で迅速に治療を受けることができないうつ病のクライエントに，有効な治療法をなるべく早く提供することを目的に開発されました。

　D-MCT は 8 つのモジュールで構成されています。MCT と同様に，参加への敷居が低く，遊びの要素をたくさん含んでおり，わかりやすいスライドによって理解を視覚的に助け，アハ体験（「なるほど，そうか！」と腑に落ちる体験＝メタ認知的体験）の機会を与え，クライエントが内容を実感・実体験できることが特長です。うつ症状は誰でも体験する心理現象だと理解するノーマライゼーションや，うつ病に関わる自己卑下や孤立を

表4-1 『D-MCT 解説と実施マニュアル』の構成（石垣・森重，2019）

資料	概要
実施マニュアルと解説	実施指針や方法の説明
参加者のしおり	参加する前にクライエントが基礎知識を得るために読む資料。状況・認知・感情・行動の関係の説明
グループ・ルール	参加する際の約束ごとが書かれている資料
8つのパワーポイント・スライド	実際に用いる8モジュールのスライド
8つのホームワーク資料	モジュールごとに用意されている。モジュールの重要な点や例題がまとめられ，モジュールに沿って日常生活での練習結果を記入する課題が設定されている

防ぐ脱スティグマ化も促進します。ていねいなマニュアルがあり，多くの情報がコンパクトにまとめられているため，医療関係者なら誰でも実施できることも特長です。詳細は『うつ病のためのメタ認知トレーニング（D-MCT）解説と実施マニュアル』（金子書房）を参照してください（**表4-1**）。

　8モジュールのうち4つのモジュールで「考え方のかたより（認知バイアス）」を，残り4モジュールでうつ病の症状とそれに影響を与える認知バイアスを扱います。これら2種類の内容は交互に実施できるように構成されています（**表4-2**）。

　◆モジュール1：考え方のかたより1　うつ症状の増悪と持続の原因となる2つの認知バイアス（「メンタル・フィルター」と「過度の一般化」）を取り上げ，対処法を検討します。対処法として，たとえば，主観にとらわれない状況や事実の客観的認識や，視点転換についてディスカッションします。

　◆モジュール2：記憶力の低下　うつ病に特有の注意のありかたが日常生活に影響することや，ネガティブな感情が記憶を歪めてしまうことなどが説明されます。同時に，非機能的，不適応的な信念が紹介され，その修

表4-2　D-MCTの8モジュールの構成内容

モジュール	モジュールのタイトル	中心テーマ
1	考え方のかたより1	メンタルフィルター，過度の一般化
2	記憶力の低下	歪んだ記憶
3	考え方のかたより2	「すべき」思考，白黒思考，ポジティブなことへのダメだし
4	自尊心の低下	完全主義，自己価値の感覚
5	考え方のかたより3	拡大しすぎと値引きしすぎ，うつ病に特徴的な帰属スタイル
6	不具合な行動	非機能的な対処行動：社会的引きこもり，反すう，思考抑制
7	考え方のかたより4	結論への飛躍：マインド・リーディング（他者の自己に対する思考を「読む」），運命占い（悪い未来を予言する）
8	感情の誤解	感情と感情に基づいた認知

正法についてディスカッションします。

　◆モジュール3：考え方のかたより2　うつ病を持続，増悪させる認知バイアス（「『すべき』思考」，「白黒思考」，「ポジティブなことへのダメだし」）を取り上げ，それらへの対処法として，考え方の偏りの損益分析や，誉め言葉の受けとめ方などを学びます。

　◆モジュール4：自尊心の低下　不当に低い自己評価や，その原因となる完全主義のような認知傾向に取り組みます。まず，自分の失敗を取り返しがつかないものだととらえがちな視点を理解します。そこからの視点転換を，たとえを使って考え，自分にとって役立つ資源を活性化し，不公平な視点に基づいて自分と他者を比較していないかを客観的に検討します。

　◆モジュール5：考え方のかたより3　認知バイアス（「拡大しすぎと値引きしすぎ」）とネガティブな出来事が生じたときにすべて自分のせいにする自己帰属スタイルが説明されます。対処法として，原因の帰属先に他者と状況（あるいは偶然）の2つを加えることや，他に可能性のある事情を考慮することなどが提案され，ディスカッションを通してトレーニン

グします。

　◆モジュール6：不具合な行動とその対策　うつ病を増悪させる非機能的な思考や行動，すなわち反すう，ネガティブな思考の抑制，社会的ひきこもりなどを紹介し，それらが問題解決に役立たないことを理解して対処法を話し合います。対処法には，深呼吸とマインドフルネスの組み合わせや行動活性化など，具体的で行動的なものが含まれます。

　◆モジュール7：考え方のかたより4　「結論の飛躍（「マインド・リーディング」，「運命占い」，「確証バイアス」，「予言の自己成就」）」という認知バイアスに取り組みます。人の心を読もうとしたり，将来を見通せると信じたりする傾向を実感し，セルフモニタリングへの意識を高めます。「推論の結果は複数ある」ことへの気づきも促します。

　◆モジュール8：感情の誤解　認知がそのときどきの感情に影響されることや，感情の役割について学びます。抑うつ気分が他者の態度や言動の解釈を歪めてしまうことや，他者の感情の「読心」は難しいことを実感し，感情を適切に解釈できるように練習します。

　2．認知バイアス

　D-MCTではモジュールの半分を割いて認知バイアスに焦点を当てます。うつ病に特徴的な認知バイアスはさまざまな研究者や臨床家が解説していますが，D-MCTではアーロン・ベックの説を援用しています（表4-3）。

　D-MCTでは，1つのモジュールで認知バイアスを2つほど取り扱います。以下，その一部について簡単に説明します。

　白黒思考：白か黒か，100か0か，全か無か，という二者択一的な考えに縛られ，中間を考慮しないことです。極端な立場をとるために，事実を正確にとらえられなくなります。

　過度の一般化：1つのネガティブな出来事が，「常に」，「全体的に」，「将来もずっと」生じると考えてしまうことです。「いつもいつも」，「決して〜ない」という言葉が特徴的です。

表4-3　認知バイアスの例（Jelinek et al., 2015）

1．白黒思考
2．過度の一般化
3．メンタル・フィルター
4．ポジティブなことへのダメだし
5．結論の飛躍
6．拡大しすぎと値引きしすぎ
7．感情的な推測
8．「すべき」思考
9．レッテル貼り
10．個人化

　メンタル・フィルター：ほんの些細なネガティブな出来事に注目してしまい，全体をネガティブに評価し，「すべてが悪い」と勘違いしてしまうことです。うつ病ではネガティブな情報にばかり注意を向ける傾向があることも明らかになっています。

　ポジティブなことへのダメだし：うつ病では他の人からの賞賛や高評価を受け入れづらくなります。自分に関するよい評価の価値を下げ，悪い評価はうのみにして信じ込む，という意味です。

　結論の飛躍：事実を確認したり情報を集めたりせず，偏った推論をすぐに信じてしまうことです。結論の飛躍には2種類あります。1つは「マインド・リーディング／読心」で，相手が自分に対してネガティブな考えや評価を持っていると推測し，それを確認せずに信じてしまうことです。もう1つは「運命占い」で，悪いことが必ず起きると信じ込んでしまうことです。

　拡大しすぎと値引きしすぎ：「拡大しすぎ」は，自分の小さな失敗や，抱えている問題の程度を現実以上に拡大して考えてしまうことです。「値引きしすぎ」は，自分の長所や能力に低い評価しか与えず，大きく値引いて考えることです。特に問題が自分に関係しているときに強くなります。

　感情的な推測：そのときの感情に左右されて，考え方や判断が歪むこと

を意味します（たとえば、「私は不安でいっぱいだ……だから君が私を無能な奴と思うのは当然だ」）。

「すべき」思考：「～すべき」、「～すべきではない」、「～してはいけない」というかたくなな言葉が頭の中で繰り返し発せられ、きわめて高い基準を自分に対して設けます。失敗や逸脱が許されない状況に自分を追い込んでしまいます。

マニュアルには、「過ちを犯すことは人間的なことである（Errare humanum est）」というラテン語の古い格言が紹介されています。人間は必ず過ちを犯す生きものです。したがって、誤らないよう気をつけることも大切ですが、それ以上に、誤ったら修正することのほうが大切です。それをトレーナーはていねいに何度もクライエントに伝えてください。また、セッション中も、間違っていても積極的に発言して、間違った理由や他者の考え方に気づく体験を大切にすることを強調してください。

3．メタ認知とうつ病のための CBT

D-MCT 開発の目的には、これまでのうつ病に対する集団精神療法にはなかったメタ認知的要素を導入することも含まれています。メタ認知の詳細は本書第 1 章「メタ認知とは」を参照してください。

D-MCT ではエイドリアン・ウェルズのメタ認知療法と同様に、非機能的なメタ認知や思考のプロセスを扱います。同時に、従来の CBT と同様に思考の内容も検討します（特にモジュール 1，3，5，7 の「考え方のかたより」）。したがって、D-MCT は従来の CBT を基礎として、それに新しい内容、情報、技法を加えた CBT の発展形だと考えられます。メタ認知療法について本章では詳しく説明できませんので、たとえば Wells（2011）を参考にしてください。

4．D-MCT の有効性

イェリネク教授らは、2009 年からハンブルク大学エッペンドルフ病院

精神科のうつ病外来の患者さんを対象に臨床研究を開始し，その成果をパイロット研究として発表しました。うつ病の症状全般や認知バイアスに対する有効性が示されました。

　また，満足度のアンケートでは参加者全員がこのトレーニングは役に立ち，自分の治療に意味があったと答えました。参加者の97％は楽しかったと回答し，94％は知人にも勧めたいと答えました。85％の参加者は自分のうつ病をさらに深く理解できたと回答しました。その他には，弱い拘束性を持つオープングループ構造や，リラックスした雰囲気などが肯定的に評価されました。一方，実施したトレーナーは，治療目標が明確で，実施が容易で，さらに応用できるグループ介入法だと評価しました。

　この予備調査をもとにD-MCTの内容を改訂し，ランダム化比較試験を行いました（Jelinek et al., 2016）。その結果，D-MCT参加前と比べ，終了後と6か月フォローアップの両時点で顕著な症状改善が認められました。これにより，少なくともドイツでは，D-MCTの臨床有効性が明らかにされたと考えられます。

1) Jelinek L, Hauschildt M and Moritz S : Metakognitives Training bei Depression (D-MKT). Beltz, Weinheim, 2015.（石垣琢麿，森重さとり監訳，原田晶子訳：うつ病のためのメタ認知トレーニング―解説と実施マニュアル―．金子書房，東京，2019.）
2) Jelinek L, Hauschildt M, Wittekind CE, et al. : Efficacy of Metacognitive Training for Depression : A Randomized Controlled Trial. Psychotherapy and Psychosomatic, 85 : 231-234, Epub 2016.
3) Wells A : Metacognitive Therapy for Anxiety and Depression. Guilford Press, New York, 2011.（熊野宏昭，今井正司，境泉洋監訳：メタ認知療法―うつと不安の新しいケースフォーミュレーション―．日本評論社，東京，2012.）

第2節　グループ・トレーニングの実際

1. 適用と実施指針

　ハンブルク大学における5年以上にわたる臨床経験と理論的考察から，実施指針，適用範囲，限界などが示されています。

　適用の中心はうつ病性障害（大うつ病，気分変調症など）と不安症のうつ病併存例とされています。一方で，身体疾患が原因となっている抑うつ状態に対する効果はわかっていません。また，うつ病の初発例や精神科未受診のクライエントに適すると考えられますが，スライドやホームワーク／復習シートを活用して，精神科的治療後のアフター・ケアや再発予防にも役立ちます。

　治療場面としては，外来や短期の入院環境での集団精神療法においても提供が可能です。オープングループなので「新人」はどのモジュールからでも参加できます。また，認知バイアスへの理解を深めることによって，CBTのような専門的治療が始まるまでの橋渡し的に用いることもできます。ただし，重症の入院患者さんには負担が大きい可能性があるため，集団への適応力と集中力が十分備わっていることを確認する必要があります。

　頻度は1週間に1〜2回，1回につき1〜2モジュールを実施します。1週間に2回行う場合は，2日連続は避けてください。クライエントがホームワークに取り組み，理解を深め，適切に応用する時間が必要だからです。実施時間は60分程度，参加人数は3〜10人程度が最適だとされています。

　実施する部屋は静かで，全員が座れる椅子があり，スライドを映すスペースが必要です。映写されたスライドの前にクライエントが半円形に座り，両端に1人ずつ2人のトレーナーが座る形が望ましいといわれています。この形は統合失調症用のMCTと同じですから，第2章も参考にしてください。

　たとえば，参加者の1人が急に体調が悪くなるというような事態に備え

て，トレーナーは2人以上いることが望ましいですが，参加者の状態が安定していれば1人でも可能です。うつ病の認知的特徴に詳しく，治療経験がある心理職か精神科医がトレーナーとして望ましいとマニュアルには書かれていますが，他の職種でももちろん可能です。CBTの知識や集団療法の経験があればなおよいでしょう。

　フレンドリーで互いを尊重し，ユーモアのある楽しい雰囲気の中で，ディスカッションやクイズを行ってください。進めるスピードは参加者に合わせてください。トレーナーが必要以上に指示的にならないようにして，D–MCTの本質である「間違いをポジティブに受け止める意識の形成」を常に忘れないでください。トレーナー自身が間違えるところを参加者に見せてもよいと思います。話すことに抵抗のある参加者に対しては発言を強要せず，「はい／いいえ」や挙手だけで答えてもらってもよいでしょう。

　グループ・ルールの資料は初回セッション，あるいは初回参加の前に配布しておきます。たとえば，他の人の話を最後まで聴く，他の人の意見を尊重する，他の人に対する批判的なコメントや自分のことばかり話すのを避ける，というような最低限のルールは守るよう指導してください。

2．セッションの実施方法

　始める前に，トレーナーは参加予定のクライエントにD–MCTの概要を説明して，「参加者のしおり」と「グループ・ルール」をわたしておきます。これらの資料を事前にわたすのは，参加者の不安を軽くするためです。加えて，参加は強制ではなく任意であることと，初回は聞いているだけでもよいと伝えてください。少なくとも「参加者のしおり」を読めば，クライエントはメタ認知の概要や思考・感情・行動の関係などについて知ることができます。

　セッションの流れは，次のようになります。

　①毎回，最初のスライドとともに，参加者への歓迎の挨拶と自己紹介を
　　行いますが，参加者同士がすでに顔見知りであれば自己紹介は省略し

考え方のかたより1
学習ポイント

> 今回話し合ったような、日常生活で起こりうるうつ病的
考え方（メンタル・フィルター、過度の一般化）に注意
してください！

> もっと役に立つ考え方を検討しましょう。たとえば、

　> 「今、ここで」につながる特定の状況を、具体的な
　言葉で言い表しましょう。

　> 立ち位置を変える：仲の良い友だちが同じような
　状況にいたら、何と言ってあげるでしょう？

　> 意識的にあなたのかたよった考え方を面白く
　ふくらませて、違う視点から眺めるようにして
　みましょう（こっけいで面白い状況を想像して
　みましょう）。

図4-1　「学習ポイント」のスライド

ても構いません。

②新しい参加者にはグループ・ルールを説明し，まだ持っていなければ
「参加者のしおり」を手渡します。

③すでに参加している人に，新しい参加者に対して簡単にトレーニング
の目的と特徴を説明してもらいます。たとえば，いつでも参加でき
ることを伝えてもらったり，人工衛星のスライド（第11章参照）を
使ってメタ認知の意味を説明してもらったりします。

④前回のモジュールの簡単なまとめと，ホームワークについて手短に話
し合います。

⑤セッションを開始します。

⑥「学習ポイント」スライド（図4-1）を確認して終了します。

⑦可能なら，最後に1つ2つ，参加者に質問をしてください。たとえ
ば，「あなたにとって，今日一番心に残ったことは何ですか？」，「今
日の内容で，あなたが試してみたいと思ったものは何ですか？」，
「ホームワークでは，どの練習問題に取り組みたいですか？」などです。

⑧ホームワークを配布します。

3．各モジュールの実際

ここでは具体的な実施方法について簡単に説明します。

モジュール1：考え方のかたより1　このモジュールのねらいは，「メンタル・フィルター」と「過度の一般化」という2つの非機能的思考について理解し，修正することです。

まずグループでメンタル・フィルターとは何かを話し合った後，トレーナーがスライドで概念や例を説明します。ある状況におけるその人の評価や考え方が，状況自体や気分・行動よりも重要であることを示します。その後，参加者がバランスのよい考え方を提案できるようにサポートします。

次に，「過度の一般化」を紹介し，参加者が自分の経験を思い出せるように，トレーナーが具体的でわかりやすい例を挙げます。その後，過度に一般化された考え方をグループ全体で考え，役に立つ考え方も検討します。「過度の一般化」への対処法には，①「今，ここで」につながる具体的な言葉で語ること，②立ち位置を変えること，③偏った考え方をわざと面白く誇張すること，の3つがあります。それぞれを実際に練習します。

トレーナーは参加者に対して過剰な要求はせず，対処法を1つでも確実に行うことを大切にしてください。そして，「何事においても，変化には多くの苦労が伴い，変化するには多くの練習を必要とします。ドイツには『練習はマイスター（巨匠）をつくる』ということわざがあります」と参加者に伝えてください。

モジュール2：記憶　このモジュールのねらいは，うつ病の記憶と注意の問題に焦点を当て，記憶力や注意力の低下をノーマライズすることと，歪んだ記憶への理解を深めることです（「今の気分と一致した記憶」，「灰色のメガネから見ることを通しての記憶ちがい」）。

うつ病では記憶と注意力が一時的にせよ低下するため，自らの認知能力

に対してクライエントが不安を抱きやすくなります。人間の記憶には限界があることを確認したのち，誤記憶の心理的メカニズムを説明します。次に，うつ病における記憶力の低下は一生続かないことを伝えて，参加者の不安や苦痛を和らげることを目指します。

　最後に，日常のスケジュールをシステム化すること，整理整頓して物を置く場所を決めておくこと，予定を書き込むカレンダーや携帯電話のお知らせ機能を活用することなど，誤記憶を減らす具体的な方法を紹介します。

　モジュール３：考え方のかたより２　このモジュールのねらいは，うつ病に特徴的な３つの認知バイアス，「『すべき』思考」，「白黒思考」，「ポジティブなことへのダメだし」について説明し，具体的な対策を検討することです。

　最初に「すべき」思考と白黒思考を紹介します。「すべき」思考によって自分に高い基準を課してしまうことについて，その原因や利益／リスクをディスカッションします。その後，「すべき」思考に関連させて白黒思考について例を交えて説明します。

　次に「ポジティブなことへのダメだし」がいかに役立たないか，いかに無意識に働いてしまうかを検討します。参加者に自らの例を挙げてもらいます。ディスカッションを通して，他者からの批判の内容を冷静に見分けること，批判と自分の人格とを切り離して考えること，他者からの批判は「何かを学べるチャンス」だと思うこと，などを理解します。

　このモジュールでは，各参加者の例を共有するだけでもよいとマニュアルには書かれています。モジュールの内容と個人の問題との関連を，参加者が十分理解できればよいということです。

　モジュール４：自尊心の低下　このモジュールでは，自尊心の低下に関連する認知を扱います。最初に，自尊心はあくまでも主観的なものであることを確認します。次に，自分の弱点への必要以上の注目，完全主義，自分と他者との不公平な比較について話し合い，その修正法や対処法について検討します。

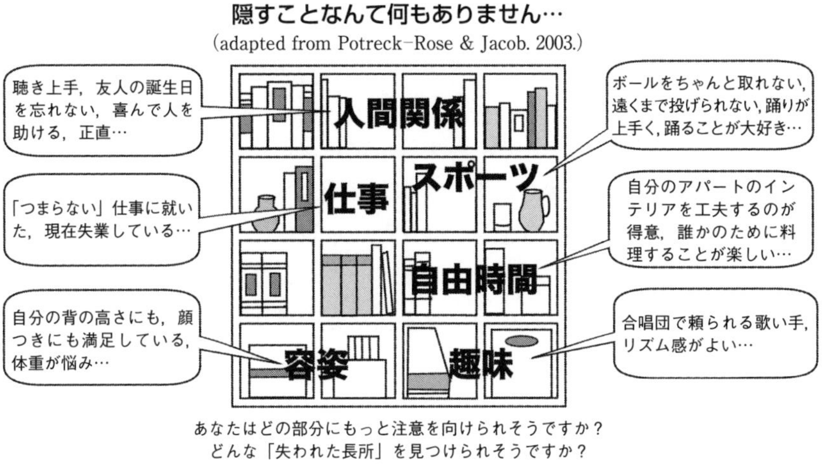

隠すことなんて何もありません…
(adapted from Potreck-Rose & Jacob. 2003.)

図４-２　「本棚の比喩」

　自尊心を高めてくれる複数の源に気づくことは，自尊心低下への対処法
として重要で，それを「本棚の比喩」で説明します（**図４-２**）。本棚の
中で，仕事関係の本が入る棚は空でも，趣味や人間関係，スポーツや音楽
などの棚は埋まっているかもしれません。空の棚ばかりに注目して，他の
よい面や長所（つまり，埋まっている棚）を見逃していないか，というた
とえです。また，「良いこと日記」をつけたり，ささやかな楽しみを実行
したりすることも提案します。

　モジュール５：考え方のかたより３　このモジュールのねらいは，自分
の欠点を必要以上に大きく考えたり，自分の能力を必要以上に大きく値引
いたりすること（「拡大しすぎと値引きしすぎ」）と，失敗の原因を１つに
帰属したりダブルスタンダードが当然になったりする「うつ病の帰属スタ
イル」，という２つの認知バイアスを理解することです。

　「拡大しすぎと値引きしすぎ」では，拡大しすぎる例と値引きしすぎる
例を検討し，役に立つ考え方を図表で明確にしながらディスカッションし
ます。

次に，うつ病の偏った帰属スタイルについて検討します。参加者はネガティブな出来事に対する自らの思考パターンを確認して，原因を他者や状況・偶然など自分以外にも帰属するよう求められ，具体例と練習を通してバランスのよい帰属がメンタルヘルスに役立つことを理解します。

　モジュール６：不具合な行動とその対策　このモジュールのねらいは，反すう，思考抑制，社会的ひきこもりという現象について理解し，正しい対処法を知ることです。うつ病では多くの人が，これらの非機能的な思考や行動をストレスに対する有効な対処法だと勘違いしています。

　まず，反すうは計画立案とは異なり，問題解決には役立たないことが説明されます。次に，ネガティブな考えに対して「心の中で距離を取る」こと，つまりマインドフルネスによる対処法を練習します。思考は真実ではなく心の中の経験に過ぎません。思考を判断せずに，空を横切って去っていく雲のようなものだとして客観的に眺めます。また，呼吸法を練習して意識を呼吸に集中します。

　次に，社会的ひきこもりについて適切に理解してもらいます。まず，ひきこもりをネガティブにとらえるメタ認知（たとえば，「ひきこもっているのはダメ人間だ！」）を修正します。その後，ひきこもりから生じる悪循環や不利益を明らかにして，対処法を考えます。

　モジュール７：考え方のかたより４　このモジュールのねらいは，「結論の飛躍」に関する２つの認知バイアスについて話し合うことです。ひとつは，他者の考えが読めると信じ込む「マインド・リーディング」，もうひとつは，未来に起きることがわかると確信する「運命占い」です。うつ病では，状況に対する最初の判断や第一印象がネガティブに偏っている可能性があります。そのため，多くの情報を集めて柔軟に判断する重要性を参加者に理解してもらい，適切な判断を下す練習をします。

　まず，絵のタイトルを当てるというクイズを行い（図４-３），「マインド・リーディング」について考えます。その絵を描いた画家の意図を正確に読み取ることは難しいこと，同じ絵を見ても人によって印象は違うこと，などを理解します。次に「運命占い」と関係が深い「破滅思考」を紹

a．サラマンカの暗殺者
b．セビリアの水売り
c．マラガのワイン・テイスティング
d．マドリッドの酔っ払い

図4-3　絵のタイトルを当てるクイズ

介し，破滅思考を続けていると「予言の自己成就」（＝予言が当たってしまうこと）が生じることについて話し合います。

　モジュール8：感情の誤解　このモジュールでは，感情に関する非機能的な思考を修正することを目指します。私たちは他者の感情を簡単に誤解しがちです。なぜなら，他者の感情を理解しようとすると，そのときの自分の感情が判断や推測に影響してしまうからです。人の基本的感情と社会的感情の説明から始まり，写真上の人物の感情を当てるクイズを行います。第一印象にこだわらず，多くの情報に基づいて柔軟に解釈することの重要性を話し合います。

　加えて，感情が役立つ場面もたくさんあることや，抑うつ気分にも役割はあり，必ずしも排除すべきではないということを進化心理学の観点から説明します。

4．ホームワーク

　ホームワークは復習シートとも呼ばれ，クライエントがセッションで体験した重要なポイントを日常生活で練習するための重要なツールです。ホームワークのシートについては第11章を参照してください。

無理をしてすべての課題を遂行しようとする必要はありません。どこにフォーカスして取り組むかをセッション終了時にトレーナーが確認して，次回のセッションまでに実行できるよう，参加者の動機づけを高めてください。

第3節　個人心理療法への応用

1. 概要

D-MCT を従来の CBT と組み合わせて個人心理療法に応用することが可能です。実証データの蓄積は今後に期待するところですが，個人心理療法にも D-MCT の素材を用いることはできます。うつ病だけでなく，何らかの疾患による二次障害としての抑うつにも有効だと考えられています。うつ病に対する CBT に関しては多くのテキストや事例集が出版されていますので，それらを参照してください。

D-MCT を個人心理療法に応用することが決まったら，構成，素材，時間や回数などを十分構造化して，トレーナーの役割を明確にするよう注意してください。個人療法ですから，トレーナーではなくセラピストとよんだほうがよいかもしれません。また，クライエントと D-MCT の目標を共有してください。スライドはタブレットで見たり印刷したりしてクライエントと一緒に見ます。D-MCT のすべてのモジュールを順番通り行う必要はありません。クライエントの障害の程度や中心的な認知バイアスに合わせて，モジュールや素材をオーダーメイドで選択して CBT の治療構造に組み入れて用いることができます。

表4-4に示した CBT の治療ステップに D-MCT の素材を組み込む例を考えてみます。ステップ3の行動活性化ではモジュール6「不具合な行動とその対策」の一部を利用できます。ポジティブな行動活性化にはモジュール4「自尊心の低下」が役立ちます。また，たとえば「公園を一周走れないなら，外に出る意味はない」というような極端な認知を検討するときは，モジュール3の「すべき思考」，「白黒思考」，「ポジティブなこと

表4-4　伝統的な CBT の治療ステップ

治療ステップ	内容
1	治療関係の構築と主要な問題の明確化
2	心理教育
3	行動活性化
4	社会的能力の強化
5	認知修正
6	日常生活への応用，効果の保持，再発防止

表4-5　アセスメントに用いられる尺度の例

尺度名
・Zung 自記式うつ病尺度（Self-rating Depression Scale：SDS）
・ベック抑うつ尺度Ⅱ（Beck Depression Inventory Ⅱ：BDI-Ⅱ）
・非機能的態度尺度（Dysfunctional Attitude Scale：DAS）
・メタ認知質問紙（MCQ-30）
・反すう反応尺度（Ruminative Responses Scale：RRS）
・ローゼンバーク自尊心感情尺度（Rosenberg Self-Esteem Scale：RSE）
・ハミルトンうつ病評価尺度(Hamilton Depression Rating Scale：HDRS/HAM-D)

へのダメだし」を利用できます。

2．アセスメント

　表4-5に挙げた尺度は，個人療法はもちろん，D-MCT のグループに用いても構いません。特に CBT では，これらの尺度を CBT 導入の判断，アセスメント，ケースフォーミュレーションのために用いたり，治療経過をクライエントと一緒に検討するために使ったりします。したがって，D-MCT を個人心理療法に応用する際には適宜使用すべきだと筆者は考えています。表4-5はあくまでも例なので，必要に応じて他の尺度も参照してください。

第4節　うつ病のためのメタ認知トレーニング／自殺念慮版　（D−MCT/S）

　うつ病では自殺念慮／企図にも注意しなければなりません。うつ病患者さんの生涯を通しての自殺企図率は31％にも達します。自殺企図が一度でもあると，再度企図する可能性が高いことも明らかになっています。CBTのようなうつ病に有効な心理療法も，自殺念慮／企図への効果は十分に証明されていません。自殺念慮に対する個人心理療法は存在しますが，グループ用はありません。重要なことですが，自殺念慮を抱く患者さんの大半は心理療法的介入を全く受けていません。したがって，自殺念慮／企図への心理的介入は大いに期待されているものの，実際に行われることは稀で，介入自体が好ましくない影響を与えるのではないか，寝た子を起こしてしまうのではないか，という医療者側の不安も十分払しょくされていません。

　イェリネク教授らは，D−MCTの8モジュールのうちモジュール1と5で扱う内容を自殺念慮／企図に改編した「うつ病のためのメタ認知トレーニング／自殺念慮版（D−MCT/S）」を開発し，その利用可能性，安全性，受容可能性について検証しています（Jelinek et al., 2021）。以下，この研究を簡単に紹介します。

　対象者は，ハンブルク大学エッペンドルフ病院精神科に入院中で，自殺念慮のある患者さん48人，年齢は18歳から65歳の男女（男性が56.2％，女性が43.8％），平均年齢は約41歳でした。対象者の93％が中等度から重度の大うつ病エピソードを持ち，9％が自殺企図の経験者，27％が未遂の経験者で，平均3回の入院歴がありました。通常の治療，つまり薬物療法，心理療法，作業療法などを1日8時間，週5日間受けていました。心理学の修士号を持つ2人のトレーナーが，3人から10人のグループに，1回60分のセッションを週2回，つまり8モジュールを4週間にわたって実施しました。

　新しい2つのモジュールの主な目標は「自分の考えに疑いの種を蒔く

（危機的状況に陥ったとき，情報を十分集めないままに自分の考えを過剰に信じないようにする）」ことです。先述したように，この２つのモジュールは既存のモジュール１と５の内容を改編したものです。モジュール１は「助けてもらえない気持ち」と「絶望感」，モジュール５は「罪悪感」を扱います。両方とも，心理教育（自殺念慮や薬物乱用などについて），自殺念慮につながる非機能的思考（たとえば，「自殺に関して誰かに話してしまったら自殺する可能性が高くなるに違いない」，「私が死んだほうが家族は幸せになれる」，「もし自殺について誰かに話してしまったら病院に閉じ込められる」）の修正，「レッドカード」を含むセイフティ・プラン（＝危機的状況における緊急連絡）の提供，などが行われます。

　利用可能性について，D-MCT/S の自殺念慮と自傷行為への効果量は，患者さんの主観尺度ではあまり大きくありませんでしたが，治療者の客観尺度では大きなものでした。うつ病の症状全体に対しては，主観・客観ともに大きな効果量が得られました。つまり，ドイツの治療者たちは，D-MCT/S が自殺念慮と自傷行為のある患者さんに十分使えるツールだと判断したということになります。

　安全性については，参加したことでネガティブな影響が１つあったとの回答が71%，２つあったとの回答は44%でした。ポジティブな影響が１つあったとの回答は93.3%，２つあったとの回答は86.7%でした。参加中に48人中２人の症状が増悪しましたが，１人はすぐに改善しました。もう１人もプログラムからの直接的影響はないと判断されています。つまり，D-MCT/S を実施しても有害事象は生じにくいと考えられます。

　受容可能性については，80%が「D-MCT/S を他の人に勧める」，84%が「わかりやすく役に立つ」，65%が「楽しい」，75%以上が「自分の治療の中で重要な位置を占めている」でした。「病気に対する私の対応能力は改善した」という項目のみ回答が39%でしたが，「このプログラムによりうつ病が悪化した」という項目に80.5%がノーと回答しています。つまり，多くの参加者が D-MCT/S を役立つツールだと認めて受け入れているということになります。ただし，相対的に重症の患者さんが多い

ため，主観的な改善度は小さく，治療に抵抗を示す人もいたようです。

　モジュール1と5へのポジティブな評価は，「楽しい」が53％，「役に立つ」が64％，「自分に関係している」が71％でした。「グループでのディスカッションが役に立った」という回答は51％でした。一方，ネガティブな評価は，「他のモジュールよりもストレスを感じる」が2つとも39.5％（他のモジュールでは29.5％），「もう受けるのをやめようと思った」は，モジュール1では13％，モジュール5では15％でした。自由記述では，モジュール1に関しては「これは優れた練習だ」，「重要なことに言及している」，「取り扱われる内容はほぼ事実だ」，「自殺念慮がいかに他者に影響を与えるかを説明している」という意見がありました。モジュール5に関しては「挙げられている例がとてもよい」，「時間が短すぎる」という意見がありました。やはりここでも，多くの参加者がD-MCT/Sを好意的に受け止めていますが，重症度が関連するのか，治療に対して苦痛を感じる人もいたようです。

　また，過去1か月間で自殺念慮がなかった患者さんのほうが，グループでのディスカッションが有益だったと答え，自殺念慮を抱いた患者さんよりもグループ介入から受けるストレスが低いと回答しました。

　このように，D-MCT/Sの利用可能性，安全性，受容可能性は許容範囲であることが確認され，介入効果に期待が持てる結果となりました。自殺念慮／企図に関してもグループの利点が生かせることが確認され，患者間の気分の伝染や悪影響は観察されませんでした。ただし，すべてがポジティブな反応というわけではなく，さらなる改良や実施上の注意が必要であることは間違いありません。うつ病患者さんの自殺の問題は日本においても重大な問題ですから，D-MCT/Sを参考にした支援を積極的に検討すべきでしょう。

（森重さとり）

1）Jelinek L, Peth J, Runde A, et al. : Metacognitive Training for Depression : Feasibility, Safely, And Acceptability of Two New Treatment Modules To Reduce Suicidality. Clinical Psychology and Psychotherapy, 28 : 669-681, 2021.

コラム # D-MCT での学びを日常生活へとつなげる工夫

1．はじめに

　D-MCT での学びを日常生活へとつなげる工夫について，ホームワークの工夫と振り返りセッションの工夫という２つの観点から紹介します。これらは筆者がオリジナルで追加した要素なので，エビデンスはありません。工夫の一例としてとらえていただければ幸いです。

2．D-MCT での学びを日常生活に結びつけるホームワークの工夫について

　D-MCT のホームワークシートに加えて，記録表を書いてもらいました。記録表はできるだけ簡単にして，次の４つについて記録してもらいました。

　　①朝・昼・夜の気分と睡眠を「－５から＋５」で評価
　　②気分に影響を与えた出来事
　　③嬉しい・楽しいことやよい変化
　　④D-MCT で学んだ考えの偏りが発生したときに印

　これらの目的は，D-MCT での学びを日常へとつなげること，日常でのメタ認知的モニタリングを促すこと，の２つでした。そして，苦しくなったら，その背景に考え方の偏りが働いていないかをモニタリングするよう促しました。
　セッションが進むにつれ，日常生活での気分の変化，考え方の偏りや背景にある要因について気づき，言語化することがうまくなっていく様子が参加者の発言からうかがえました。
　また，ホームワークと記録表はできるだけ主治医や他の支援者とも共有するように促しました。自分の認知・行動・感情を多くの人と一緒に検討することで，他者の視点や考え方を自分の認知に取り入れることができるようになり，自分の状態をモニタリングして言語化する機会も増えます。さらに，支援者に自分の苦悩や取り組みを理解してもらえる機会にもなります。

3．最後に振り返りのセッションを加えた例について

　すべてのモジュールが終了した後に，自分を苦しめている考えを同定して，

目標設定を行い，それをもとに参加してどんな変化があったかを振り返る機会を持ちました。

　振り返りセッションはグループで行い，質問ごとにシートに記入してグループ内で共有しました。この目的は，D-MCT での学びを深め，定着させ，D-MCT 終了後も日常生活にメタ認知的知識として残すことでした。質問は次の4つでした。

　①D-MCT で学んだポイントを3つ以上挙げてください
　②自分の目標に向けて取り組んだ満足度は？
　③学ぶ前と学んだ後では，日常生活でどんな変化が起きましたか？
　④最初に書いた自分を苦しめている考えについて，今の自分からそのときの
　　自分に，なんと声をかけてあげますか？

　質問②は，最初に設定した目標を振り返り，その目標に取り組んだ満足度を10点満点で評価しました。「達成できた／できない」という二分法的な評価になりがちな達成度とは異なり，満足度は微妙な点数評価ができます。たとえば，目標を達成できなくても，目標を意識するようになっていたらそれだけで満足度は高くなります。

　次に，「その点数は何があるから評価できたか？」を記入してもらいました。仮に1点だったとしても，どんなところを評価できるか，という意味です。できている部分に注意を向け，わずかなよい変化でも認識し，強化できるようにするためです。

　質問④は，最初に書いた「自分を苦しめる考え」について振り返り，「あなたはメタ認知について学び，自分自身の思考や感情を観察し調整する知恵を得ました。その知恵を得た今のあなたが，昔の苦しんでいた頃の自分に声をかけてあげるとしたらなんと声をかけてあげますか？　なんとアドバイスしますか？」と質問しました。参加者からは「思い込みかもしれないよ，情報を集めよう」，「現実は自分が考えているよりも大丈夫だよ」といった言葉が出ました。そして，「ここに書いた言葉は，今後自分が苦しくなったり，調子が悪くなったりしたときに思い出し，自分にかけてあげましょう」と伝え，その言葉をカードに書いて持ち歩けるようにしました。その自分への言葉を思い出すだけで D-MCT での学びや体験が蘇るように工夫しました。

（池田直矢）

第
5
章

強迫症のためのセルフヘルプ・メタ認知トレーニング（myMCT）

第1節　myMCT とは

　myMCT は，マリット・ハウシルト（Marit Hauschildt）博士とモリッツ教授らによって作成された強迫症に対するセルフヘルプ・マニュアルです（Moritz et al., 2010）。myMCT は，他の MCT とは異なり，当事者自身がマニュアルを読むことで効果が得られる「読書型ツール」です。グループでの実施は必須ではなく，当事者自身がマニュアルを読み進めていくことを前提としています。また，当事者だけでなく，治療者や支援者と一緒にマニュアルを読み進め，提示されている練習課題（エクササイズ）を行うことも推奨されています。したがって，強迫症に対する認知行動療法を専門としていない治療者であっても，当マニュアルをクライアントと一緒に読み進めていくことで，強迫症を治療することも可能です。

1. 強迫症（強迫性障害）とは

　強迫症は，強迫観念と強迫行為の2つの症状から構成されています。強迫観念は繰り返される不快な思考，衝動，イメージであり，それらは意図しないのに頭に浮かぶ，つまり侵入的で望ましくないものとして体験されます。強迫行為は，当事者が危険だと考えていることを回避・予防するために繰り返される行動です。強迫行為には，目に見えて現れる行動だけではなく，当事者の心の中で行われる確認や儀式なども含まれます。これらの強迫観念や強迫行為は，本人がそれをやめたいと思っていてもコントロールできないという苦しみがあります。

　強迫観念および強迫行為の内容は当事者によってさまざまですが，ある一定のタイプが存在します（**表5-1**）。なお，これらのタイプには重複

93

表5-1　強迫症のタイプ

テーマ	強迫観念の例	強迫行為の例
洗浄や不潔恐怖	・身体や衣服に汚れが付着しており，その汚れを洗浄しないと，汚れが家中に広がってしまうという強い不安 ・汚れを洗浄しなければならない強い衝動	・過剰な洗浄行為（手洗い，洗濯，除菌等を繰り返す） ・汚れを一切侵入させないためのスペースをつくる（寝室やベッドを「聖域」にする）
事故，災害，トラブルを防ぐための確認	・玄関の鍵やガスコンロのスイッチの確認を怠ったかもしれない ・仕事の書類に不備があったのではないか ・確認不足を放っておいたら大惨事になる！	・過剰な確認を繰り返す ・確認が完了しても，そこから立ち去ることができない ・確認しに戻る ・自分以外の他者に「大丈夫だよね？」と聞いて保証を得ようとする（再保証）
加害	・車で人を轢いてしまったのではないか ・すれ違ったときに，高齢者や子どもに身体がぶつかっていて，大怪我させてしまったのではないか ・気づかないところで，万引きや痴漢をしたかもしれない	・自分が誰かを傷つけていなかったか，誰か倒れている人がいなかったかを繰り返し確認する ・他者に「大丈夫だよね？」と繰り返し質問することで保証を得ようとする（再保証）
宗教，縁起，ゲン担ぎ	・4や9といった数字が頭に浮かぶと不吉なことが起こる気がする ・道路のシミや亀裂を踏むと，不吉なことが起こる気がする ・神仏などの厳粛な場所やシンボルを見ると不幸になる気がする ・神を冒涜する思考が浮かぶ	・縁起の悪い状況を避ける ・不吉な予感を中和するためのゲン担ぎを行う ・罰が当たらないようにするための儀式を行う ・謝罪のための儀式を行う
望まない思考 不道徳な思考 タブーとなる思考 （目に見えて明らかな強迫行為がない場合は純粋強迫観念という）	・望まない性的思考の考えが浮かぶ（例：自分が浮気をしてしまうのではないか，といった考え） ・他者への悪口が頭に浮かぶ ・他者に対する暴力的で不道徳な思考やイメージが頭に浮かぶ ・「家族に災いが起こる」といった思考や予感が頭に浮かぶ	・その思考を考えまいと抑制して打ち消す ・心の中で謝罪をする ・その思考を中和するための儀式を行う（心の中で行われる場合もあるが，目に見える儀式として行われる場合もある） ・道徳的な思考で中和する

する部分があり，必ずしも明確に分類できるものではありません。

　myMCT は上記のようなタイプの強迫に苦しんでいる当事者に有効です。また，myMCT は強迫行為よりも，強迫観念に対して有効だとする研究結果が示されていることから（Hauschildt et al., 2016），myMCT は特に純粋強迫観念に苦しんでいる当事者に有効だと考えられます。強迫症の治療マニュアルの多くは，洗浄や確認などの強迫行為の軽減を目的にしているものが多く，純粋強迫観念の問題にスポットを当てたものは少ないことから，新しい治療法として大いに期待が持てます。

２．強迫症の認知行動理論

　myMCT は，英国のポール・サルコフスキス（Paul Salkovskis）教授とエイドリアン・ウェルズ（Adrian Wells）教授らによる認知行動理論から主にヒントを得て開発されています。以下に，強迫症の認知行動理論の概要について説明します。

　強迫症の当事者は，強迫観念（認知行動理論では，侵入思考という用語で説明されることがあります）に強い脅威を感じ，その強迫観念を除去するためにさまざまな強迫行為をします。したがって認知行動理論では，強迫観念そのものが強迫行為を誘発するのではなく，強迫観念の脅威の度合いを高める信念（myMCT では，“思考の歪み”として紹介されています）によって，強迫行為が誘発されると考えます。後述しますが，強迫観念のような思考が頭に浮かぶことは，健常者にもみられるノーマルな体験であり，強迫観念自体は問題にならないという仮定のもとで治療が進められます。したがって，認知行動療法では，強迫行為を誘発している信念に焦点を当てます。

　その信念にはさまざまなタイプがありますが，代表的なものとして，過剰な責任感という信念があります（他の信念は，myMCT のマニュアルでは“思考の歪み”として説明されています）。過剰な責任感とは，恐ろしいトラブルが起こるのを自分が何としてでも防がなくてはならないという，責任や義務の過剰な思い込みや，自分次第で，つまり自分の責任でネ

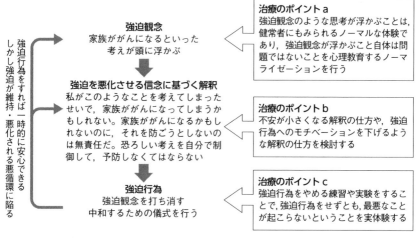

図5-1　強迫症状の悪循環と治療のポイント

ガティブな出来事を引き起こしたり，予防することができるという信念で
す。当事者は強迫観念が頭に侵入してきたときに，過剰な責任感に基づい
て状況を解釈してしまうことで（「自分のせいで恐ろしいことが起こるか
もしれない」，「自分の責任で予防しなくては」），自らの強迫観念をスルー
できず，強迫行為を始めてしまいます。

　強迫行為をすれば不安が一時的に軽減します。しかし，だからといって
強迫行為を続けても症状が軽くなることはありません。強迫行為を行うこ
とで，「最悪な事態を防げた」，「強迫行為をしていなかったら，恐ろしい
ことが起きていたかもしれない」と感じ，短期的にみれば，強迫行為をト
ラブル防止の解決策として有効だと感じてしまうのです。

　しかし，強迫行為のデメリットは，「強迫行為をしなくても実際は何と
かなる。最悪なことは起きない」という経験ができず，不安を克服する機
会を得られなくなり，強迫行為がやめられなくなることです。そして，強
迫行為によって一時的な安心や安全を得られても，その代償は大きくなり
ます。代償になるのは，強迫行為の犠牲になった多くの時間，労力，人間

関係，仕事といった当事者の人生です。「強迫行為は安心を与えてくれるが，その代償として奪われるものが大きすぎる。割に合っていない」という現実について話し合い，強迫行為をやめることへのモチベーションを高めることが治療初期では重要です。このことは myMCT のマニュアルの冒頭でも説明されています。

図5‐1の認知行動理論と同じように，myMCT では，a）強迫観念が頭に浮かぶことは異常な体験ではなく，ノーマルな反応であることを心理教育から学び，b）強迫を悪化させる信念（思考の歪み）について学習し，それらに対する別の見方を発見して，c）強迫行為をやめるための練習や実験を行います。

1）Hauschildt M, Schröder J and Moritz S : Randomized-controlled trial on a novel (meta) cognitive self-help approach for obsessive-compulsive disorder（"myMCT"）. Journal of Obsessive-Compulsive and Related Disorders, 10 : 26-34, 2016.
2）Moritz S, Jelinek L, Hauschildt M, et al. : How to treat the untreated : Effectiveness of a self-help metacognitive training program (myMCT) for obsessive-compulsive disorder. Dialogues in Clinical Neuroscience, 12 : 209-220, 2010.

第2節　myMCT の概要：14 のユニットについて

myMCT は 14 のユニットに分かれており，各ユニットで異なる思考の歪みを扱っています。後半のユニット 12 ～ 14 では，多くの強迫症の当事者にみられる抑うつや自尊感情の低さといった二次的な問題も扱います。

より効果的に実施するためには，多くのトピックについて表面的にトレーニングするのではなく，自分に関係のあるトピックを集中的にトレーニングすることが重要です。自分に直接関連のある重要なユニットに多くの時間をかけ，マニュアルに記載されている練習課題を日常的に行い，その内容を自分に十分染みこませることが大切です。また，このマニュアルには知識として読むべき情報と，実践的な要素の両方が含まれており，その両方を行うことが必須です。

ユニット1：悪い考えが浮かぶことは異常なことなのか？

　このユニットでは，主に，強迫観念に対するノーマライゼーションがターゲットになっています。そのため，まず，強迫症を持つ当事者に典型的にみられる思考は，多くの健常者も体験しているということを心理教育します。

　たとえば，「できていたとわかっていても，間違っていなかったかどうかを他人に聞いて確認する」，「不用意に誰かを傷つけるのではないかと心配する」，「本当はそんなこと考えたくないのに，ときどき悪いことを考えることがある」，「幸運をもたらす好きな数字がある」といった強迫症に似た体験は，健常者の30～60％にみられる一般的な体験だということを心理教育します。

　このような心理教育によって，強迫観念自体は病的なものではなく，強迫観念のような「悪い考え」を抱くのは，実は正常なのだということを学習します。そして，強迫観念を拒絶する代わりに，意志に反した観念が浮かんでしまうことを受容するという反応の仕方を学習します。

ユニット2：悪い考えは悪い行いへとつながるのか？

　このユニットでは，強迫症を悪化させる典型的な思考の歪みである「思考と行為の混同（Thought-Action Fusion）」に焦点を当てます。

　「思考と行為の混同」とは，何かを考えることによって自動的に一連の行動が開始されてしまう気がすることです。たとえば，「自分が階段から人を突き落としてしまうのではないか」，「子どもに暴力をふるってしまうのではないか」，「浮気をしてしまうのではないか」といった強迫観念が浮かんだときに，その考えを打ち消さないまま放っておくと，自分が実際にその行動をしてしまう可能性が高まる，という不安のことです。

　さらに，悪い考えが浮かぶと，実際にその悪い出来事が起きてしまう気がすることを「思考と出来事の混同」といいます。たとえば，「家族ががんになる」という悪い考えが浮かぶと現実に家族ががんになる，といった思い込みです。こうした思考の歪みによって，強迫観念を打ち消さなけれ

ばならない衝動が一気に高まり，強迫症が悪化します。

このユニットでは，「思考と行為の混同」に対して，考えるだけで実際に行動や出来事が起きるのかを実験してみる練習課題が行われます（認知行動療法では，行動実験とよばれるアプローチです）。

たとえば，念じるだけで，次のような出来事が起きるのかを実験します。念じるだけで道を歩いている人が突然道につばを吐き捨てる，念じるだけで他人が突然シャツを脱ぎ捨てる，念じるだけで時計の秒針を止める。

このような実験に対して，「そんなの馬鹿げている」，「そんなの起こるわけがない」という感想を当事者は持つでしょう。その通りですし，そのような感想を持つことが狙いなのです。「考えただけで現実が変わることなんて馬鹿げている」という現実を，頭だけでなく，行動して"身をもって"理解することが大切です。

ユニット3：思考は完全に自分の意志に従わなければならないのか？

このユニットでは，「考えは気まぐれ」であることを心理教育し，「思考をコントロールしなければならない」という責任感から，当事者を開放することを目指します。

思考（特に強迫観念）は，必ずしも意志によって起こるのではなく，雲のように勝手気ままに生まれて，動いています。たとえば，思考の気まぐれによって天才的なひらめきやアイデアが浮かぶように，「もし自分の家族に不幸が訪れたら」と想像したり，不道徳な思考が浮かんだりするのも，思考の気まぐれによって起こります。

こうした自動的に生じるネガティブな思考は「条件反射」とみなすこともできます。これまでの人生において，他人から吹き込まれたネガティブな発言や品のない言葉が，自分自身の心の奥底に根づいてしまい，それが自分の意志に反して頭に浮かんでしまうことは誰にでも起こりえる心のメカニズムです。その気まぐれな思考は合理的ではなく，しかも極端に脅威的になってしまうこともあります。

私たちの頭の中はつねに考えが駆け巡っており，思考は一種のノイズ

（雑音）だとみなすこともできます。ユニット３では，このような思考のノイズを打ち消すのではなく，マインドフルネスやメタファーを用いて思考と距離を取り，受け流すという反応の仕方を学習します。

ユニット４：世界は危険な場所なのか？（リスクの拡大解釈）

　強迫症の当事者は，悪い出来事やトラブルが起きる確率を過大評価してしまうことがあります。たとえば，HIV 感染者と握手するだけで HIV に感染してしまう確率は０％だといわれていますが，ある強迫症の当事者は「50％くらいの確率で感染してしまう」と思い込んでいました。

　このユニットでは，恐れている出来事が起きるために絶対に必要な条件を明らかにすることで，その出来事が起こる確率は当事者が予想していたほど高いものではない，ということを学習します。この確率の計算は，治療者によるサポートを受けながら行ったほうがより効果的です。

　さらにユニット４では，恐怖に直面することで不安を克服する曝露療法が行われます。曝露療法では，徐々に恐怖と向き合うことで，自分が完全に避けていた状況を克服します。曝露療法の目的のひとつは，「強迫行為をしなくても，恐れているような結果は起こらない」ということを体験することです。

　多くの当事者は，これまで避けてきた状況に直面（曝露）すると，最初の数十分間は不安を感じます。しかし，時間が経つにつれて徐々にその恐怖を忘れていき，自然に恐怖が小さくなっていきます。こうした練習を繰り返すことで「慣れ」が生じ，これまで避けてきた状況に不安なく直面できるようになります。

　曝露は，それぞれの当事者の恐怖に応じて，課題の難易度を段階的に高めていくような調整が必要です。それは「恐怖のハシゴを一段ずつ登っていく」という練習です。不安を克服するためには，考え方を変えるだけでは不十分です。「強迫行為をしなくても大丈夫だ」ということを，頭だけで理解するのではなく，身をもって体験して学習することは必須です。また曝露の課題を行う場合は，治療者（あるいは，曝露療法を理解している

家族や友人）と一緒に課題を行うことが望ましいと考えられます。

ユニット5：悪い考えは打ち消さなければならないのか？

　強迫観念に苦しんでいる当事者は，不快な強迫観念を打ち消そうと努力しています。しかし，「強迫観念を打ち消す」という対処法が正しいかといえば，その答えはノーです。強迫観念を打ち消そうと思ってもできないという事実は，当事者がすでに体験済みのはずです。このユニットでは，強迫観念を打ち消すのではない，別の反応の仕方を体験してもらいます。

　具体的な対処法として，むしろ逆に，普段から「コントロールしたい，打ち消したい」と思っている強迫観念を「自由にする」という反応の仕方を学習します。強迫観念は，コントロールしようとしなければ，その衝動性は弱まるものです。たとえば，強迫観念と距離をとり，ただ「観察する」ことを試してみます。空を流れていく雨雲のように，あるいは動物園の檻の中にいる虎のように，観念を外からただ眺めてみます。強迫観念は所詮は単なる雑念であり，放っておけばよいのだ，ということを学習します。

ユニット6：恐怖を感じると必ず「危険な出来事」は起こるのか？

　感情は，私達に「危険の存在」を知らせてくれます。たとえば，不安や恐怖があるからこそ，私達は危険を察知して自分の身を守ることができます。一方で，感情はときおり"間違った警報"を発することがあります。たとえば，仕事で疲れているとき，睡眠不足に陥っているとき，二日酔いのような体調不良に陥っているとき，感情が先走って敏感に反応してしまうことがある，ということを学習します。

　また，このユニットでは，不安や恐怖に対する逆説的介入が紹介されています。強迫観念が当事者に語りかけてくる恐怖のシナリオを否定するのではなく，その恐怖のシナリオのレベルを上げて，意図的にもっと大げさな話に広げてみます。それによって，一時的に恐怖は強まるかもしれませんが，しばらくすると，「バカバカしい」，「さすがにそこまで大げさには

ならないだろう」と自然に考えるようになります。

ユニット7：強迫観念は有害な考えなのか？

強迫症の当事者は，曖昧な言葉や多義的な言葉に対して先入観に基づいた関連づけをしがちです。たとえば，赤い色はバラよりも血液という脅威に関連づけられやすいですし，数字の4を見ると死を連想してしまい，何か不幸なことが起きるのではないかと恐れますが，「エースで4番」や四季のような中立的な意味は想起されにくいものです。強迫症が進行するにつれて，より多くの言葉がネガティブな事柄と関連づけられていきます。最終的に，連想された恐ろしい単語を打ち消すか，中和するための儀式が行われることもあります。たとえば，「死」という単語が頭に浮かんだときに，それを拒絶する反対の言葉「生」をイメージするケースもあるでしょう。

このユニットでは，「関連づけの切り離し」という技法が紹介されています。練習課題として，新しい関連づけを意図的に形成していくことで，既存の関連づけの力を弱めます。そして，関連づけの数が増えれば増えるほど，その単語が持つ影響力が分散されていきます。重要なのは，脅威の対象となっている単語（例：4→死）に対して，中立的（4→四季），肯定的（4→四つ葉のクローバー），あるいはユーモアを含んだ単語（4→4コマ漫画）を意図的に関連づけることです。さらに，脅威の対象となっている単語の内容と同じような文字や韻が含まれていることも大切です。ただし，強迫観念に基づく単語を拒絶する逆の関連づけ（例：がん→私は絶対ならない）は，観念の打ち消しのように作用してしまい，逆効果になる可能性がありますから注意しなければなりません。

ユニット8：すべて自分の責任なのか？（過剰な責任感）

多くの当事者は，自分の影響力の届かないところで起きる悪い出来事（たとえば，地震や友人の突然の病気など）に対しても，それを何としてでも防がなくてはならないという責任を感じています。責任感が高まるこ

とによって，過剰な確認や中和行為が誘発されます。また，強迫観念に苦しんでいる当事者は，「私が悪いことを考えたせいで，悪い出来事が起こる」という思い込みがあり，そのような思考（暴力的，不道徳，タブーな思考）をコントロールする責任を感じています。たとえば，「自分が子どもに暴力を振るってしまう」といった強迫観念が頭に浮かんだときに「そんなことを考える自分はきっと恐ろしい人間に違いない。この思考を制御しなくてはいけない」という責任を感じたり，そのようなことを考えた自分を責めたりします。

　多くの強迫症の当事者は，責任についてダブルスタンダードに基づいた解釈をしています。ダブルスタンダードとは，矛盾する２つの基準を持っている，という意味です。たとえば，「他者は人の悪口を言ってもいいが，自分は他者の悪口を言ってはならない」と考えたり，「他者はミスをしても許されるが，私は絶対にミスをしてはならない」と考えたりすることです。このような矛盾する基準で物事を解釈することをダブルスタンダードとよびます。このユニットでは，責任のダブルスタンダードを合理的に見直す練習課題を行い，公平な責任感をもたらす解釈を検討します。

ユニット９：“良い”だけでは不十分？（完璧の追求）

　完璧さを追求すると自分に不幸や恐怖心をもたらすことがあります。ミスや失敗を防ぐためには，完璧を目指すことが解決策になると当事者は考えるかもしれません。しかし結果的に，完璧の追求は当事者に何をもたらしたのかをこのユニットでは検討します。完璧であることは不可能であり，むしろ完璧を目指すことは，よい結果を生まないことを理解してもらいます。

　このユニットの練習課題では，世間的に完璧だといわれている人々にあえて注目し，そのような人々が実際に“常に”完璧かどうかを観察してみるワークをします。たとえば，毎日ニュース番組に出ているキャスターでも原稿を読み間違えることはある，ファッションモデルの顔にもシワがある，有名なお笑い芸人でもときにはジョークがすべることもある，デビッ

ド・ベッカム（元サッカー選手）のようなスターであっても心理的問題を抱えている人もいる，といった例がマニュアルに記載されています。

この練習課題を通して，「弱点のない人間はいない」という事実を学習します。また，行動実験的なアプローチとして，あえて完璧すぎない練習をして（＝わざと些細な失敗をして）みます。たとえば，ネクタイの結び方を間違えてみたり，穴の空いた靴下を履いて出社してみるというように，"些細なミス"をあえて実行してみることで，それで何が起きるのか（＝予想していたような恐ろしい出来事が本当に起きるのか）を実験します。

ユニット 10：絶対的な真実に到達できるものなのか？（曖昧な状況に対する不耐性）

強迫症の当事者には，物事の真相を知りたいという強い欲求があり，不確かで曖昧な状態に耐えるのが難しいという傾向があります。このような思考の歪みに対して，このユニットでは，「絶対的な真実に到達することはできない」という解釈があることを理解してもらいます。その具体例として，科学者は「世の中に絶対などない」ということを受け入れています。科学者は95％確実な現象であればそれを暫定的に正しいとみなしますが，絶対的な結果や完全な結果を主張することはありません。また，人間のコミュニケーションもかなり曖昧です。電子メールの40％は，送信者の本来の意図とは異なる意味で受け取られているという研究もあります。文章に顔文字を加えれば改善されるかもしれませんが，それでも完全に解決できるわけではありません。

また，このユニットでは，強迫症における「ため込み症状」にスポットを当てる練習課題があります。この問題を抱える当事者は，全く使用していない不必要な物も，大切で重要なものだと考えています。情報の追究や「念のために」必要な物を集めすぎてしまい，どこまでいっても満足できません。ため込み症に対する解決策は，不必要ながらくたを一袋ずつ捨てる練習を行うことです。この課題では，曝露療法と同じく，いざ物を捨て

るとなった直前は強い恐怖心を経験しますが，一度捨ててしまうことができれば，その恐怖心は予想したよりもはるかに小さくなっていきます。つまり，「慣化（慣れ）」が起こります。また，物や情報を減らすための基準を作ることも有効です。たとえば，毎日コンピュータから20本以上のメールを削除する，5年以上前の個人情報以外の情報を削除する，再度入手できる情報や物は捨てる，などです。

ユニット 11：同じことを繰り返し考えることは問題解決になるのか？

　悩みごとについてじっくり考えること自体は，悪いことではなく役に立つこともあります。しかし，考えすぎて行き詰まり，答えのない思考にはまり込んでしまう場合もあります。繰り返し考えたり，同じことを反すうしたりするのは強迫症の当事者によくみられることです。このユニットでは，そうした当事者の強迫的（反復的）な思考に焦点を当てています。自分自身の問題についての生産的な内省が，いつの間にか繰り返し考えるだけの空しい思考，つまり反すうに変わってしまうことがあります。

　このような問題に対する練習課題として，「先延ばし」という方法があります。たとえば，衝動的に強迫行為をしてしまう代わりに，一定時間が経った後にその強迫行為をするようにします。ある強迫行為，または強迫的な思考をすぐにしてしまうのではなく，15分後に先延ばしするようにします。ポイントは，強迫行為をするタイミングを，当事者が意識的に先延ばしして決定できるという経験を持つことです。つまり，自分の行動を決めるのは強迫観念ではなく自分自身であることを，身をもって経験するのです。また，多くの場合，先延ばしされた予定（＝強迫行為）は忘れられてしまいます。なぜなら，「強迫行為をしたい」という衝動は一時的なものであり，時間を置くと消えてしまうことが多いからです。

ユニット 12：強迫症は脳の障害？（もう私は変われないのか？）

　これ以降のユニットでは，強迫症に伴う二次的な問題であるスティグマや抑うつの問題にアプローチします。

ユニット12では，「強迫症は脳の障害であり，それは治すことができない」といった偏った思考に対処します。脳内のある種の異常と強迫症が関係しているという事実を知ると，「悪いのは私じゃなくて強迫症だ」と考えることもできるため，一部の当事者にとって安心材料になるでしょう。しかし，「強迫症は回復不可能な脳の機能障害を伴う」と誤解し，治療を諦めてしまう当事者もいます。このような誤解を解くために，次のような内容の心理教育が行われます。

　強迫症にみられる脳の一部の変化は微小なものであり，不可逆的な欠陥ではありません。また，強迫症にみられる脳の特徴が，症状によってもたらされたものか（原因ではなく結果なのか），それとも元々存在していた原因なのかは正確にはわかっていません。また，強迫症に健常者とは異なる脳の特徴がみられたとしても，思考の仕方を変えることを続けることで，脳を変化させることは可能です。つまり，myMCT を実施する前と後で，脳の特徴が変わることが十分起こりうるということです。

　遺伝子も私たちの行動様式に一定の影響を及ぼしていますが，私たちの運命を決定づけるものではありません。外部からの影響，経験，人間関係など，さまざまな要因が複雑に混ざり合って，私たちの行動を特徴づけています。統合失調症のように遺伝の影響がある精神疾患も，その影響力は大きく見積もって50％です。

　また，世界保健機関によれば，少なくとも人口全体の20％は生涯に少なくとも一度はうつ病や極端な情緒的問題を経験します。不安症は人口の約3人に1人が罹患しますし，アルコールなどの物質依存は15％，統合失調症は1％，強迫症は1〜3％です。幸せそうな人ばかり映る TV を観ていると到底想像できませんが，多くの人々が心の問題を抱えています。

ユニット13：私は敗者なのか？

　ユニット13では，強迫症の二次的問題である自尊心の低さと抑うつの問題について取り上げます。抑うつ状態の当事者は，ネガティブな思考パターンをとる傾向があります。たとえば，「一度失敗したら，この先ずっ

と敗者のままだ」というような，ある1つのことがうまくいかないと，他のことでもきっと失敗するだろうという考え方をしがちです。このユニットでは，物事を「黒か白か」で考えるのではなく，不幸な出来事やネガティブな出来事に対して，より肯定的で建設的な説明を見出すような練習課題が提示されます。他にも，毎晩，自分にあった"よいこと"を数個（5個程度）書き留める，誉め言葉を受け入れてそれを書き留めるという方法が紹介されています。また，認知行動療法の行動活性化とよばれるアプローチでは，映画を観に行く，カフェに行く，テレビで昔の映画を観るなど，自分が楽しいと思えることを実行してみたり，気晴し程度の運動を試したりすることが推奨されますが，myMCTでも同じように推奨されています。

ユニット14：もう二度と良くなることはないのか，いずれは頭がおかしくなってしまうのではないか？

このユニットでは，強迫症とサイコーシス（統合失調症や双極性障害）との違いについて説明されています。たとえば，強迫症と統合失調症では，一見すると似たような思考が浮かぶことがあります（例：赤いシミに触れたらエイズに感染してしまう！）。しかし，強迫症の当事者はその思考に対して強い疑念を持っており，少なくとも部分的には病識が存在します。一方で，統合失調症の当事者はその考えに対して強い確信があり，多くの場合で病識が全くないか曖昧です。myMCTでは，このような違いを説明することで，強迫症と他の精神疾患を混同しないための心理教育が行われます。

第3節　おわりに

以上，myMCTの背景と概要について説明しました。最後に，myMCTの翻訳者として筆者の感想を述べます。

myMCTは強迫症の当事者にとって有益なツールであることは間違い

ありません。しかし，myMCT は協働的経験主義を重んじる対話型の心理療法である認知行動療法とは異なり，「トレーニング」という名称が表しているように，やや教育的なアプローチです。その点が，認知行動療法と myMCT の違いだと思います。

　本来であれば，専門的な訓練を受けた治療者による認知行動療法を，すべての当事者に提供できるのが理想です。しかし，実際に強迫症に特化した認知行動療法を受けられる当事者は稀です。治療者の人数は限られており，当事者が支払う費用も高額かもしれません。残念ながら，認知行動療法は，その有効性が認められている一方で，そのベストな治療はすべての患者さんに平等に行き届いていません。このような現状は数十年前から続いており，解決すべき問題として度々議論になりますが，大きく改善されているとはいえません。そのような現状を憂いつつ，認知行動療法を受けることのできない当事者に，強迫症に特化した有益な治療ツールを提供できることを光栄に思います。

　末筆ながら，マニュアルの翻訳に携わっていただいた兵庫医科大学の吉田賀一先生に心より敬意を表し，本章を締めくくります。　　（石川亮太郎）

その他のメタ認知トレーニング
— B–MCT・MCT–Acute・MCT–Silver —

　ハンブルク大学ではさまざまな精神疾患に対する MCT が開発され
ています。本章では，まだ日本語版が発表されていない，境界性パー
ソナリティ障害用（B–MCT），急性期の精神症（psychosis）用（MCT
–Acute），高齢者の抑うつ用（MCT–Silver）を紹介します。**表6−1**で
MCT，B–MCT，MCT–Acute のモジュールを比較しています。

表6−1　MCT・B–MCT・MCT–Acute 間のモジュールの比較

Module	MCT	B–MCT	MCT–Acute
1	Attributional ／帰属－誰かのせいと自分のおかげ	Attribution ／帰属「歪められた帰属」	Empathy ／共感
2	Jumping to Conclusions ／結論への飛躍 I	Rumination ／反すうと破局化	Mood ／気分
3	Changing Beliefs ／思い込みを変えよう	Empathizing ／心の理論（共感）と判断への過信①	Attribution ／帰属
4	To Empathize I ／共感すること I	Discovering the Positive ／ポジティブさを探す	Stigma ／スティグマ
5	Memory ／記憶	Empathizing ／心の理論（共感）と判断への過信②	Jumping to Conclusions ／結論への飛躍
6	To Empathize II ／共感すること II	Self Esteem ／自尊心	Coping Strategies ／落ち込んだ気分への対処法
7	Jumping to Conclusions II ／結論への飛躍 II	Jumping to Conclusions ／結論への飛躍	Self Esteem ／自尊心
8	Mood ／気分	Mood ／気分	
追加	Self-Esteem ／自尊心		
追加	Dealing with Prejudices (Stigma)／スティグマへの対処		

＊ MCT のモジュールの日本語タイトルは石垣（2012）に則しました。

第1節　境界性パーソナリティ障害のためのメタ認知トレーニング（B-MCT）

1．はじめに

　境界性パーソナリティ障害（以下，BPD と記します）は，感情調節不全という基本的な症状とともに，自尊心の不安定さ，社会的相互作用の問題，行動障害，解離症状や情報処理パターンの機能障害など，認知機能の障害もみられることがあります。また，気分障害を合併することが多いと考えられています。さらに，解離症状や妄想的観念を抱える人も多く，一時的に幻覚を体験する人もいます。このように BPD は，併存する症状が多いことも特徴です。

　BPD の治療は心理療法が主体で，近年はエビデンスのある治療法も開発されています。一方で，BPD に対する集団療法については研究が多くありません。また，これまでに判明している認知バイアスのほかに，BPD 特有の非機能的思考スタイル（たとえば，感情に基づいた認知への過信）や，BPD の社会認知や帰属の特徴なども明らかにされ，それらに対応した治療法が求められてきました。

　このような背景から，治療にアクセスしやすく，より参加しやすい方法で，BPD の併存症状や障害，さらに BPD 特有の非機能的思考スタイルにも焦点を当てた介入法として，認知行動療法をベースにした B-MCT が開発されました（Moritz et al., 2016）。B-MCT は認知機能に関する研究に加え，これまで MCT や D-MCT で培った経験やアイデアを援用しつつ，オリジナルの新しいスライドも加えられています。

　臨床研究では，BPD と診断された入院患者 74 人に対して，通常治療に加えて B-MCT か漸進的筋弛緩法のどちらかをランダムに割り付けて比較しました。その結果，B-MCT では，介入終了から 6 か月後に症状評価尺度の Borderline Symptom List-23 で有意に改善がみられたとされています（Schilling et al., 2018）。

2．B-MCT の構成

・対象：境界性パーソナリティ障害と診断された人を対象にします。部分的にしか基準を満たさない人でも参加可能です。

・資料：①8つのモジュールの PDF，②マニュアル，③ホームワーク，④レッドカードとイエローカード，⑤グループルール・ポスター。

・グループの設定：8つのモジュールで構成され，週に2つのモジュールを実施することが効果的だとされています。各セッションは45分から60分が目安です。参加者は3人から10人で，オープングループ形式です（どのセッションからも新しい参加者が参加できます）。

・トレーナー：BPD への治療経験がある心理士または精神科医が望ましく，精神科の看護師や作業療法士も，十分な経験があれば実施可能です。ただし，BPD 患者に起こりうる解離症状に精通している必要があります。また，集団療法の経験があることが理想的です。

3．全体的な特徴

　B-MCT では，モジュールに入る前にメタ認知についての説明と，このアプローチの目的，それに向けたトレーニングの内容を説明します。モジュールの冒頭には認知行動モデルの説明が組み込まれており，B-MCT は BPD の発症と維持に関与している思考スタイルを対象としたプログラムであることを伝えます。そして，認知行動モデルを使って，BPD の問題を「出来事-思考-感情-行動」に分けて検討します。1つの出来事についても複数のとらえ方があり，それらが異なると感情も異なり，その後の行動も異なることを説明します。

　いくつかのモジュールでは，認知行動モデルに各モジュールで扱う認知バイアスを組み合わせた新たなモデルが提案されています。たとえば，『結論への飛躍』では，「出来事-早急な判断-行動-長期的な影響」のように，認知バイアスが行動に与える影響と長期的な影響について検討します（図6-1）。

帰属・社会的認知や表情認知・認知的不協和・結論への飛躍など，
そのモジュールで扱う認知バイアスを組み込んだモデル

出来事	認知バイアスによる考え	行動	長期的な影響

出来事	代替の考え	行動	長期的な影響

図6-1　B-MCT「認知バイアスを組み合わせたモデル」の例

4．B-MCT：モジュールの概要

モジュール1：歪められた帰属

■理論的背景

　BPD の特徴的な帰属スタイルとして，まず，ジャン・ピアジェ（Jean Piaget）が提唱した自己中心性（egocentrism）との関係が検討されます（Westen, 1991）。この自己中心性とは，「自分が見ているものは，他の人も同じように見ていると思い込む」という，自分の視点でしか物事をとらえられない認知傾向です。

　一般的には，成長するにつれ脱中心化（decentration）が進み，自分のものの見方や考え方を客観視でき，他者の視点から考えたり，自分と他者の視点の異同を認識できたりするようになります。しかし，BPD では自分の視点に固執してしまう傾向があるとされています。

　2つめの特徴として，「悪意への帰属（＝不運を外的で悪意のある力のせいにすること）」が挙げられます。これは，共感や感情認識に関する BPD のネガティブなバイアスと関連していると考えられています。

　3つめの特徴は，因果の説明が非論理的で不正確になりがちだというこ

図6-2　B−MCT「歪められた帰属」の例

とです。これには幼少期からの養育者との間の社会的学習が影響しており，帰属を弁別する能力が育まれていないことが原因だと考えられています。

　4つめの特徴は，感情主導の帰属スタイルです。BPDでは帰属プロセスが自分の感情次第で「よい」と「悪い」の両極になりがちです。うつ病ではネガティブな出来事に関して極端な帰属が現れますが，BPDではポジティブな出来事に関しても極端になることが特徴です。

　＊このモジュールのターゲット：帰属スタイルの偏り，特にほとんどの出来事の原因が自分に帰属するという一方的な帰属スタイル。

　■モジュールの特徴

　MCTやD−MCTの「帰属」モジュールと構成はほとんど同じです。MCTでは「妄想を持つ人の多くがネガティブな出来事を他者に帰属させやすい傾向がある」，D−MCTでは「うつ病の人の多くがネガティブな出来事を自分に帰属・ポジティブな出来事は他者や状況に帰属させやすい傾向がある」と説明されますが，B−MCTでは「BPDの人の多くが，原因を1つに絞りやすく，状況や偶然性には帰属させず，ネガティブな出来事もポジティブな出来事も自分に帰属させやすい傾向がある」と説明されます。

　エクササイズ（練習課題）では，出来事に対する自分，他者，状況・偶然の帰属の割合を円グラフで視覚化し，バランスの取れた帰属について検討します（図6-2）。

モジュール２：反すうと破局化

■理論的背景

　反すうは BPD の中心的症状だと考えられています。BPD では，ネガティブ感情が反すうを引き起こす→さらにネガティブな感情が高まる→反すうが増加する→不快な感情状態が増悪する→自傷的な行動で一時的に不快な感情や反すうから注意をそらす，という非機能的なパターンがあります。また，うつ病とは異なり BPD の反すうは，怒りと対人関係上の心配に焦点が当たっていることが特徴だとされています。

　もう１つの中心的症状は，将来の出来事をネガティブに推測し，悲観的な結末にとらわれてしまう「破局化」です。この破局化は，多くの場合，反すうあるいは白黒思考の現れとして解釈されています。

　＊このモジュールのターゲット：反すうと破局的思考

■モジュールの特徴

　反すうが症状を悪化させたり，破局的な思考につなげて不安を増幅させたりすることを学びます。MCT や D-MCT でも反すうについて紹介されていますが，B-MCT では破局化についてさらに詳しく解説されています。エクササイズでは，将来の出来事に対する破局的な推測と，その代替となる推測を検討します。また，確証バイアスも破局化との関連で説明されています。

モジュール３と５：心の理論（共感）と判断への過信

■理論的背景

　BPD の感情認知能力は健常群と同程度だと考えられていますが，曖昧な表情に対して怒りや嫌悪のようなネガティブな感情を読み取ってしまう傾向が強く，さらに，自らの感情認知に対する確信度も高いと考えられています。このネガティブに歪んだ認知は，「世界（と他者）は危険で憎しみに満ちている」という BPD のスキーマと合致し，多くの BPD が体験する脅威的・憎悪的体験にも一致しています。また最近では，他者の思考や感情を過度に解釈するという BPD の傾向にも注目が集まっています。

このように BPD は強烈な感情に支配されることが多く，それが他者の視点から物事を見ることを一層難しくしていると考えられています。

　＊このモジュールのターゲット：心の理論，判断への過信と他者のネガティブな感情の認識の増大，社会認知，視点転換

■モジュールの特徴

モジュール 3 では主に感情の知覚や表情認知が，モジュール 5 では主に社会認知や視点転換が扱われます。MCT の「共感すること」と多くの点で共通していますが，B-MCT に特徴的な部分は，モジュール 3 で「BPD の人の多くが，曖昧な表情を怒りや嫌悪感といったネガティブな感情だと誤解しがちで，その確信度も高く，それにより対人関係に悪影響が出る」という BPD に特徴的な表情認知を扱っている点です。モジュール 5 では「言葉の持つ影響力」についてのスライドが加わり，人は同じ内容でも言葉の表現が少し変わるだけで大きく異なる印象を受けるということを体験的に学びます。そして，自分の言語表現の些細な違いで相手に与える印象が変わり，相手の反応も変わるということを学びます。

モジュール 3 と 5 に共通して，1 つの場面に対して複数の登場人物の視点から考える課題が加わっています。強い感情が生じていると他者視点で考えることが難しくなるという点も学びます。また，社会認知や認知バイアスが行動に及ぼす影響について検討する部分もあります。

ホームワークでは，ストレスや薬物・アルコールなどの外的な要因が思考に及ぼす短期的・長期的影響を考え，さらにそれらが自分の他者に対する認知にどのように影響するかを考える課題が加わります。

モジュール 4：ポジティブさを探す

■理論的背景

BPD では，周囲の環境のネガティブな側面だけに焦点を当てる傾向が強く，ポジティブなものよりネガティブな情報のほうが記憶に残りやすいとされています。そのため，環境のポジティブな側面にも注意を向け，それを見失わないようにトレーニングします。

一方で，自分ではどうにもできない問題や過去に対する苦悩に対しては，弁証法的行動療法の「徹底的受容（radical acceptance）」や，フランクル流の「意味」の探求が組み込まれています。

　また，BPD で生じる信念と思考の間の矛盾は，不快な感情を生み出し，強い葛藤が生じることがあります。その点については認知的不協和理論に基づいた説明が行われます。

　　＊このモジュールのターゲット：誉められたり批判されたりしたときの
　　　対応。ネガティブな情報への過剰な注意，認知的不協和

　■モジュールの特徴

　MCT の「気分」や D-MCT の「ポジティブなことへのダメだし」のモジュールに似ていますが，B-MCT 独自のスライドが多く加わっています。BPD の多くは，ポジティブな経験を否定したり例外だとみなしたりして，ネガティブな情報にばかり注意を向ける傾向があり，それが気分や幸福感を著しく悪化させる要因となります。そのため，ここでは誉め言葉を上手に受け取る方法，人を誉める方法，他者からのネガティブな反応にうまく対処する方法，自分の強みを自覚する方法などについて学びます。

　また，認知的不協和とそれによる葛藤についても扱い，この葛藤を解決するための方法として，現実的に考える，ポジティブな思考を加える，過去にうまくいったことを思い出す，ポジティブな点に注目するなどの方法を学びます。

　モジュール6：自尊心
　■理論的背景

　BPD における自尊心についてはこれまでも広く議論されてきましたが，モリッツ教授らの予備的研究においても，健常群や統合失調症群と比較して BPD 群は自尊心が低いという結果が出ています。B-MCT では自尊心に影響を与える情報の認知的処理について扱います。

　　＊このモジュールのターゲット：自尊心の低さ，自己嫌悪に至るほどの
　　　自己卑下

■モジュールの特徴

MCT の「自尊心」や「気分」のモジュールや，D-MCT と共通するスライドが多く含まれており，自分を多元的にとらえる「本棚の比喩」（第4章参照）による「自尊心の源」や，思考抑制の悪影響の説明，マインドフルネスのエクササイズなどが含まれています。それらに加え B-MCTでは，自尊心が「高すぎる場合」，「低すぎる場合」，「バランスがとれている場合」のそれぞれで，自分自身と他者に対する態度がどのように異なるかを考えます。また，自己批判や「全か無か思考」の機能について分析し，それらが問題解決に役に立たないことや，自分の感情や行動のコントロールを奪ってしまうことを学びます。

モジュール7：結論への飛躍

■理論的背景

BPD の特徴の1つとして衝動性が挙げられます。衝動的に行動したあとで後悔し，罪悪感と自己卑下に陥る傾向が強く，特に人間関係において衝動性が大きな葛藤を引き起こす可能性があります。「結論への飛躍」は不十分な情報で結論を下す傾向を指し，BPD の衝動性が結論への飛躍と関連することが説明されます。

＊このモジュールのターゲット：結論への飛躍，衝動的な行動

■モジュールの特徴

MCT の「結論への飛躍」や「思い込みを変える」のモジュールと多くの部分で共通しています。それらに加え B-MCT では，結論への飛躍が行動に及ぼす影響について考えます。結論に飛びつくことが衝動的な行動につながり，誤った判断や焦った行動を引き起こしてしまい，後々後悔することになります。できるだけ多くの情報を考慮して，他者と相談することが重要であることを学びます。

モジュール8：気分

■理論的背景

　BPD は気分障害，特にうつ病の併存率が高いことが特徴です。さらに，自分自身に過剰に高い要求をする傾向が，気分と自尊心にネガティブな影響を与えると考えられています。B-MCT では，うつ病の発症と持続に関連すると考えられている思考の偏りを扱います。ここではベックの認知療法でも扱われている「過度な一般化」と「全か無か思考」なども検討します。

　＊このモジュールのターゲット：併存する抑うつ症状，否定的スキーマ，低い自尊心

■モジュールの特徴

　MCT や D-MCT の思考の偏りをテーマとするモジュールと多くの共通点があります。ここでは，「過度の一般化」，「選択的知覚」，「ネガティブな思考を読み取る」，「他者との比較」が扱われ，それらへの対処法が紹介されます。B-MCT では，「視点を変えよう」と特に視点転換が扱われており，自分に対する過度な要求を緩和して，バランスをとるために，他者視点から自分を観察し，自分の行動を現実的に評価することを学びます。

1 ）石垣琢麿：メタ認知トレーニング（Metacognitive Training；MCT）日本語版の開発．精神医学，54：939-947，2012.
2 ）Moritz S, Schilling L, Jelinek L, et al. : Metacognitive Training for Borderline Personality Disorder(B-MCT)-Manual-status as of 08/2016, 2016.
3 ）Schilling L, Moritz S, Kriston L, et al : Efficacy of metacognitive training for patients with borderline personality disorder : Preliminary results. Psychiatry Research, 26 : 2459-2464, 2018.
4 ）Westen D : Cognitive-behavioral interventions in the psychoanalytic psychotherapy of borderline personality disorders. Clinical Psychology Review, 11 : 211-230, 1991.

第2節　急性期の精神症(psychosis)に対する MCT-Acute(MCT-A)

1．はじめに

　最近では精神疾患の治療ガイドラインに心理療法が加わるようになりましたが，精神科急性期病棟では現在でも薬物療法が中心で，急性で重い精神症状のある患者さんのための心理学的プログラムは少ないのが現状です。そのため，これまでに有効性が確認されている統合失調症のメタ認知トレーニング（MCT）をもとに，精神症全体の急性期の状態にも対応するメタ認知トレーニング MCT-A が開発されました。

　MCT-A は急性期の精神症を対象にしており，特に統合失調症や双極性障害の急性期に適用でき，さらに，うつ病，境界性パーソナリティ障害，依存症の急性期にも適用できます。急性期病棟などで幅広い精神疾患に対して，小グループで実施しやすい構成になっています。

2．MCT-A の特徴

　7つのモジュールで構成され，グループは3から6人と MCT の設定よりも少人数で，トレーナーは2人以上で担当し，所要時間も30分から45分と短い設定になっています。従来の MCT を，参加者の負担がより少なくなるように変更しています。スライドも絵や写真を少なくして，文章も簡潔で簡単な言葉にすることで，与える情報をできるだけシンプルにしています。また，理解が難しいスライドとセクションは削除されています。エクササイズを行う際には，まず，今から何のために何をやるかといったエクササイズの目的と内容が簡潔に示されます。参加者の状態に合わせて，内容や時間を短く調整できるように，1つのモジュールの中にいくつかのセクションが設けられています。たとえば，疲れてしまって途中で終了したとしても，中途半端にならない形で区切ることができます。

　患者さんの抵抗感を下げるため，統合失調症や精神症という医学用語はごく稀にしか使用されていません。ディスカッションは大切ですが，特に急性期では病気についての体験を語るのは苦痛が伴うことがあります。そ

のため，妄想と直接は関係のない内容を用いて，苦痛にならない形で間接的に妄想と関連するトピックスをディスカッションできるように工夫されています。

　MCT と MCT-A のモジュールを比較すると（表6-1），扱う内容はほぼ同じですが，一部を省略したり，より簡単にわかりやすくなるように工夫されたりしています。新たに「落ち込んだ気分への対処法」が導入されています。MCT における「気分」や「自尊心」のモジュールの内容が多く扱われており，反すうへの対処や思考抑制の逆説的効果のエクササイズなどが組み込まれています。また，D-MCT における社会的ひきこもりについての内容も組み込まれています。

1 ）Metacognitive Training for the Acute Psychiatric Setting（MCT-Acute）(https://clinical-neuropsychology.de/metacognitive-training-for-the-acute-psychiatric-setting/)

第3節　高齢者のうつ病に対するメタ認知トレーニング(MCT-Silver)

1．概要

　MCT-Silver は，メタ認知的視点を通して認知バイアスや思考の主観性への気づきを改善することで，ネガティブな思考から距離をとり，認知の柔軟性を高めることを目的としています（Jelinek et al., 2019）。

　MCT-Silver は60歳以上の人を対象に開発されました。D-MCT と同様に主たる診断名が単極性うつ病の人を対象としています。また，たとえば主診断が不安症であるようなうつ病併存症例にも適用可能です。治療のどの段階で実施するかは柔軟に決めてよく，これまでに精神療法を受けたことがない，初回エピソードのうつ病に特に適しているとされています。

　一方で，認知機能障害を伴う認知症，統合失調症や双極性障害の患者さんは適用対象に含まれていません。中等度から重度の症状を持つうつ病患者さんに関しては，他にエビデンスに基づく介入法が存在するため，それ

らの代わりとして用いることはできません。また，急性期の自殺念慮を持つ患者さんにも適用できません。そのため，参加希望者には自殺に関するスクリーニング検査を実施することが推奨されています。

　MCT-Silver は外来，デイケア，入院で適用可能です。また，介護施設のような非医療施設でも適用でき，プログラムの設計次第で入院中の急性期患者さんにも適用できます。

　病状や治療環境に応じて週1〜2回で，60分×8回のモジュールで実施することが推奨されています。しかし，認知機能が低下している高齢者や疲れやすい人には，モジュールを2回に分けて，1回30分で行ってもよいとされています。グループは3人から10人が最適です。発表スライドの内容と構成はオープングループを想定しています。治療の設定によっては，クローズドグループにもできますし，個人セッションで使用することもできます。

　トレーナーとしては，うつ病の治療や看護に習熟しており，集団療法の経験がある医療スタッフが望ましく，2人で実施することが推奨されています。

　抑うつ症状を有する高齢者116人を対象として D-MCT を実施した研究では，抑うつ症状や，抑うつ的な認知的信念の改善がみられました（Moritz et al., 2018）。この研究をもとに，D-MCT をより高齢者に適した内容に変更したものが MCT-Silver です。MCT-Silver の有効性については RCT による臨床研究が進行中です。

2．構成

　モジュール1，2，5，6，7は D-MCT とほぼ同じ構成で，例題や事例が高齢者に合わせた内容に修正されています。大きな変更点は，モジュール3，4，8にアクセプタンス＆コミットメント・セラピー（以下，ACTと記します）のような「行動療法の第三の波」とよばれる介入法の要素が組み込まれていることです。表6-2には変更点を中心にまとめました。

表6-2　D-MCTとMCT-Silverのモジュールとトピックス

	D-MCTタイトル（日本語版＊）	MCT-Silverタイトル	D-MCTトピックス（認知バイアス）	MCT-Silver独自のトピックス
1	Mental filter & over-generalization ／考え方のかたより1		メンタルフィルター，過度の一般化	メンタル・フィルター，過度の一般化
2	Memory distortions & false memory ／記憶	Memory distortions & false memory	記憶の歪み，誤記憶	記憶の歪み，加齢による記憶の変化
3	"Should" statements, disqualifying the positive, & black and white thinking ／考え方のかたより2	"Should" statements and <u>acceptance</u>	「べき」思考，ポジティブなことへのダメだし，白黒思考	「べき」思考，人生における変化へのアクセプタンス
4	Self-worth & perfectionism ／自尊心の低下	<u>Values</u>	自尊心，完全主義	価値の同定，価値に基づいた人生を生きる方略
5	Magnification or minimizing & depressive attributional style ／考え方のかたより3	Magnification or minimizing & depressive attributional style	拡大しすぎと値引きしすぎ，うつ病の帰属スタイル	
6	Dysfunctional behavioral strategies ／不具合な行動とその対策	Dysfunctional behavioral strategies	非機能的な対処法：引きこもり，反すう，思考抑制	
7	Jumping to conclusions, mind reading, & fortune telling (catastrophizing) ／考え方のかたより4	Jumping to conclusions, mind reading, & fortune telling (catastrophizing)	結論の飛躍，マインド・リーディング，運命占い（破局化）	
8	Perception of feelings & emotional reasoning ／感情の誤解	<u>Self-esteem</u>	感情の知覚，感情に基づいた推論	自尊心，イメージを通してネガティブな自己認知を変える

＊ D-MCTのモジュールのタイトルとトピックスは石垣・森重（2019）に則しました。下線は筆者。

3．D-MCT と MCT-Silver の異同

セッションの構造は共通しており，セッションの開始→前回の内容の復習→今回のモジュールの内容→学習のポイントを確認→ワークブック資料をわたしてフォローアップ，という流れです。またモジュール導入前の「参加者のしおり」も含まれています。

毎回，最初にメタ認知についての簡単な説明から入ります。異なる点は，D-MCT ではメタ認知的視点を「人工衛星の位置から地球を見下ろす比喩」（第1章，第11章参照）で説明するところを，MCT-Silver では「迷路の比喩」で説明しています。「人は落ち込んでいるとき，ネガティブで反すう的な思考のパターンから距離を置くことが難しくなります。それはまるで，迷路に迷い込んだときのように，出口がわからず，抜け出せなくなっている状態に似ています。もし，『鳥の目』を持つことができたら，迷路を俯瞰的に見ることができ，出口が見つかり，抜け出す方法を見つけられるかもしれません」という比喩です。

加えて MCT-Silver では，自らの心理的プロセスを意識的に観察し，適切に分析し，そのプロセスを肯定的に修正する手がかりを見出し，それを効果的に使えるようになることを目指していると伝えます。

4．MCT-Silver に特徴的なモジュールの概要

モジュール3：「べき」思考＆人生における変化へのアクセプタンス

■理論的背景

抑うつと苦痛への耐性の低さの間に正の相関がみられることや，苦痛への耐性と体験の回避（experiential avoidance）には負の相関があることが見出されています（Feldner et al., 2006）。

モジュール3には ACT の要素が取り入れられています。ACT では，困難な状況に関連する苦痛や，苦痛を伴う思考や記憶を回避しようとする体験の回避という非機能的な対処によって，症状が生じたり悪化したりすると考えます。つまり，ネガティブな感情を避けようとすればするほど苦痛を増強してしまいます。したがって，ACT では，体験の回避を治療の

ターゲットとして，それに代わる建設的で好ましいプロセスとしてアクセプタンス（受容）を提案します。苦痛に満ちた気分や感情の存在をアクセプタンスすることが最終的に苦痛を減らすと考えるからです。ACTは高齢者に対する有効性も示されています。加齢に伴い，自分の病気，重要な他者を失うこと，機能の制限など，自分の力ではコントロールが難しい問題に直面する機会が増えます。そのようなときにアクセプタンスが重要な役割を演じます。

■モジュールの内容

D-MCTと同様に，モジュール3の前半は「べき」思考と白黒思考が説明されます。MCT-Silverでは，「あなたの柔軟性をみつけましょう」と，ACT（Hayes, 2012）の認知的柔軟性や，選択最適化補償理論のサクセスフル・エイジングについて説明されています。加齢に伴う身体や環境の変化に対して，従来のやり方ではうまくいかないことも出てきます。選択最適化補償理論では，目標や価値を大切にしながら，今の自分に適した選択や工夫を行い，周囲の援助も得ながら柔軟に人生を進めていくことを大切にします。それによって，高齢者の主観的な幸福感が高まると考えるからです。

ACTでいうアクセプタンスは，単なるあきらめや我慢とは異なり，能動的なプロセスだとされています。それを説明するために，"willingness"と"openness"という概念を用います。Willingnessは，価値に基づいて自らの選択で，不快な思考，感情，記憶，感覚，状況や内容に自分自身を曝すという意味です。アクセプタンスは，「その瞬間ごとに体験する事柄に対して意図的に，オープンで，受容的で，柔軟でいること。不快な体験を回避するのではなく，自発的にその体験を引き受けること」を意味します。こうした態度によって短期的には不快になるかもしれませんが，長期的には自分が大切にしたい方向に生活を進めることができると学びます（図6-3）。エクササイズでは，日常生活でアクセプタンスを実践できる領域を検討し，実際に生活の中へ取り入れていきます。

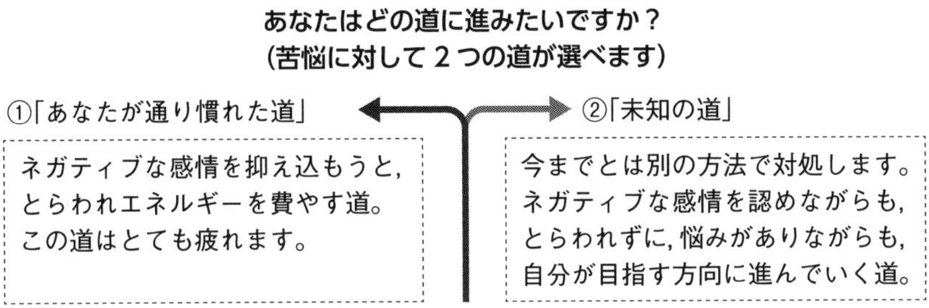

あなたはどの道に進みたいですか？
（苦悩に対して2つの道が選べます）

①「あなたが通り慣れた道」 ←　　→ ②「未知の道」

ネガティブな感情を抑え込もうと，
とらわれエネルギーを費やす道。
この道はとても疲れます。

今までとは別の方法で対処します。
ネガティブな感情を認めながらも，
とらわれずに，悩みがありながらも，
自分が目指す方向に進んでいく道。

図6-3　モジュール3「『べき』思考＆人生における変化へのアクセプタンス」
　　　の例

モジュール4：価値の同定＆価値に基づいた人生を生きる方略

■理論的背景

　価値に基づいた人生は，ウェルビーイングや苦痛への耐性を高めるだけでなく，慢性疾患や悲嘆のような特殊なストレスへの対処能力も高めるといわれています。ACTでは，価値は「人生をどう扱いたいかについての宣言であり，我々を導く原理であり，人生を通じて活動できるように我々を動機づけする」とされています。

　価値と目標は異なる概念です。目標とは，「マラソン大会に出る」や「肉を食べない」という，未来に焦点が当たり，達成してToDoリストから消すことができるものです。一方，価値とは，自分の目指す方向性のことです。価値は「今，ここ」に焦点を当て，進行中で，動的で，目的を達成したかどうかという結果よりむしろ「どうしたいか」という意図や目指す方向性を大切にすることです。

■モジュールの内容

　価値の概念を説明するために，航海中の船の写真が提示されます。コンパスの比喩によって，価値がコンパスのように人生で大切にしたい方向性を示すことを伝えます。そして，憂うつな気分のときは，悪天候の船のように自らの大切な方向性を見失いがちだと伝えます。

　次に，価値の理解を深めるために，自分にとって何が価値で何が価値で

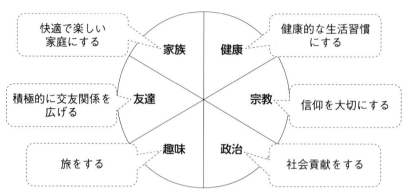

自分の価値観を明確にする

これらの例を参考に以下の分野について，自分の価値観を考えてみましょう

快適で楽しい
家庭にする

健康的な生活習慣
にする

積極的に交友関係を
広げる

信仰を大切にする

旅をする

社会貢献をする

家族　健康　友達　宗教　趣味　政治

図6-4　モジュール4「価値の同定＆価値に基づいた人生を生きる方略」の例

ないか，価値と目標との違いを検討します。

エクササイズでは，クイズのような頭の体操を行い，固定概念にとらわれない発想を促し，その体験を教訓にして，自分の問題ばかりに目を向けるのではなく，新しい生き方，別の視点を見つけることの大切さや，加齢に伴い大切にしてきたことがかつてと同じようにはできなくなったとき，その価値の方向性に沿った新しい道を見つけることの大切さを学びます。最後に，価値を明確化するエクササイズを行います（図6-4）。自分にとって大切な価値をリストアップし，その重要度を考え，自分にとって大切な価値を明確にします。そして，価値に沿った具体的な行動を日常生活に取り入れる方法を検討します。

モジュール8：自尊心＆イメージを通してネガティブな自己認知を変える
■理論的背景
うつ病の半数以上の人が，侵入的な記憶や想像上の出来事のイメージで苦しんでいます。非機能的なイメージは，気分だけでなく自尊心や自己イ

メージにもネガティブな影響を与えます。ポジティブなイメージを用いる方法は，言葉だけの方法よりも有効だとされています。このイメージ技法は，自己効力感を低下させるネガティブ・イメージをコントロールできるようにして，絶望感を減らします。加齢をネガティブにとらえている高齢者は抑うつと絶望感を抱きやすいため，加齢に関するネガティブなイメージや推測を修正して，バランスの取れた視点を獲得することが，抑うつ症状を減らすことにつながります。

■モジュールの内容

自尊心を扱う D-MCT のモジュール4の応用です。加齢に関するネガティブな態度やステレオタイプに対処して，加齢に関して別の見方ができるよう促します。D-MCT と同様に自尊心の定義から始まり，適切な自尊心を持つ人の外的・内的な特徴を検討します。エクササイズでは，姿勢と気分との関係を体験的に理解します。

その後に，MCT-Silver の特徴的な内容に入ります。「自尊心と加齢」に関して有名人の例が挙げられ，参加者自身が加齢をどのように見ているかについてディスカッションします。うつ病では，現在の自分を過去の「より魅力的な自分」や「よりよい自分」と比較しがちで，加齢や現在の自分のマイナス面ばかりがクローズアップされてしまいます。そして，加齢のポジティブで美しい側面は見落とされます。ただし，ここでの目的は，加齢のネガティブな側面を矮小化することではなく，加齢はネガティブな面ばかりではないということに参加者自身が気づくことです。

最後のセクションでは，自らに対するネガティブ・イメージに対処するためのイメージ訓練に取り組みます。気分に影響を与えるものとして，経験，思考，姿勢だけではなくイメージも重要です。うつ病では，自分にネガティブなイメージを持ち，ネガティブなレッテルを貼ることで，自己認識に悪影響を及ぼしています。これに対抗するために，イメージを用いたエクササイズが効果的です。このイメージ法を定期的に練習することを促します。

（池田直矢，石垣琢磨）

127

1) Feldner MT, Hekmat H, Zvolensky MJ, et al : The role of experiential avoidance in acute pain tolerance : A laboratory test. Journal of Behavior Therapy and Experimental Psychiatry, 37 : 146‒158, 2006.

2) Hayes SC : Acceptance and Commitment Therapy The process and practice of mindful change second edition, Guilford Press, New York, 2012. (武藤崇, 三田村仰, 大月友訳：アクセプタンス＆コミットメント・セラピー（ACT）第 2 版. 星和書店, 東京, 2014.)

3) Jelinek L, Hauschildt M and Moritz S : Metakognitives Training bei Depression (D‒MKT). Beltz, Frankfurt, 2015. (石垣琢麿, 森重さとり監訳, 原田晶子訳：うつ病のためのメタ認知トレーニング―解説と実施マニュアル―. 金子書房, 東京, 2019.)

4) Jelinek L, Schneider BC and Hauschildt M : Metacognitive Training for Depression (D‒MCT) : A Short Manual for its Original Version and its Adaption for Older Adults (MCT‒Silver) Version : 21.10.19, 2019.

5) Moritz S, Schneider BC, Peth J, et al. : Metacognitive Training for Depression (D‒MCT) reduces false memories in depression : A randomized controlled trial. European Psychiatry, 53 : 46‒51, 2018.

第 **7** 章

その他の認知トレーニングとの併用

第1節　認知機能とは

　本章では，認知機能を介入対象としたトレーニングを紹介し，それらとMCTを併用することで期待できる相乗効果について考えます。

　認知機能という言葉は，すでになじみのあるものかもしれませんが，実は似たような言葉がたくさんあり，明確にイメージすることが難しい言葉です。なぜかというと，認知という言葉が多種多様な意味で使用されているためです。たとえば，認知行動療法の認知は思考，イメージ，記憶などを表し，認知の内容を指します。一方，認知機能の認知は，情報を知覚し，処理・操作し，それに対して反応することを表し，認知のプロセスを指します。つまり，認知機能とは私たちが日常生活を送るうえで基盤となる情報処理能力を指します。

　実際の生活ではどのようなときに認知機能が使われているのでしょうか。たとえば，買い物に行くときのことを想像してください。晩御飯の献立を考え，冷蔵庫の中身とも相談し，買う品物を考えます。そのとき，家族から「アイス買ってきて」とお願いされます。やれやれと思いながらも買う品物が決まると，どのお店に行こうか考えます。A店は野菜が安いけれど，B店はお肉が安いなどの条件を比較してお店を決めます。そして，いざお店に行くと特売品売り場でおすすめ品の実演販売があり，たくさんの人が試食をして笑顔になっているのを目にします。試食後のみんなの表情を見て，特売品は美味しいに違いないと思い，その商品を買うことに決め，献立を変更します。思った以上に買い物に時間を要したため，帰宅後に急いで複数のメニューを同時に作ります。

　この例にも大きく分けて2つの認知機能，つまり情報処理能力が関連し

ています。1つは神経認知機能です。主に献立を考え，買う品物やお店を決める段階で神経認知機能は働いています。2つめは社会認知です。この機能は，試食品を食べる人の顔を見て，この商品は美味しいに違いないと考える段階で機能しています。これら神経認知機能，社会認知もいくつかの能力を含みます。まずはそれぞれについて概説します。

第2節　神経認知機能を対象とした認知トレーニング

1．神経認知機能とは

　認知機能の中でも，情報処理の基盤になっていると考えられる機能を神経認知機能とよびます。**表7‐1**で示すように，神経認知機能には，①ワーキングメモリー，②言語性記憶，③言語流暢性，④注意，⑤遂行機能などが含まれます。

①ワーキングメモリーとは，見聞きした情報を一次的に保存しながらその情報をもとに作業を行う際に使用される能力です。たとえば，暗算をイメージしてください。提示された数字を覚えたまま計算を行います。このように，2つのことを同時に行うときに使用される能力をワーキングメモリーと言います。

②言語性記憶とは，単語や文章などの言葉の記憶です。たとえば，日常生活の多くの場面で，口頭で説明を受けることがあります。口頭での説明を覚えておくことに言語性記憶は関連します。

③言語流暢性とは，文字通り，言葉の流暢性です。たとえば，"あ"で始まる言葉を挙げてくださいと言われて，"アヒル"，"明日"など，決められた条件に合う言葉をスムーズに産出できる能力を意味します。

④注意とは，スポットライトのようなもので，特定のものにライトを向けるように私たちは特定の物事に注意を集中することができます。ライトで照らす場所を複数に分けられるように，注意も複数に分けるこ

表7-1　代表的な神経認知機能とその概要

機能名	概要
ワーキングメモリー	情報を一時的に保持した状態のまま，その情報を処理する際に働く能力
言語性記憶	文章や単語といった言葉の記憶に関する能力
言語流暢性	特定のカテゴリーや頭文字で始まる語の想起に関する能力
注意	多くの物事の中から特定のものに関心を向ける能力
遂行機能	目標達成までの道筋を立て，道筋に沿って順序立てて物事を考え，遂行する能力

図7-1　ワーキングメモリー　　　　図7-2　言語性記憶

とができます。これは注意の分割といいます。たとえば，カーナビの指示に耳を傾けながら，ハンドルも操作するイメージです。

⑤遂行機能は実行機能ともよばれ，目標を達成するまでの道筋を立て，道筋に沿って順序立てて課題を遂行する際に使用される能力です。たとえば，MCTを実践する際に，「まずは本を読んで実施方法を学び，同僚と練習してから，いざ実践！」などと，目標までの道筋を順序立てて考え，遂行するときに使用されます。

では，先の買い物の例ではどのように神経認知機能が働いているので

図7‐3　言語流暢性

図7‐4　注意　　　　　　図7‐5　遂行機能

しょうか。ワーキングメモリーは材料を思い出しながら献立を考えているときに使われます（**図7‐1**）。言語性記憶は「アイス買ってきて」と言う家族からのお願いを覚えておくことに関与しています（**図7‐2**）。言語流暢性はA店，B店のメリット・デメリットを考えるときに関連しますし（**図7‐3**），注意は入店して実演販売に注意を向けることと関連します（**図7‐4**）。遂行機能は複数の料理を同時に作る際の調理工程を考えるときに使用されます（**図7‐5**）。このように，買い物から調理までのプロセスにおける至るところで神経認知機能は機能しています。

　ここまでの話で，「ワーキングメモリーは記憶した情報をもとに作業す

るわけだから，注意の分割も関わっているのでは？」と考えた読者もいるかもしれません。その通りです。ワーキングメモリーには注意が関わっていますし，他の神経認知機能の間にも，ある程度の関連が想定されています。つまり，何かしらの作業をするときには，複数の神経認知機能が関与しているということです。

2．神経認知機能を測る

　神経認知機能の測定には，心理検査の一種である認知機能検査を用います。統合失調症を抱えた人を対象にした認知機能検査の代表的なものとして，Brief Assessment of Cognition in Schizophrenia（以下，BACS），Measurement and Treatment Research to Improve Cognition in Schizophrenia Consensus Cognitive Battery（以下，MATRICS），Wechsler Adult Intelligence Scale-3rd edition（以下，WAIS-Ⅲ）などが挙げられます。

　BACS は統合失調症の神経認知機能を測定する課題ですが，最近は気分障害など他の疾患でも使用されています。この検査は 6 項目の課題から構成され，それぞれの課題でワーキングメモリー，言語性記憶，言語流暢性，注意，遂行機能，運動機能を測定します。そして各課題の z-score（標準得点：健常者平均とのズレの大きさ）の平均から全般的な神経認知機能の程度を意味する Composite Score を測定します。所要時間は約 30 分です。

　MATRICS は 10 項目の課題から構成され，7 つの領域の認知機能を測定します。7 つの領域とは，処理速度，注意／覚醒，ワーキングメモリー，言語学習，視覚学習，推論と問題解決，社会認知です。さらに，BACS と同様，全般的な神経認知機能の程度を意味する Composite Score が算出されます。所要時間は約 60 ～ 90 分です。BACS との大きな違いは MATRICS には後述する社会認知を測定する課題が含まれることです。

　最後に挙げる WAIS-Ⅲは日本で広く使用されているウェクスラー式知能検査の成人版のことです。知能を測定する課題として有名ですが，課題の中にはワーキングメモリー，視覚情報処理，処理速度といった認知機能

を測定する課題が含まれます。統合失調症を抱えた日本人を対象とした
データはFujino et al.（2014）によって発表されており，データの国際的
な比較が可能です。

　ここでは代表的な検査を挙げましたが，各施設の状況に応じて使用しや
すい評価尺度を用いることが重要です。

3．神経認知機能と社会機能との関連

　統合失調症を抱えた人では，神経認知機能の低下は，仕事，家庭生活，
余暇活動などの社会機能の悪化と関連することがわかっています（Tolman
& Kurtz, 2012）。神経認知機能は，日常生活を送るうえで基盤となる能力
ですので，この能力の低下が社会生活の悪化と関連することは想像に難く
ないと思います。

　たとえば，仕事場面をイメージしてください。口頭で指示される場合が
ありますし，いくつかのプロジェクトを並行して進めることもあります。
その際，言語性記憶や遂行機能などが低下していると，指示を覚えること
や並行作業を順序立てて行うことが難しくなります。家庭でも同様のこと
が起こり得ます。このように神経認知機能の低下は社会機能の低下と関連
が認められます。逆をいえば，神経認知機能の改善は社会機能の改善と関
連しているといえます。

4．神経認知機能を対象とした神経認知リハビリテーション

　神経認知機能と社会機能との関連が明らかとなったことを背景に，神経
認知機能を介入ターゲットとして統合失調症を対象とした認知リハビリ
テーションの方法が複数開発されています。

　神経認知機能を対象とした神経認知リハビリテーションは認知矯正療
法（Cognitive Remediation Therapy：以下 CRT）と呼ばれます。神経認
知機能や社会機能に対する CRT の効果を検証した研究結果をまとめたメ
タ解析では，CRT を行うと全般的な神経認知機能だけでなく，注意，処
理速度，言語性ワーキングメモリー，言語性記憶，推論問題解決，社会認

知，社会機能が改善することがわかっています（Wykes et al., 2011）。

　日本で実施されている CRT には，たとえば，前頭葉・実行機能プログラム（Frontal/Executive Program：FEP），認知矯正プログラム（Neuropsychological Educational Approach to Rehabilitation：NEAR），Jcores を用いた就労を意識した認知機能リハビリテーションプログラム（Vocational Cognitive Ability Training by Jcores：VCAT-J）などがあります。本章では，筆者が実施した経験のある NEAR を紹介します。

　NEAR はコロンビア大学のアリス・メダリア（Alice Medalia）によって考案され，最上らによって日本に導入されました（中込・最上，2008）。NEAR は，参加者が10人から20人程度，セラピストが1人から2人の小集団で行われます。NEAR の基本構造は，週2回の PC セッションと1回のブリッジングセッションです。PC セッションとは，PC ゲームを利用した神経認知機能の改善を目的とするもので，ブリッジングセッションとは，日常のどのような状況で神経認知機能が働くかを分析し，PC セッションで獲得した対処スキルの日常生活への般化を促すものです。なお，NEAR を実施したい人には，NEAR 研修会への参加が義務づけられています。

　NEAR の参加者は NEAR の実施前後で神経認知機能検査を受検しますが，これには前後それぞれに目的があります。実施前の目的は，セラピストと参加者が，参加者の神経認知機能の特徴を知ることです。どのような神経認知機能が低下しているかは一人ひとり異なっています。たとえば，処理速度は保たれていても，言語性記憶が低下している人がいれば，その逆のパターンを示す人もいます。ここで大事なことは神経認知機能のプロフィールは一人ひとり異なり，各参加者に合わせた介入が必要になるということです。また，検査結果は参加者にフィードバックされます。自身の神経認知機能の特徴を知ることが，PC セッションでどの課題に取り組むかを自分で考えるきっかけとなります。

　NEAR 終了後に神経認知機能検査を行う目的は，介入効果を検証することです。NEAR 実施前後で同じ検査を用いて測定すれば，神経認知機

能の改善への効果が明らかとなります。これにより，PC セッションで用いた課題が適切であったかどうかの判断ができ，今後の介入方針に活かされます。

　次に，各セッションについて説明します。PC セッションでは，各神経認知機能を使って行うゲームを実施します。参加者はゲーム上の課題をスムーズにクリアできることもあれば，そうでないこともあります。クリアできない場合，どうすればよいかをセラピストと相談しながら考え，その対処方略を試します。このセッションでは，ゲームを通した神経認知機能の改善とともに，神経認知機能の低下を補償する対処方略をセラピストと一緒に考えます。

　ブリッジングセッションでは，各神経認知機能が日常生活のどのような場面で活用されるか，そして各自がどのような状況で困難を感じているかを分析します。グループでの分析を通して，PC セッションで今後どのような課題を行うか，日常生活でどのように対処できるかを考えます。

　PC セッションは神経認知機能の底上げを行うボトムアップ的処理と考えられ，ブリッジングセッションは向上した神経認知機能を日常で発揮しやすくするためのトップダウン的処理と考えられます。2 つのセッションが相互に作用することによって，神経認知機能だけでなく社会機能の改善を可能にします。

1 ）Fujino H, Sumiyoshi C, Sumiyoshi T, et al. : Performance on the Wechsler Adult Intelligence Scale-Ⅲ in Japanese patients with Schizophrenia. Psychiatry and Clinical Neurosciences, 68 : 534-541, 2014.
2 ）中込和幸，最上多美子監訳：「精神疾患における認知機能障害の矯正法」臨床家マニュアル（Medalia A, Revheim N, Herlands T : Remediation of Cognitive Deficits in Psychiatric Patients A Clinician's Manual, 2002.）. 星和書店，東京，2008.
3 ）Tolman AW and Kurtz MM : Neurocognitive predictors of objective and subjective quality of life in individuals with schizophrenia : A meta-analytic investigation. Schizophrenia Bulletin, 38 : 304-315, 2012.
4 ）Wykes T, Huddy V, Cellard C, et al. : A Meta-Analysis of Cognitive Remediation for Schizophrenia : Methodology and Effect Sizes. The American Journal of Psychiatry, 168 : 472-485, 2011.

第3節　社会認知を対象とした認知トレーニング

1. 社会認知とは

　MCT は妄想的思考と関連する特徴的な認知バイアスへの気づきを促す8つのモジュールから構成されています。8つのモジュールで扱う認知バイアスには，後述する帰属バイアス，結論への飛躍バイアス，心の理論といった社会認知が含まれています。では，社会認知とはどのような機能なのでしょうか。

　社会認知とは，他者の意図や気持ちを理解する能力を意味します（Brothers, 1990）。神経認知機能が全般的な情報処理の基盤となる能力であるのに対し，社会認知は対人関係という，より高次な情報処理が求められる状況で働く認知機能です。

　対人関係とは，自分と他者との間で生じる相互作用です。この自分と他者との相互作用のことをコミュニケーションといいます。コミュニケーションは，言語的コミュニケーションと非言語的コミュニケーションに分類できます。言語的コミュニケーションとは，文字通り，言語を用いたコミュニケーションを意味します。非言語的コミュニケーションとは，言語によらない，表情，口調，声のトーン，身振り・手振りによるコミュニケーションを指します。目は口ほどにものを言うといった諺がありますが，言葉を用いて気持ちを表現しなくとも目の動きや目つきから気持ちは伝わります。もちろん 100％正確とはいえませんが，私たちは目の動きを含む表情や身振り・手振りから相手の意図や感情を感じ取ります。

　たとえば，最初に挙げたスーパーでの試食シーンを思い出してください。試食後の人々の笑顔を見て商品が美味しいに違いない，つまり試食をした人の表情を見て「美味しいと思っている」と他者の気持ちを推測しています。なぜこのようなことが私たちには可能なのでしょうか。そこに社会認知が関与しています。

　社会認知も神経認知機能と同じく多様な能力が含まれます。ここでは，統合失調症を抱えた人を対象とした研究で多く使用されている社

表7−2　代表的な社会認知とその概要

機能名	概要
感情知覚	感情を識別・理解し，制御する能力
社会知覚	社会的役割や規則，状況の文脈を認識する能力
帰属バイアス	特定の出来事の原因を何に帰属するかに関わる思考スタイル
結論への 飛躍バイアス	少ない情報で性急な判断を行う思考スタイル
心の理論	他者の意図や信念を推測する能力

会認知として，①感情知覚（emotion processing），②社会知覚（social perception），③帰属バイアス（attributional bias），④結論への飛躍バイアス（jumping to conclusions bias），⑤心の理論（theory of mind）を紹介します（Green et al., 2008；Penn et al., 2008）（**表7−2**）。

①感情知覚とは，感情を識別・理解し，制御することを意味します。つまり，どのような感情が自分に生じているかを理解し，その感情を状況に応じて制御する能力です。これには他者の感情理解も含まれます。

②社会知覚とは，社会的役割や規則，状況の文脈を認識する能力を指します。私たちは置かれた状況に応じて言動を変化させます。たとえば，仕事の同僚といるときと家族といるときでは言動が異なります。なぜそのようなことが起こるかというと，置かれた状況の文脈を理解し，かつ社会規則と照らし合わせて，状況に適した言動を選択しているからです。このように社会知覚とは，自分が置かれた社会（≒状況）を認識する能力を指します。

③帰属バイアスは特定の出来事の原因を何に帰属するかに関わる能力です。たとえば，嬉しい出来事，嫌な出来事などの原因を，内的（≒自分），外的（≒他者），状況というどの要因に帰属するかです。

④結論への飛躍バイアスとは，性急に判断してしまう思考スタイルを指

します。結論を下すまでに多くの情報が必要だと思われる状況でも少ない情報で結論を下し，その結論への確信度が高いというバイアスです。

⑤心の理論とは，他者の意図や信念を推測する能力のことです。私たちは，同じ状況に出くわしても他者と必ずしも同じ考えを抱くわけではないとわかっていますし，相手が抱いているであろう考えを推測することもできます。このような能力が心の理論です。

2．社会認知を測る

社会認知を測定する検査をいくつか紹介します。社会認知を測定する日本語版の検査は神経認知機能を測定する検査ほど数が多くありません。第3章で紹介されたビーズ課題も検査法の1つといえますが，ここではSocial Cognition Screening Questionnaire（以下，SCSQ と記します）を紹介します。

SCSQ は統合失調症を抱えた人の社会認知を測定する心理検査です。この検査では，社会認知として，心の理論と敵意バイアスを測定することができます。敵意バイアスとは帰属バイアスの一種で，他者の言動の意図が曖昧な状況において，自分に敵意が向いているととらえやすい思考スタイルを意味します。SCSQ ではメタ認知や言語性記憶なども測定できます。

この検査は，架空の人物と被験者との対話を描いた 10 本の短い話から構成されています。被験者は話を聞き，社会認知を測定する質問に「はい」か「いいえ」で回答します。統合失調症を抱えた日本人のデータも発表されています（Kanie et al., 2014）。

一方，ビーズ課題によって調べることができる結論への飛躍バイアスは，妄想の基盤となる思考スタイルの一種で，MCT や「社会認知ならびに対人関係のトレーニング（Social Cognition and Interaction Training：以下，SCIT と記します）」でも介入対象となっています。

3．社会認知と社会機能との関連

統合失調症を抱えた人を対象に，社会認知と社会機能との関連を調べたメタ分析が実施され（Fett et al., 2011），心の理論，感情知覚，社会知覚が社会機能と関連することが示されました。つまり，心の理論，感情知覚，社会知覚の低下は社会機能の低下と結びついています。

この研究では同時に神経認知機能と社会機能との関連も調べており，社会認知が神経認知機能より社会機能と関連することが示されています。神経認知機能のところで述べましたが，社会機能とは仕事，家庭生活，余暇活動を含みます。これらの活動の多くには，他者とのコミュニケーションが必要ですので，社会認知の低下が社会機能の低下と結びつくのも不思議ではありません。

4．社会認知を対象とした認知リハビリテーション

社会認知が社会機能と関連していることから，社会認知を対象とした認知リハビリテーションが考案されました。社会認知を介入対象とした認知リハビリテーションの社会認知や社会機能への効果を検証したメタ分析では，感情知覚，心の理論，社会機能が改善することが明らかとなっています（Kurtz & Richardson, 2012）。日本で実施されている代表的な社会認知リハビリテーションに SCIT があります。ここでは，SCIT の概要を説明します。

SCIT がターゲットとする社会認知は，感情知覚，心の理論，結論への飛躍，原因帰属です。対象は統合失調症のような精神疾患を持ち，その症状により対人関係上の困難が生じている人です。集団療法の形をとり，約5人から6人の患者さんと2人の治療者でグループを構成することが推奨されています。全20回のセッションは次の3つの段階で大きなまとまりを構成しています。

第1段階は導入と感情です。治療同盟の構築と社会認知の概念紹介がメインとなります。第2段階が状況把握です。対人関係における社会認知の機能不全によって生じる問題に気づき，その対処方略を獲得する段階で

す。第3段階は確認です。ここでは，これまでに学んだ知識や対処方略の生活への般化を目指します。SCIT への参加を通して，各社会認知について学ぶだけでなく，対人関係上の困難が生じている場面で社会認知がどのように機能しているか，そしてどのように対処できるかを学んでいきます。

　SCIT の目的は，対人状況で生じた問題に社会認知がどのように関連しているかを知ることで，同様の状況が生じた際の自らの社会認知の機能不全に気づき，対処できるようになることです。

1) Brothers L : The social brain : A project for integrating prime behavior and neurophysiology in a new domain. Concepts Neuroscience, 1 : 27-61, 1990.
2) Fett AKJ, Viechtbauer W, Dominguez MdG, et al. : The relationship between neurocognition and social cognition with functional outcomes in schizophrenia : A meta-analysis. Neuroscience and Biobehavioral Reviews, 35 : 573-588, 2011.
3) Green MF, Penn DL, Bentall R, et al. : Social Cognition in Schizophrenia : An NIMH Workshop on Definitions, Assessment, and Research Opportunities. Schizophrenia Bulletin, 34 : 1211-1220, 2008.
4) Kanie A, Hagiya K, Ashida S, et al. : New instrument for measuring multiple domains of social cognition: construct validity of the social cognition screening questionnaire (Japanese version). Psychiatry and Clinical Neurosciences, 68 : 701-711, 2014.
5) Kurtz MM and Richardson CL : Social Cognitive Training for Schizophrenia : A Meta-Analytic Investigation of Controlled Research. Schizophrenia Bulletin, 38 : 1092-1104, 2012.
6) Penn DL, Sanna LJ and Roberts DL : Social Cognition in Schizophrenia : An Overview. Schizophrenia Bulletin, 34 : 408-411, 2008.

第4節　MCTとその他の認知トレーニングの併用で期待できる相乗効果

　本章ではこれまで，認知機能と社会機能との関連や，認知機能を対象とした認知トレーニングの社会機能への効果を紹介してきました。現在，多くの施設で認知トレーニングが実施されていますし，MCT を併せて実施している施設もあるでしょう。これらのトレーニングを併用することで生じる相乗効果を検討した研究はまだ少ないので，現状ではエビデンスを示

表 7-3　MCT とその他の認知トレーニングで期待できる 3 つの相乗効果

1	認知トレーニングによる MCT の効果の増強
2	メタ認知を活用する機会の増加によるメタ認知機能全体の向上
3	自己に対する否定的な信念が変容する機会の増加

すことはできませんが，筆者が期待する 3 つの相乗効果を紹介します（**表 7-3**）。

　1 つめは，認知トレーニングを行うことで MCT の効果が高まることです。MCT は原則として集団で実施されるトレーニングです。トレーニングではスライドに注目し，そこに記載された問題への回答を他の参加者の前で発表したり，相手の意見を聞いたり，ディスカッションしたりします。つまり，他者とのコミュニケーションが生じます。このプロセスには必ず神経認知機能と社会認知が働いています。

　たとえば，スライドに注目することはスライドに注意を向けることです。他者と意見交換をするときには，他者へ注意を向けるだけでなく，他者の意見を記憶したうえでそれに対する意見を伝えます。相手の意見を覚える際には言語性記憶が，相手の意見を覚えながら自分の意見を伝える際にはワーキングメモリーが使用されます。また，他者の表情や言動から他者の意図や感情を推測するときには社会認知が機能します。このように MCT のセッションでも，神経認知機能と社会認知が活躍しているのです。したがって，その他の認知トレーニングによって認知機能が改善すれば，参加者が MCT の目的を十分理解できるようになり，MCT の効果が高まると考えられます。

　2 つめは，メタ認知を活用する機会が増加することによってメタ認知機能全体が向上することです。どのような認知トレーニングでも，自らの認知機能への気づきを促す段階があります。たとえば NEAR では，事前に神経認知機能検査を受検し，その結果がフィードバックされ，自らの神経認知機能の特徴への気づきが促されます。SCIT では，社会認知について

図7-6 Greenら（2012）による知覚から社会機能までのモデル

説明され，実際の対人状況をもとにしたディスカッションを通して，自らの社会認知の特徴への気づきが促されます。MCTでも，認知の偏りについて知識を得て，多様なワークを通して認知の偏りを実際に体験し，認知の偏りへの気づきが促されます。

　気づきの対象が認知機能か認知の偏りかという違いはあるものの，すべての認知トレーニングに共通する要素は，自らの認知的特徴に"気づく"ということです。

　この気づきが，低下している認知機能や認知の偏りへの「意図的な対処」のスタートになります。たとえば，自分は注意が逸れやすく1つの物事に集中することが苦手だと気づけば，作業では机の上から不必要なものを片づけ，注意が逸れないように対処できます。敵意に関する帰属バイアスが強いことに気づけば，「相手は敵意があると考えすぎかもしれない」と自分の考えに疑問を持ち，相手に本当に敵意があるかどうかを検討したり，他の人に相談したりすることができます。

　MCTと他の認知トレーニングを併用することにより，幅広い対象にメタ認知を使用する機会が増え，結果としてメタ認知，つまり認知のプロセスや内容に対する気づき（≒モニタリング能力）が，それぞれのトレーニングを単独で行うよりも促進されるでしょう。

　3つめは，自己に対するネガティブな信念が変容する機会が増加することです。統合失調症を抱えた人の社会機能の回復にはいくつかの要因が関連しています。ここでは，社会機能に影響する要因をまとめた有名なGreenら（2012）のモデルを紹介します（**図7-6**）。

　彼らのモデルでは，視知覚という基礎的情報処理機能から社会機能に至る経路の重要性が説明されます。このモデルでは視知覚から社会機能までの間に，Defeatist Performance Belief（以下，DPB）という自己に関す

る信念の介在を想定します。DPB は、「うまくできなければ、やっても意味がない」という「負け犬主義の信念」です。Grant & Beck（2009）は、統合失調症を抱えた人は神経認知機能の低下によって、日常生活での失敗や困難を多く経験した結果、DPB が強化され、陰性症状や社会機能の低下がもたらされると考えています。

　読者の皆さんも DPB を持つ患者さんと接した経験があるかもしれません。DPB の程度が強いと「やっても意味がない」と考えて、治療やリハビリテーション、復職支援への取り組みを回避してしまいます。そのため、DPB の緩和も統合失調症を抱えた人の社会機能の回復には重要です。

　では、どのようにすれば DPB を緩和できるでしょうか。それは、この信念に反する経験を積み重ねることです。これは成功体験の積み重ねと言い換えることができます。MCT やその他の認知トレーニングでは、セッション中に「誰にでも間違いはあるという体験」、「やってみると意外にできるという体験」、「何より治療者や他の参加者から肯定的なフィードバックを受ける体験」を積み重ねます。つまり、自らの課題への取り組みや発言が肯定されることによって、DPB が緩和されていくと考えられます。

　本章では、MCT 以外の認知トレーニングとして、認知機能を介入対象としたトレーニングを紹介し、それらと MCT を併用することで期待できる相乗効果について検討しました。

　MCT とその他の認知トレーニングを併用している医療機関、福祉施設、就労支援施設は多くなってきています。しかし、MCT とその他の認知トレーニングの併用による神経認知機能、社会認知、DPB のようなネガティブな認知やポジティブな認知、認知の偏り、社会機能への効果を調べた研究は少ないのが現状です。これらのトレーニングを併用することによるメリット・デメリットについて十分検討する必要があります。そのためには、実践家と研究者がチームとなり、社会機能回復に向けた効果的な介入法を検証しなければなりません。また、有効性のエビデンスが認められた介入法について、地域や社会に普及するための体制づくりを科学的に検討

する分野，つまり実装科学が発展することも必要です。 （武田知也）

1) Grant PM and Beck AT : Defeatist Beliefs as a Mediator of Cognitive Impairment, Negative Symptoms, and Functioning in Schizophrenia. Schizophrenia Bulletin, 35 : 798-806, 2009.
2) Green MF, Hellemann G, Horan WP, et al. : From perception to functional outcome in schizophrenia : Modeling the role of ability and motivation. Archives of General Psychiatry, 69 : 1216-1224, 2012.

実
践
編

入院環境で実施する際の工夫

第1節　どのようなところを目指すか

1．はじめに

　本書は，これから MCT を実践しようと考えている人を主な読者層として執筆されています。マニュアルには MCT の具体的な方法が記されていますので，まずはマニュアルをよく読み，スタッフ間で練習してから，あまり考え過ぎずに実際に MCT を実践することをお勧めします。また，本書【基礎編】も参考にしてください。

　本章では，入院環境で MCT を実施する際の工夫として，筆者が考慮していることや実践例を紹介します。筆者の個人的な見解を含めたアイデア集として執筆しました。読者の方々に1つでも役立てば幸いです。また，本章は主に統合失調症圏の対象者を想定しています。MCT の気分障害圏や神経症圏への拡大や，就労支援，ひきこもりや不登校の支援などへの応用も進められていますが，それらについては別の章をご参照ください。

2．MCT の目的

　MCT の主たる目的は，妄想的観念のもととなる認知的基盤（認知的エラー，認知バイアス）への理解を深め，変化させることです（石垣，2012）。これらの認知的基盤は，単独，あるいは組み合わされることによって，誤った信念を作り出し，妄想に至ってしまうと考えられています。MCT のねらいは，これらの認知的歪みへの気づきを育み，問題解決のレパートリーに反映させ，レパートリーを補完したり変化を促したりすることにあります（石垣，2012）。それによって，最終的には精神症状を軽減させる効果があると考えられています。

この認知的基盤とは，「考え方のクセ」と言い換えることができます。大切なことは，MCTの目指すところが精神症状を軽減させることではなく，対象者が自分の考え方のクセへの理解を深め，妄想的観念につながりやすい，固い考え方のクセを柔らかくすることです。その逆ではありません。治療者側が妄想をなくそうとして精神症状に焦点を当てすぎると，かえって考え方のクセを固くしてしまい，対象者の焦りや不安を増幅しかねません。

3．妄想のとらえ方

　MCTへの参加を断る基準として，精神症状の程度は，重度の場合を除いて問題になりません。MCTに限りませんが，「病識がないからプログラムへの参加は難しいのではないか」，「病識を持ってもらうために治療グループに参加してもらいましょう」とスタッフが考えることはままあります。病識の定義は，池淵（2004）が要約したJaspers（1953）の定義「人が自己の体験に対し，観察し判断しながら立ち向かうことを疾病意識とし，そのうち“正しい構えの理想的なもの”が病識とされる」がよく知られており，統合失調症ではこの定義に沿った病識欠如はよく観察されます。しかし，病識を持つことは非常につらい作業であり，極めて難題です。「正確な病気の認識」でなくてよいという意見があり（池淵，2017），筆者も同感です。医療者からみれば不適切な考えや，不十分な病識だとしても，当事者の立場に立てば，医療から自立し，病気から解放され，「普通の生活」に戻りたいと望むのはもっともなことです。

　統合失調症の治療において，「妄想の効用」（中井，2007）を考慮しておいたほうがよいことがよくあります。特に，急性期の対象者や，なかなか病状が安定しない対象者は，頭の中にいくつもの考えが浮かんできてまとまらなくなる場合が多いようです。妄想の効用として，1つのことしか頭に浮かばないようにするための「守り」なのではないか，という指摘があります（中井，1982）。この「守り」を取り外そうとスタッフが躍起になると，対象者にとって侵襲的に作用する可能性があるため注意が必要で

す。また，急性状態からの回復過程で，妄想を「語れるようになる」時期があります。この状態を病状が悪化したととらえてしまう可能性もありますが，言葉にできるくらい妄想から距離が取れたと考えることもできます。

　MCT のセッション中に語られる妄想については，個別の治療場面で扱い，MCT セッション内では取り扱わないのが原則ですが，妄想の「内容」よりも，そこにひそむ「情」を汲むほうが実りは大きいようです（原田，2006）。もしかしたら，MCT セッション中に語られた妄想には，セッションの内容を理解できない不安や対人関係による緊張などの「情」が反映されているのかもしれないので，そのような場合にはていねいに個別に振り返る機会を作るとよいでしょう。

　大切なのは，病識を持ち，妄想が軽減されることではなく，考え方のクセ（認知バイアス）への気づきが深まり，それが柔らかくなり拡がることです。このような視点は対象者にとっては抵抗が少なく，モチベーションにもつながりやすいと同時に，ノーマライゼーションの促進にも役立ちます。

1）原田誠一：統合失調症の治療―理解・治療・予防の新しい視点―．金剛出版，東京，2006.
2）池淵恵美：「病識」再考．精神医学，46：806-819，2004.
3）池淵恵美：統合失調症の「病識」をどのように治療に生かすか．精神神経学雑誌，119：918-925，2017.
4）石垣琢麿：メタ認知トレーニング（Metacognitve Training；MCT）日本語版の開発．精神医学，54：939-947，2012.
5）Jaspers K（内村祐之，西丸四方，島崎敏樹ほか訳）：精神病理学総論．岩波書店，東京，1953.
6）中井久夫：精神科治療の覚書．日本評論社，東京，1982.
7）中井久夫：こんなとき私はどうしてきたか．医学書院，東京，2007.

第2節　どのような準備が必要か

1．参加者の目安

　入院環境で MCT を実施するということは，当たり前ですが入院患者さんが主な対象となります。精神科に限りませんが，入院は人生でそう何回も経験する出来事ではないので，対象者にとっては一大事ですが，スタッフからすると次々にやってくる入院患者さんに対して慣れが生じてしまうことがあります。MCT は，急性期から回復期，慢性期のいずれの段階においても使用可能です。しかし，特に急性期では，対象者にとって未曽有の事態が生じているのだとスタッフが理解しておくことは，見過ごされやすいですが，とても大切なことです。

　では，どのような人が入院環境で MCT の対象になるのでしょうか。実際には対象者の状態によって個別に判断していくことになりますが，ここではその判断の一助になるよう，いくつかの目安を示したいと思います。

　まず，統合失調症圏の人には，回復段階を問わず，基本的に適用できると思われます。ただし，暴言や粗暴行為が頻発する，集団のルールを守れない，逸脱行為があるなど，社会的に不適切な言動がないことは前提条件として必要です。このような言動がある場合には，まずはそれへのアプローチが必要となります。

　参加に際して妄想などの精神症状の有無は問われませんが，45 分程は集中して MCT セッションに参加できることが求められます。体調にあわせて途中退席は可能ですが，集中できない状態で参加したとしても，負荷や刺激が大きく，失敗体験や自信喪失につながりやすいので，MCT セッションに耐え得るかどうかを考慮する必要があります。

　ただし，参加を希望している対象者と，参加は時期尚早と考えているスタッフの間に意識のズレが生じている場合が少なからずあります。このような場合，見学やお試しで参加してもらい，体験してみてどうであったかを一緒に振り返るとよいと思います。この過程が，対象者が自身の状態をモニタリングする機会になり，納得して MCT への参加を先送りすること

もありますし，反対にスタッフの判断が誤りで，問題なく参加できることもあります。

　自律的に休息をとれるかどうか，ということを筆者は重視しています。休息がとれないと参加できないわけではありませんが，どのような病でも休息は治療の原則であり，入院後に十分な休息がとれていることは大切です。ただでさえ，統合失調症の人は休み下手で疲れやすく，再発や入院による環境変化などによって疲弊していることがとても多いので，まずは休息を重視します。MCT でも，自身の考え方のクセに気づき，セッションやホームワークで学んだことを身につける過程は，とてもエネルギーを要し，疲れます。MCT を実りあるものにするためにも，自律的に休息をとれることはとても大切な能力です。

　知的機能の低下や重度の認知機能障害によって MCT セッションの内容の理解が難しい場合や，重度の認知バイアスや精神症状（特に被害的な妄想などの症状）が顕著なために治療への合意が得られない場合は，集団での MCT には限界があります。急性期では対人関係や集団の場が過剰な刺激になってしまい，継続的な参加が難しくなる場合が少なくないですし，長期入院の影響で自閉性が強く，対人関係に乏しかったり，参加拒否が強固だったりする対象者もいます。そのような場合には，個々の特性に応じた個別支援（たとえば，MCT＋）を導入するなど，実施方法の工夫が必要になります。

　参加者の中には，途中で MCT セッションを休んだことを気にする人がいるかもしれません。ただ，1回のセッションを休んだとしても，セッションは順序通りに実施する必要がないので，参加できなかったセッションには後で参加すれば問題ありません。そのことをプログラムの説明時に伝えておくことは，対象者の安心につながるでしょう。

2．MCT セッションに関する準備
　マニュアルを熟読し，円滑なプログラム運営に向けて準備することは，対象者への礼儀であり最低限必要な準備です。MCT を導入する前に，ま

ずはスタッフ間で実際に実施してみることをお勧めします。スタッフは，MCT で取り上げられている認知バイアスに関して，自分たちにも同じような経験があることに気づくでしょう。そのような気づきが，対象者が参加しやすい MCT セッションの雰囲気を醸成させ，ノーマライゼーションを促進させます。

　MCT セッションに関与しないスタッフにも，MCT を体験してもらう機会を作ることをお勧めします。なぜなら，対象者は，入院中は MCT の時間よりも，病棟で過ごす時間のほうがとても長いからです。各スタッフに認知バイアスについて知っておいてもらうと，対象者の言動に対してメタ認知の視点からフィードバックされるようになり，MCT の内容について生活への般化が促進されます。また，MCT のホームワークをスタッフと一緒に実施したり，セッションの内容を振り返ったりする機会があると，入院環境での実体験をもとに話が膨らむでしょう。

3．対象者に関する準備

　筆者が MCT を実施する際には，対象者毎にファイルを作成しています。ファイルには，ホームワークのほか，MCT の目標シート，出欠簿，振り返りで使用した面接記録などの書類を挟み込みます。ファイルは，基本的には対象者本人が管理し，必要なときに見返せるようにして，MCT セッションに持参してもらい，参加するという意識を高めるようにしています。

　なぜ入院に至るような問題が生じたのか，あるいは今も続いているのか，本人の視点から一緒に眺めてみることは治療関係を構築するうえでも推奨されますが，本人が自分の体験を客観的に眺める視点を提供することにも役立ちます。面接を通じて，図8-1，図8-2のようにスタッフと一緒に課題を図式化・可視化していくことで，課題を一緒に外から眺めることができ，そのメカニズムについて互いに理解を深められやすくなります。

　MCT をより実りあるものにするためには，対象者が抱えている課題の

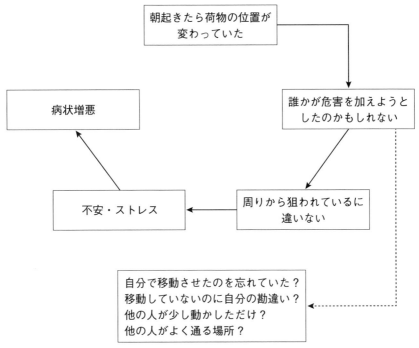

図8-1　ケースフォーミュレーションの仮想例1

全体像を評価しておくほうがよいでしょう。具体的には，発症もしくは再発の過程で，認知バイアスがどのように影響したのか，何がトリガーになったのかを評価します。これは，ケースフォーミュレーションとよばれ，再発予防プログラムの中核的な内容ですが，MCT には含まれていません。たとえば，「朝起きたら荷物の位置が変わっていた」という出来事から，「寝ている間に誰かが自分に危害を加えようとしている（実際は自分で動かしたのを忘れていただけかもしれない）」という妄想的観念が生じて病状の増悪に至る場合，トリガーは「結論への飛躍」かもしれません（図8-1）。ほかにも，複数の人が会話している場面をみて，「悪口を言われているかもしれない」という疑念から「悪口を言われているに違い

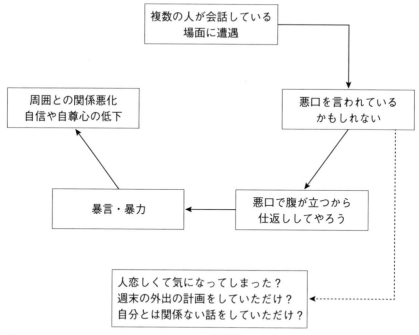

図8-2　ケースフォーミュレーションの仮想例2

ない」という妄想的観念に変わり，「悪口を言われて腹が立つから仕返しし
てやろう」という不適切な行動につながってしまうことがあります（図8-
2）。このような場合，スタッフから病状が悪化したと判断され，服薬量
が増加したり，退院が延期されたり，周囲との関係が悪化したりして，そ
の結果，自信や自尊心が低下し，さらに孤立を深めてしまうといった負の
循環が強化されてしまいます。

　このように，対象者の課題となる認知バイアスとその影響を評価し，認
知バイアスの視点から実生活での課題を分析すると，課題の全体像の構造
がわかりやすくなります。それをもとに対象者と話し合うことで，自己理
解が深まるとともに動機づけが高まり，MCTへのより主体的な参加を促
すことに役立ちます。トレーナーは，その評価に基づいて，課題となっ

ているメタ認知の領域に焦点を当ててプログラムを進行することができます。

　しかし，ケースフォーミュレーションを実施できない，もしくは実施しないほうが望ましい場合もあります。たとえば，ケースフォーミュレーションのような言語的やり取りによる状況分析が思考不全を悪化させて侵襲的に働いてしまう場合があります。そのようなときは，まず「行動」を重視し，対象者が希望すればMCTに参加してもらい，後から振り返るほうが有効です。

　ほかにも，スタッフから勧められて参加する場合のように，対象者本人の動機づけが高くない場合や，MCTに興味はあるものの参加できるかどうか不安で躊躇している場合もあります。そのようなときは，まずは見学やお試し参加の機会を提供するとよいでしょう。実際に体験してもらい，継続するかどうかを一緒に決めます。継続しない場合でも，対象者の意思は尊重されます。辞退した理由を一緒に検討することで，治療方針に新たな視点が加わるかもしれません。また，希望すればいつでも参加できることを保障しておくことも，対象者に安心してもらうために大切です。

　改めていうまでもなく，再発予防は重要です。そのためには，認知行動モデルに基づく個別のケースフォーミュレーションを行い，対象者と共有することが有効です。その際には，病状悪化時の状況を対象者から聞くことが多くなります。留意しておくべきこととして，病状が悪化して多大な苦痛を感じていたときのことを改めて聞き出す必要があるのかどうか，スタッフは一旦立ち止まって考えてください。急性精神病状態のことを，それが過ぎ去ってから聞き出そうとすることは戒められてきましたし，過去の体験を根堀り葉堀り聞こうとすることへの慎みは当然の配慮といえます。

第3節　入院環境でどのように実施するか

1．入院治療への組み入れ方

　入院環境で実施される MCT は，入院治療の一部であり，他の治療との関係を考慮しておく必要があります。重要なことは，治療の方向性をそろえることです。薬物療法は，治療全体と同じ方向性のときに効果を一層発揮しやすいといわれています。MCT も同じだと思います。

　MCT を入院治療に組み入れるためにはいろいろな手法があります。どのような手法であっても，場や形態を考慮します。精神療法で場が重視されることと同様です。MCT は，たとえば，病棟内の開かれた場で実施することも，閉ざされた個室で実施することも可能です。前者の場合は，話す内容も比較的オープンになり，広く浅くなります。一方，後者の場合は，話し合う内容を狭く深くすることも可能です。どちらにも長所と短所がありますから，MCT を実施する目的や対象者の特性などに合わせて，場と形態を検討することが大切です。

　MCT セッションは，基本的には集団で行われますが，MCT の内容を個別に面接で振り返り，実生活に般化させていくブリッジングが重要です。そのためには，MCT セッションとは別に，ブリッジングの機会を作ることで，MCT の内容がより深められ，生活に役立てられるでしょう。

　実際に MCT を導入する一例として，筆者の勤める施設での方法を紹介します。そこでは，MCT は作業療法プログラムの一環として，病棟から離れた個室で実施しています。新たに MCT をスタートさせる際には，まず病棟内にポスターを掲示して参加者を募ります。また，妄想的思考に陥りやすい対象者については，カンファレンスで MCT について各職種に説明したうえで，MCT の必要度が高い対象者を協議しながら選定します。しかし実際には，MCT に携わるスタッフが選定してから各職種に確認する場合も少なくありません。その後，対象者に説明し，参加に不安を示す場合には，いつでも辞められる保障をしたうえで見学やお試し参加を勧めます。

　初回は対象者も緊張しているので，プログラムの開始日時の連絡票の用意，実施場所までの移動方法（たとえば，MCTの担当スタッフが直接出向いて挨拶し引率する，病棟スタッフに引率を依頼する）の確認などを行い，対象者にとって曖昧な状況にならないように留意します。必要であれば，終了時に次回の日時や来室の仕方などを連絡票に記して渡します。いずれにしても，対象者が不安になったり混乱したりしないための配慮が必要です。ていねいな導入は，その後の参加継続に大きく影響します。

2．頻度・時間の設定

　1週間に2つのモジュールを実施し，2つのサイクルの両方に参加することがマニュアルでは推奨されていますが，MCTの効果を検証した先行研究では，週1回でも統合失調症の陽性症状への有効性が示されています（Ishikawa et al., 2020）。1回のモジュールの実施時間は，マニュアルでは45〜60分が推奨されていますが，参加者の集中力が持続する範囲内で実施します。

3．スタッフと対象者の人数の割合

　マニュアルでは，参加者は10人以下が望ましいとされています。どれくらいの参加人数に対応できるかは，進行を担うスタッフ（MCTトレーナー）の集団療法への熟練度と対応可能なスタッフのマンパワー，さらにMCTの実施形態に影響されます。

　参加者が多いほど，他の人の意見を聞くことができるというメリットがある反面，自分の意見を言う機会は少なくなります。また，対人関係が苦手な人にとって，人数が多いほうが発言しなければいけない緊張は低くなり，安心して参加できるかもしれません。参加者が少ない場合は，自分の意見を言う機会は多くなりますが，発言しなければならないという心理的負荷も強くなります。特に病状が不安定な人ほど負担を強く感じるかもしれません。筆者が実施する際には，4〜5人の集団でのクローズドの形態を設定することが多いのですが，この場合のスタッフ構成は，メインのト

レーナーが1人と，サブのトレーナーが1人以上という設定をとっています。

4．MCT セッションの雰囲気・ルール説明

セッションの雰囲気は，他の集団療法と同じく，受容的で自由に意見を述べ合える雰囲気作りを意識します。そのために，セッション開始時には「おだやかに挨拶する」ことを意識しています。挨拶は最低限の対人関係ですし，参加者が受け入れられ，話しやすい雰囲気を作るために役立つ技法である，と筆者は考えています。

セッションの開始時には，セッション中に出た意見は他言しないこと，他の人の意見をよく聞き尊重することといった基本的なルールをまず説明します。また，すべてのスライドを使用するよりも，ディスカッションが活発に行われ，参加者が互いの意見を交換できることを重視します。人前で話すことに不快や不安を感じる対象者には，無理に意見を述べることは求めずに他者の意見を聞いているだけでもよいことを保障し，スタッフは参加者が答えやすいように質問の仕方をオープン・クエスチョンではなく，「はい・いいえ」で答えられるクローズド・クエスチョンにするなどの配慮が必要です。

1）Ishikawa R, Ishigaki T, Shimada T, et al. : The efficacy of extended metacognitive training for psychosis : A randomized controlled trial. Schizophrenia Research, 215 : 399–407, 2020.

第4節　MCT 開始時にどのようなことに留意するか

1．訴えることの保障

MCT のどの場面であっても，「訴える」ことをあらかじめ保障しておくことは大切です。「（苦痛を）訴える能力」（中井，1982）を自分が持っているという感覚は大きな安心感を与えてくれます。そのため開始時に

は，疑問点や気になる点などがあれば，いつでも質問してほしいことをていねいに伝えるようにします。

2．訴えなくてもよいことの保障

MCT を開始する前に，「話したくないことは話さなくてよいし，黙っていてよいのです」と沈黙の権利を保障します。MCT の内容を理解することよりも，その対象者が参加の意向を示し，セッションに参加し，その場にいることが最大限尊重されるべきです。

3．ノーマライゼーション

MCT ではノーマライゼーションが重視されており，MCT セッションの各モジュールの導入部に組み込まれています。ノーマライゼーションを促進させるために，スタッフ自身の体験を話すことがあります。対象者によっては，自分だけではないんだ，と安心した気持ちになる場合もありますが，その反対もあります。対象者は自分の体験を「わかってほしい」と思う反面，「そう簡単にわかられてたまるか」という気持ちを持っていますので，そのような対象者の心理に配慮する必要があります。また，医療機関のような閉鎖的な環境で，支援する側とされる側との間に明確なヒエラルキーが存在するような場では，ノーマライゼーションは促進されにくいということをスタッフは知っておくべきでしょう。何といってもスタッフは健康（にみえる存在）であり，対象者は苦痛の最中にあります。このような不平等性が，入院環境では特に顕在化しやすいことにスタッフは留意すべきです。スタッフはこの不平等性を最小限にまで縮小させるよう常に配慮します。

4．疲労感

統合失調症を持つ人の特徴として，疲れやすさがあります。統合失調症の疲労特性として，「人疲れ」（気疲れ：人前や対人交流で感じる疲れ），「頭疲れ」（思考疲れ：考えたり悩んだりしたときに感じる疲れ），「先疲

れ」（先々のことをあれこれ考えて感じる疲れ）が知られています（湯浅，1992）。易疲労性や易刺激性には十分すぎるほどに留意する必要があります。特に急性期では，言語交流が過負荷になることが多く，病状に配慮して短時間で切り上げます。セッションを60分やり切ることよりも，楽しく次回も参加したいと思えるように余裕を残すことのほうが大切です。

1）中井久夫：精神科治療の覚書．日本評論社，東京，1982.
2）湯浅修一：休む患者—分裂病回復者の疲労と休息—．飯田眞編：分裂病の精神病理と治療4．星和書店，東京，p.1-2, 1992.

第5節　MCT 経過中にどのようなことに留意するか

1. MCT セッションの途中で退院した場合はどうするか

施設でどのように MCT が実施されているのかによります。退院後は外来や訪問，デイケアで MCT が実施されていれば，そちらのプログラムに参加することは可能でしょう。

外来治療として実施されていない場合は，入院環境での MCT に継続して参加することが可能かどうか検討し，それが難しい場合には，個別でのフォローが必要かもしれません。筆者が勤める施設では，MCT セッションの途中に退院した場合，時間と場所の枠組みは決めておき，希望すれば退院後も入院環境での MCT に参加できるようにしています。

2. MCT セッション中に顕在化した精神症状への対処

MCT の原則として，セッション中に参加者の精神症状が顕在化した場合でも，その場での治療的介入は行いません。個々の妄想は，それぞれの治療者と一対一の治療場面で扱われるべきとされています。MCT セッションが，不快な体験につながらないように，セッションの話題は個々の病的体験に焦点を当てすぎないように留意します。

ただし，実際の MCT セッションの場面では，ディスカッションの内容

がスタッフの想定とズレることはごく当たり前にありますし，妄想的な内容で話が盛り上がってしまうこともあります。さまざまな意見が出ることはむしろ歓迎すべきことです。セッションで出された内容のうち，必要なものはその後の面接で取り扱うことでフォローすればよく，結果的に精神症状の改善や生活への般化に活かせる場合が多いと感じます。

　たとえば，原因帰属のセッションで，被害的な妄想について参加者間で盛り上がった状況を想定してみましょう。マニュアルに沿えば，個々の精神症状はセッションで扱わないのが原則ですが，妄想的な内容について，他の可能性や見方に関する意見を出し合ってもらう場合があります。そこでさまざまな意見（1つの現象に対する多面的な見方）が出たという事実が，後日の面接で他の考え方（視点）もあることを振り返るための材料となり，スタッフとのコミュニケーションが促進され，その結果，考え方のクセの柔軟性が増す場合があります。

　もちろん，精神症状の増悪を助長するのはよくないので，スタッフはその都度，ディスカッションをそのまま継続してよいのかどうかを判断していかなければなりません。その精度を高めるためには，他の集団療法と同様ですが，多くのセッションを経験すること，他のスタッフの実施方法を学ぶこと，ビフォアー・アフターミーティングをスタッフ間で実施して自身の経験を振り返ること，MCTの熟練者にスーパービジョンを求めることなどが必要となります。

第6節　どのように評価するか

　何のために評価するのか，その目的を明確にしておきましょう。治療方針に役立てるため，対象者の自己理解を促すため，効果を検証するためなどが考えられます。実際には，目的はひとつに定まらず，複合的なものになるかもしれません。日常臨床での評価（検査）の要件としては，特別な器具を必要とせず，短時間で実施可能で，対象者にあまり負担をかけず，そのため受け入れられやすく，その成績を対象者とスタッフとが互いにわ

かる言葉で語ることができるものが望ましいと思われます。実験室的な測定条件を，臨床とは別に設定するような検査は臨床現場では不適切でしょう。

　認知バイアスを評価するための尺度としては，ベック認知的洞察尺度（BCIS）（Beck et al., 2004, Uchida et al., 2009）やサイコーシスの認知バイアス質問紙（CBQp）（Ishikawa et al., 2017）などが知られています。これらは，MCT の方針を立てるための検査としてよりも，治療の効果測定のための検査として優れているという印象があります。治療の効果を検討することは，研究に限らず重要です。効果のないことを漫然と続けていてもあまり実りはないかもしれません。MCT が対象者に対してどのように効果的であったか，または効果的でなかったかを検証するためにこれらの検査は有用です。どのような点が改善し，逆にどのような点が変化しなかったのか，または悪化したのかなどを検証することで，プログラムの改善点を見出し，MCT のよりよい実践につなげられるでしょう。これは，精神症状を評価する陽性・陰性症状評価尺度（PANSS）や簡易精神症状評価尺度（BPRS）などでも同じことがいえます。

　精神科医療では，リカバリー，特にパーソナルリカバリーとして主観的QOL や主観的満足感が重視されるようになってきています。MCT に特化した満足度を評価する尺度として，メタ認知トレーニング日本語版満足度調査票（細野ら，2016）が作成されています。この尺度は MCT の効果の検討だけでなく，トレーナーの訓練や実践の工夫にも役立つと考えられています。

　入院環境での MCT によって神経認知も改善することが報告されています。Fujii et al.（2021）は，統合失調症の長期入院患者を対象に MCT を実施し，神経認知を評価する統合失調症認知機能簡易評価尺度（BACS）を用いて，その効果を検討しました。その結果，BACS のいくつかの認知機能領域が改善し，4 か月のフォローアップ時にも改善が持続することが示唆されています。このように神経認知を指標として，MCT の効果を評価することもできるかもしれません。

1) Beck AT, Baruch E, Balter JM, et al. : A new instrument for measuring insight : The Beck Cognitive Insight Scale. Schizophrenia Research, 68 : 319-329, 2004.
2) Fujii K, Kobayashi M, Funasaka K, et al. : Effectiveness of metacognitive training for long-term hospitalized patients with schizophrenia : A pilot study with a crossover design. Asian Journal of Occupational Therapy, 17 : 45-52, 2021.
3) 細野正人, 石川亮太郎, 石垣琢麿ほか : メタ認知トレーニング日本語版 (MCT-J) 満足度調査票の開発. 精神医学, 58 : 255-258, 2016.
4) Ishikawa R, Ishigaki T, Kikuchi A, et al. : Cross-cultural validation of the Cognitive Biases Questionnaire for psychosis in Japan and examination of the relationships between cognitive biases and schizophrenia symptoms. Cognitive Therapy and Research, 41 : 313-323, 2017.
5) Uchida T, Matsumoto K, Kikuchi A, et al. : Psychometric properties of the Japanese version of the Beck Cognitive Insight Scale : Relation of cognitive insight to clinical insight. Psychiatry and Clinical Neurosciences, 63 : 291-297, 2009.

第7節　MCT 経過中にどのようなことに留意するか

　MCT マニュアルでは, セッション開始前に前回のセッションの振り返りとホームワークの確認が推奨されており, セッション終了時にホームワークを配布するように記されています。しかし, ディスカッションへの集中を促すためにセッション開始前にホームワークを配布することも可能であり, 参加者の状況に合わせてホームワークの使用方法を工夫していくとよいでしょう。

　MCT セッションの内容を実生活に役立たせるために, ホームワークは重要な役割を担います。しかし, さまざまな理由でホームワークができない対象者が多いのも事実です。既存のホームワークをもっと簡単で実行しやすいものに変えてもかまいません。大切なことは, 対象者がホームワークを実施することではなく, MCT での学習内容を実生活に般化させることです。ホームワームは目的ではなくあくまでも手段です。

　入院環境で MCT を実施することの利点は, 対象者とコンタクトをとりやすい点です。常に対象者の状況を把握することができます。そのため,

入院中に起きた実際のエピソードをもとに，MCT セッションの振り返り
やホームワークを実施することができます。そうすると，体験が新鮮なう
ちに MCT の内容を実生活に般化させたり，具体的な体験を伴って深化さ
せたりしやすいという利点があります。対象者 1 人だけではホームワーク
の実施が難しい場合も多いのですが，そのようなときにも担当スタッフが
一緒に実施しやすいのも入院環境の利点かもしれません。

　しかしその一方で，入院中であるため，実社会での生活，つまり退院後
の生活環境ではないことが大きな限界となります。そのような限界に留意
し，入院前のエピソードや退院後に想定される生活状況とリンクさせる機
会としてホームワークを利用することができます。

　ただし，統合失調症では思考障害や認知機能障害がみられる場合が多
く，これらに加えて，精神症状，特に陰性症状は学習の妨げになることが
知られています。これらは，MCT セッションだけでなく，ホームワーク
やブリッジングにも影響します。このような特性を考慮して，どのような
実施方法が MCT の内容を実生活に般化させやすいか，学習を促進させや
すいかを，対象者毎に検討していくことが重要です。

　ホームワークの他に，面接場面を設定して，MCT の内容を実生活に般
化させるためのブリッジングが重要だと筆者は考えています。ブリッジン
グは認知矯正療法でよく用いられる手法です（第 7 章を参照）。セッショ
ンの内容や成果が，実生活のどのような場面と関連しているか，どのよう
に工夫すれば実生活で障害をカバーできるかなどを検討して，セッショ
ン内容の実生活への般化を促進させ，社会機能の向上を図る作業です。
MCT の場合も同様に，MCT での内容や課題が実生活とどのように関連
しているかを検討することで，MCT での学習内容を実生活へ般化させる
ことを目指します。

　ブリッジングにおけるスタッフの役割は非常に重要で，MCT セッショ
ンそのものよりも重要ではないかと思うところがあります。なぜなら，
MCT は妄想的観念に対する間接的アプローチだからです。つまり，MCT
は妄想的観念そのものではなく，そのもととなる認知的基盤へのアプロー

チが主となるため，MCT セッションで扱ったテーマ（認知バイアス）と対象者の課題となる妄想的観念とをつなげていくことがスタッフの重要な役割になります。入院環境と比べて外来治療のほうが，実生活での気づきも多いため比較的ブリッジングしやすく，MCT の効果を実感しやすいかもしれません。しかし，入院環境であってもブリッジングによって般化を促すためのていねいな関わりは，MCT をより実りあるものにするでしょう。

（島田　岳）

入院中に実施した事例の紹介

1．【仮想例Aさん】

　40歳代の男性。大学生のときに統合失調症を発症し，自宅にひきこもっていましたが家族への暴力があり，それ以降入院しています。入院時は重度の精神症状がみられ，特に被害的な幻聴の影響で暴力に至ることも多く，孤立していました。徐々に精神症状は軽減し，さまざまな活動に取り組めるようになりましたが，周囲で話している人たちをみて，「悪口を言われている，バカにされている」と被害的な思考に陥りやすく，スタッフからそうではないことを説明されても，「絶対に言っていた，僕にはわかるんです」と考えは変わりませんでした。

　MCTの募集ポスターをみて参加を希望しました。開始前にMCTの目標を確認しましたが，思考障害や内省の乏しさがあり，「考え方のクセを柔らかくする」といったMCTの主目的を共有することは難しく，「他の参加者の意見を聞きながら自分の考え方のクセについて振り返る」ことになりました。開始時のベック認知的洞察尺度（BCIS）では，自己確信性12，自己内省性15，複合得点3でした。

　初回は普段よりも表情が硬く緊張していましたが，セッションを終えると実際に体験したことで安心につながりました。それ以降のセッションでは，「こんなこと言うのは変かもしれないですけど……」と前置きをしながらも，表情よく意見を述べ，他の参加者の意見にも「そういうこともあるんだ」と耳を傾けて，積極的に参加しました。ホームワークはできないことが多く，「何をどう書いたらよいかわからない，思いつかない」と話しました。自身で体験を振り返りながらホームワークに取り組むことは難しかったため，スタッフと個別に行う機会を週1回30分程設けました。終了時には「楽しかった，他の人の意見を聞いていろいろな考え方があることがわかってよかった」と話しました。

　終了後のBCISは，自己確信性10，自己内省性20，複合得点10でした。複数の人たちが話している場面で，スタッフに「自分のことを話していたんですか」と聞くことはときどきありますが，そうではないことを伝えると，すぐに納得するようになりました。また，他の患者さんとの交流も増えて，会話や音楽，ボードゲームなどを一緒に楽しめるようになり，以前のような対人トラブルはなく経過しています。

2.【仮想例Bさん】

　30歳代の女性。10年ほど前に統合失調症を発症し，両親と同居していました。いくつかの仕事に就きましたが，対人関係のトラブルが生じやすく，いずれも継続しませんでした。「自分は病気ではないから治療は必要ない」，「薬には毒が入っているから飲むと体調が悪くなる」と言い，退院しても治療は継続されず，入院を繰り返していました。今回，両親とのトラブルをきっかけに精神症状が増悪し，入院となりました。入院後にはスタッフから促されて服薬はするものの，「渋々（薬を）飲んでいるけど，そのせいで頭がおかしくなってしまう」，「（病院に）騙されている」と治療に懐疑的でした。MCTは，スタッフから誘われると「楽しそうだから参加してみようかな」と抵抗なく，入院2週目から参加することになりました。

　開始前のBCISでは，自己確信性10，自己内省性15，複合得点5という結果でした。セッションでは積極的に発言しました。はじめのうちは他の参加者の意見を聞き入れることは少なく，自分の意見のみを主張することが多かったものの，徐々に他の参加者の意見にも耳を傾け，「そういうとらえ方もあるんだ，勉強になるな」，「ひとつの絵でもいろんな見方があって面白いですね」と話したり，聞き役を担うことも増えました。MCT実施期間中に，病状の悪化はみられませんでした。ホームワークはやってこないことが何度かありましたが，おおむねできていました。ホームワークとは別に，MCTの内容を退院後の生活に般化させるための面接を定期的に行いました。その中で，「両親とうまくいかなかったのは，自分の考えに固執し過ぎてしまっていたからかもしれない」，「振り返ってみると，いろいろうまくいかなかったのは体調が悪かったせいかもしれない」，「自分の体験は病気の症状だった気がする」などと話すようになりました。

　MCT終了時には，「ゲームみたいで楽しく参加できた」，「ひとつの出来事でもいろんなとらえ方があることがわかってよかった」と感想を述べました。終了後のBCISでは，自己確信性8，自己内省性14，複合得点6という結果でした。退院後には定期的な通院を継続しながら，アパートで単身生活を送っています。

（島田　岳）

第9章

外来や訪問で実施する際の工夫

はじめに

　想像してみてください。突然の事故に巻き込まれたあなたは，大怪我で入院することになりました。幸い命に別条はなく，数か月のリハビリの結果，運動機能が回復して，やっと退院することになりました。しかし，そのときに自宅に帰ることができないなら，あなたはどんな気持ちになるでしょう？

　入院期間が長引くほど，退院しても自宅に帰ることが難しくなる……。これは，精神科としては決して珍しいことではありません。その理由にはさまざまなことが関わっていますが，長期にわたる入院が，患者さんの心や体，そしてその家族にまで及ぼす影響について，私たちはもっと重大に受け止める必要があります。

　2014年に厚生労働省は，精神障害の新規入院者が，1年未満で退院する体制を整えることを求める指針を示しました。その後の調査（2018年）で，新規入院の9割以上の患者さんが1年以内に退院しているというデータが報告されました。これは，とりあえず朗報です。入院するということは，日常生活よりも治療を優先しなければならない状態にその人があることを意味しますが，それゆえに入院は患者さんの日常生活を分断してしまい，社会的な活動にも大きなダメージを与えます。そのため，入院期間は必要最小限にとどめ，症状が落ち着いたら速やかに退院して，できるだけそれまでの日常に近い生活を送りながら治療を続けるという，地域生活に重きを置く方向性が現在では重視されています。

　厚生労働省は2017年に，「精神障害にも対応した地域包括ケアシステム」の構築を進めることを明確にしました。もともと地域包括ケアシステ

ムは，高齢者が住み慣れた地域で自分らしい暮らしを続けることを目的としています。医療・看護だけではなく，介護・リハビリテーションを含む保健・福祉が連携して，地域の特性を活かして作り上げていくものです。このシステムを精神障害者にも適用するために大きな役割を果たすのが，精神科外来と精神科訪問看護です。

　「精神障害にも対応した地域包括ケアシステム」において，精神科外来（以下，外来と記します）はこれまでの機能に加えてさらに手厚い支援体制が求められます。退院促進によって外来患者さんが増えることが予想されるため，体制の変革が必要になるでしょう。しかし，外来の医師はすでに多くの患者さんを担当しており，さらに時間を割くことが難しいため，看護師の役割の拡充が強く期待されています。

　MCT はこうした今後の看護師の仕事の 1 つとして重要，かつ有効なツールになると筆者は考えています。実際には，診療報酬の問題や人材育成，実施場所の確保のような課題はあると思いますが，本章では外来で筆者が実施した MCT の工夫を紹介し，看護師による MCT 実践の具体的な姿を示して，将来への資料にしてもらいたいと考えました。また後半では，訪問看護における MCT ＋のありかたについても検討します。

第 1 節　外来での MCT の工夫

1．一対一での実施

　筆者は外来で，一対一で MCT を実施しました。マニュアルには MCT が「グループ・プログラムのなかで実施されるようデザインされている」とあり，さらに，グループのサイズとして「3 人以上 10 人まで」と明記されていますから，一対一で MCT を実施することは掟破りといえるでしょう。実施する前は，個別で行うことで患者さんに悪い影響を与えてしまうのでは，という不安を抱きました。参加してくれた 8 人の患者さんのうち 7 人が筆者と初対面だったことも不安に拍車をかけました。さらに，主治医に紹介された初顔合わせの際に協力の依頼をして，同意が得られた

ら早速次回の日程調整をして，というハードスケジュールだったので，信頼関係の構築にほとんど時間を割けない状態から MCT をスタートさせなければなりませんでした。

　ところが，実施後に「本来はグループで実施する MCT を，お1人で受けていただいた感想を教えてください」と尋ねると「1人のほうがよかった。グループだと他の人（の意見）に流されそうだから」，「グループだと他の人の意見も聞くことができてよかったのかもしれない。でも一対一でよかった」，「グループだと自分の意見が言えなかったかもしれないので，1人でよかった」などの発言があり，否定的な意見は聞かれませんでした。

　これについては，患者さんが筆者に気を遣ってくれたのかもしれませんし，さまざまな点で筆者がラッキーだったのかもしれません。しかしそれら以上に，MCT が持つ力が大きかったと考えています。数値化できるようなエビデンスはないのですが，実際に行って感じたのは，MCT を実施すること自体が患者さんとの信頼関係を深める効果を持っているのではないかということです。以下，それについて解説したいと思います。

2．ペース

　患者さんの通院日に合わせて MCT を実施しました。協力してくれたほとんどの患者さんが，1週間あるいは2週間に1回の通院頻度でしたが，4週の間隔で通院している人が2人いました。しかし，とりあえず MCT を1回体験してもらうと，2人とも「これなら，通院を2週間毎にしてもよい」と言ってくれました。主治医からの MCT 参加への後押しもあったのですが，2人にとって MCT は通院間隔を変更してまでやってみたいと思うような活動であった，ということを示すエピソードとして紹介しておきたいと思います。

3．場所と方法

　A 病院と B 病院の2か所で実施しましたが，場所の確保はそれぞれで

状況が異なりました。A 病院では，そのとき使用されていなかった診察室や会議室を使うことができました。一方，B 病院では部屋がなかったので，外来ホールの柱の陰にある 2 人用の机で実施しました。周囲には診察の順番待ちの人がいましたが，彼らとは適度な距離（約 2 m）があったため，ほぼストレスなく行うことができました。また，筆者がジャケットとネックストラップを着用していたため，病院の事務職員がノートパソコンを使って何かを説明している風で，周囲からは特に違和感なく受け止められていたようです。今から思えば，このような細かいことも，患者さんへ十分配慮しながら「MCT を外来ホールで実施する」という難しい条件をクリアするために必要でした。

　さて，場所は異なっても MCT の方法は同じです。グループで行うときには必須だったプロジェクターは使用せずに，机の上にノートパソコンを置き，モニターを患者さんと一緒に見ながら進めました。患者さんとの位置はほぼ 90 度で，カウンセリングと同じような座り位置になりました。実際にこの位置で行うと，モニターを共有しながらも互いの視線が気にならず，必要なときには自然な形で相手の表情を見ることができました。それによって，患者さんもリラックスできたのではないかと思います。

4．非言語的メッセージ

　適切なパーソナルスペースを保つことがまず大切です。机の大きさにもよりますが，ノートパソコンの限られたサイズの画面で MCT の課題に取り組んでいると，互いの顔が近づきすぎたり，体の角度が 90 度よりも真横に近くなったりすることがあります。それにストレスを感じる患者さんもいるので，互いの距離や体の向きに注意しました。

　トレーナーの非言語的メッセージにも十分な配慮や工夫を行いました。基本的に椅子に座って進めますが，トレーナーが椅子にだらしなく座る，腕組みをする，足を組む，手の指や足の貧乏ゆすりをする，といった患者さんにネガティブな印象を与えるような態度はとらないように心がけました。しかし，これらはしばしば無意識に出現します。MCT を実施するに

あたっては，トレーナーが自分自身に対してメタ認知的視点を持って臨む必要があります。

　そして，無表情にならないように，患者さんを励ますような態度で常に接しました。特に意識したのは，少し微笑みながらスライドの文章を読みあげることです。そうすると，微笑が声に出て口調に自然な明るさが宿ります。その口調に適度な抑揚をつけて，心もちゆっくりした速さで進めました。

　また，雰囲気が硬くなり過ぎない程度のていねいな言葉遣いを心がけました。ていねいな言葉遣いはトレーナー自身の振舞いにも患者さんにも影響を与えます。言葉遣いは最終的には MCT の効果を左右する可能性がありますので注意したいものです。

5．取捨選択：質問

　グループの場合と同じですが，まずはマニュアルにじっくり目を通すことが必要です。マニュアルでは，双方向的なやりとりを大切にしながら進行することが強調されています。そのためには，認知行動療法と同様に，質問によって患者さんの発言を引き出すことが不可欠で，スライドにはたくさんの質問が用意されています。グループの場合には，スライドに挙げられている質問に沿って行えば，1人のトレーナー対参加者グループの双方向的なやりとりが容易に成立します。

　ところが，一対一の MCT でグループと同じ量の質問に答えてもらおうとすると，患者さんにはかなりの負担になるため，質問をていねいに取捨選択することが必要でした。

　たとえば，モジュール1「帰属」のスライド（**図9‐1**）には「なぜ友人はあなたを待たせておくのか？」という質問があります。グループの場合は，各参加者から意見を出してもらうためにここで少し時間をとっていました。しかし，一対一の MCT では「どんな原因がありそうですか？」と投げかけた後すぐに「たとえば，このような例がスライドに載っています」と次のスライド（**図9‐2**）に進みました。そこに載っている文章を

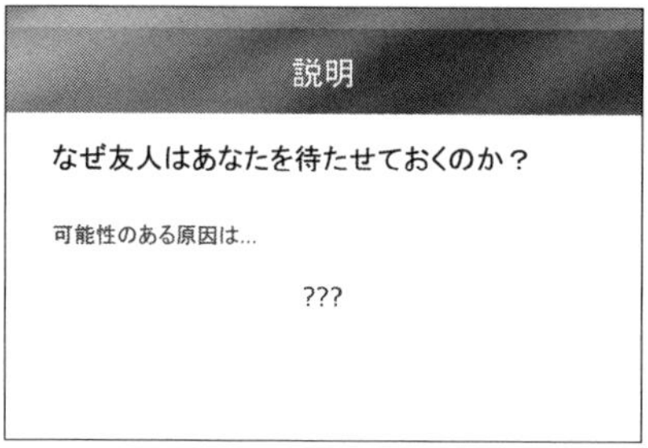

説明

なぜ友人はあなたを待たせておくのか？

可能性のある原因は...

???

図9-1

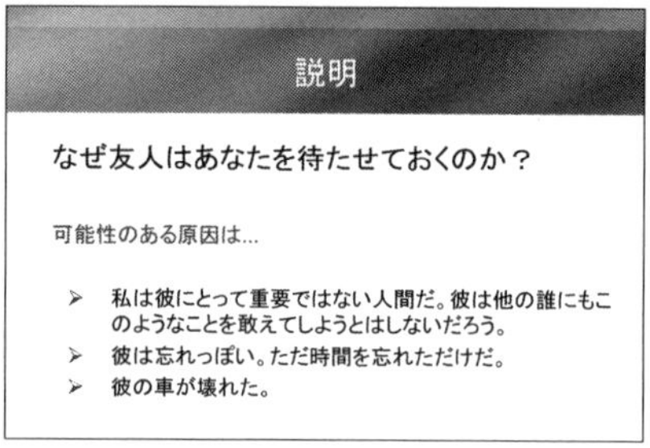

説明

なぜ友人はあなたを待たせておくのか？

可能性のある原因は...

➤ 私は彼にとって重要ではない人間だ。彼は他の誰にもこのようなことを敢えてしようとはしないだろう。
➤ 彼は忘れっぽい。ただ時間を忘れただけだ。
➤ 彼の車が壊れた。

図9-2

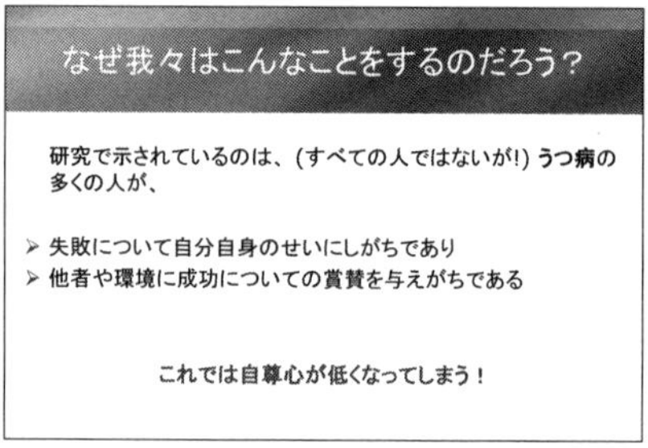

なぜ我々はこんなことをするのだろう？

研究で示されているのは、(すべての人ではないが!) うつ病の多くの人が、

➤ 失敗について自分自身のせいにしがちであり
➤ 他者や環境に成功についての賞賛を与えがちである

これでは自尊心が低くなってしまう！

図9-3

読みあげて「どの原因も可能性がありそうですね」と患者さんの同意を得ながら進めました。つまり，質問して患者さんの回答を求めるよりもスライドの内容の共有を重視したということです。

　その一方で，帰属のモジュールで心理教育への導入の役割を果たすスライド（図9-3）では，文章を読みあげた後に「スライドの内容に思い当たることはありますか？」と質問しました。患者さんが回答をためらう場合は，「どんな些細なことでもいいですよ」と促すと，発言しやすくなるようでした。このとき，個別の体験や困り事についての発言があったら，傾聴して十分に共感しました。そして「貴重なお話をありがとうございました。今回の MCT が役に立つとよいですね。早速練習してみましょう」と伝えて，課題のスライドに進みました。

6．取捨選択：スライド

　質問のほかに取捨選択を必要としたのはスライドです。MCTで使用されるスライドの数は，少ないモジュールでも50枚前後で，100枚を超えるモジュールも2つあります。1回のセッションを約60分とすると，使用するスライドは限られるでしょう。マニュアルにも「1回のセッションですべてのスライドを終わらせる必要はないし，事実上無理である」と書かれており，すべてのスライドをこなすよりも，参加者が互いの意見を交換するディスカッションの時間の大切さが強調されています。そのため筆者も，スライドで提供される課題を取捨選択しました。モジュール毎にさまざまな課題が設定されていますが，イラストや写真のわかりやすさ，内容の面白さやなじみやすさ等を基準にして選択しました。

7．言い換え

　患者さんにとって少しでも難しいだろうと思われる単語，表現，たとえ話をピックアップして，説明を補足したり理解しやすい表現へ言い換えたりして，わかりやすさを最優先しました。MCTのスライドは，ドイツ語から英語，英語から日本語に翻訳されたものです。そのため，表現に少し違和感のあることは当然のこととして，患者さんができるだけスムーズに理解できるよう配慮しました。

　これらの工夫には，正直なところ，相当の労力と時間がかかります。しかし，事前にシミュレーションして確認し，予行演習に時間を割くことも厭わなかったのは，MCTの効果を最大限に発揮するためです。その効果の1つは，患者さんとトレーナーの関係性の変化です。

　これまでにグループで行ったMCTでも，患者さんの非言語的メッセージがよい方向に変化することを経験していました。何気ない日常会話やセッションでのやりとり，次回の日程を確認する際に，参加者の表情，目の輝き，しぐさ，体の動かし方等が生き生きとしたものに変わってきたことが明らかにわかりました。

同じ変化が一対一のセッションでも起きるはずだというのが，筆者の支えになっていました。むしろ，この変化は一対一のほうで感じることが多かったかもしれません。一対一では集団のときよりも個人的な悩み事や話題を扱うことが多く，またそうした内容がセッションで話題にのぼるよう工夫したことによって，関係性が一層深まったのでしょう。これは科学的なデータに基づいたものではなく，筆者の主観的な印象にすぎません。しかしながら，実感として，MCTはグループでも一対一でも，患者さんとトレーナーの関係性によい変化をもたらす可能性があり，またそのことを強調したいと思います。

第2節　訪問看護でのMCT＋の工夫

　地域包括ケアシステムを精神障害者に適用する際に，外来に加えてもう1つ重要なのが精神科訪問看護（以下，訪問看護と記します）であることは先述しました。退院する患者さんの増加によって，訪問看護の需要はさらに高まるでしょう。

　訪問看護は，精神科病院で8割以上，訪問看護ステーションで6割以上が行っており，年々増加傾向にあるといわれています。しかし，2017年には精神科病院に入院，または通院している患者数が420万人を超えているというデータから推測すると，まだ十分な数には届いていないのが実情のようです。

　さらに，訪問看護でどのような援助をすればよいか戸惑っている訪問看護師が少なくないと報告されています。現状では，訪問看護における患者さんへの援助が服薬指導に偏っており，その他の心理社会的な援助に自信が持てない看護師が多いのではないかと思われます。日本では，地域で生活する精神障害者が訪問看護を希望しても，十分なサービスを受けることが難しく，また援助を提供する看護師も試行錯誤中であるといえるでしょう。こうした看護側の問題を解決するツールの1つとして，個人用メタ認知トレーニングプログラム（以下，MCT＋と記します）が役立つのでは

ないかと筆者は考えています。

1．MCT＋の使用

　筆者は，一対一を想定して開発された MCT＋を訪問看護師と一緒に勉強して，当事者に使用した経験があります。MCT＋のマニュアルには「MCT＋は統合失調症の認知行動療法（CBT for psychosis）と MCT を組み合わせたもの」とあります。同マニュアルには主な目的が「患者のかたくなな思い込みに疑問の種を植えつけ，また，現在もっている問題解決のレパートリーについて考え，それらを強化したり変化させたりするよう促すことである」と書かれていることから，MCT とほぼ同じアプローチと考えてよいのですが，内容はさらに高度になっているため，MCT＋をそのまま使用するのは少しハードルが高いと筆者は感じました。そのハードルを乗り越えるための工夫を紹介します。

2．実施者への事前説明

　訪問看護を利用して地域生活を送っている精神障害者（以下，利用者と記します）に，筆者が訪問して MCT＋を直接実施したかったのですが，物理的・時間的に無理だということがわかりました。そこで，すでに訪問看護を開始している看護師に依頼することにしました。

　まず行ったことは，訪問看護師への認知行動療法と MCT に関する多くの情報の提供です。認知行動療法の説明から MCT と MCT＋の概要の説明に進み，訪問看護師が利用者役，筆者が訪問看護師役をしながら，進行方法を説明しました。訪問看護師からも，「口頭の説明だけではよくわからなかったが，利用者役として MCT＋を受けると理解が深まり，進め方がよくわかった」と好評でした。また，スライドを印刷して「このスライドの場面ではここを強調してください」，「ここは，このような質問を投げかけて，少し考えてもらうところです」などとコメントを書き込んだ冊子を渡して参考にしてもらいました。

　日常業務で多忙な訪問看護師から 1 時間を超える貴重な時間を割いても

らいましたが，事前説明はとても重要だったと考えています。実は，この事前説明を受けなかった訪問看護師がいたのですが，MCT＋の目的やスライドの意味を理解できないままで，強い不全感を抱いたと後日語りました。このことから，看護師である筆者も，介入技法の理論や技術に対する責任を再認識しただけでなく，技術を他者に伝えて効果を上げるために必要な多くの事項を学びました。

3．使用しなかったユニットやワークシート。および，変更したこと

MCT＋のユニットは，MCT のモジュールに相当するものであり，全部で11のユニットが用意されています。

ユニット1はスライドを使用せずにワークシートだけで進めますが，今回これは行いませんでした。ユニット1のテーマは「関係構築とアセスメント」ですが，今回は利用者と関係性がすでに構築されている訪問看護師がトレーナーだったからです。

ユニット2「MCT＋への招待」では，MCT＋についての専門的な知識を利用者に伝える必要があったので，実施前に筆者が利用者にイエローカードを渡しておきました（レッドカードは使いませんでした）。ユニット3「ケースフォーミュレーション：こころの調子が崩れるパターン」も，スライドを印刷した資料を参照してもらいながら，筆者が利用者に事前説明しました。

ユニット9「抑うつと思考」は，訪問看護師との相談のうえ，今回は使用しませんでした。このユニットにはうつ病関連の内容が多いので，利用者が「自分はうつ病でもあるのか？」という誤解や不安を抱えてしまうリスクを懸念したからです。このユニットには陰性症状としての抑うつ状態やひきこもりを説明したスライドも含まれていますから杞憂だったかもしれませんが，初めての実践機会だったので，安全性を優先させました。

さらに今回はワークシートを使用しませんでした。第3章のコラムにも書きましたが，MCT＋のワークシートはかなりの量になります。グループでのMCT の経験から，利用者と訪問看護師のワークシートへの時間的，

表 9-1 使用した MCT＋のユニットの分割

MCT＋のユニット（スライド数）	分割後（スライド数）
ユニット4 帰属スタイル（35枚）	ユニット4-1（14枚）
	ユニット4-2（21枚）
ユニット5 正しい結論をくだす（63枚）	ユニット5-1（26枚）
	ユニット5-2（15枚）
	ユニット5-3（21枚）
ユニット6 思い込みを変えよう（41枚）	ユニット6-1（28枚）
	ユニット6-2（27枚）
ユニット7 相手の気持ちを理解する（46枚）	ユニット7-1（21枚）
	ユニット7-2（24枚）
ユニット8 記憶と過信（37枚）	ユニット8（18枚）
ユニット10 自尊心（34枚）	ユニット10（14枚）
ユニット11 統合失調症と付き合い，再発を防ぐ（26枚）	ユニット11（14枚）

心理的な負担を減らすことを優先させました。ただし，マニュアルには
ワークシートとスライドとを連動させる方法が具体的に示されています。
十分な時間があり，利用者とトレーナーの負担が少なければ，マニュアル
通りにワークシートを用いることをお勧めします。

4．ユニットの分割

　訪問看護で実施する際にまず留意しなければいけないことは，時間の制
約です。訪問看護の時間は利用者が支払う金額に影響するため，MCT＋の
ために用いる時間を1回30分以内にする必要がありました。そのため，1
つのユニットを2つか3つのセッションに分けることにしました（**表9-1**）。
　全部で12回なので，1週間に1回なら3か月，2週間に1回なら半年
で終了することになります。協力してくれた利用者のうち1人が2週間に
1回で実施しましたが，途中から1週間に1回に変更しています。終了後
のインタビューで，この利用者が「半年は長い」と考えたゆえの変更だと

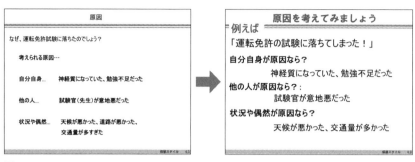

図9-4

わかりました。実施する頻度や期間は今後の検討課題でしょう。

5．スライドの工夫

　MCT＋のスライドは，2人1組の訪問看護師が持参するノートパソコンのモニターで提示されます。利用者の自宅ではプロジェクターを使えないので，文字を大きくすることが必要でした。MCT＋の文字は全体的に小さく，ノートパソコンの小さな画面では読みづらいと思われたからです。全体的にフォントを大きくし，単語だけの項目に言葉を足してスライド全体を読むようにすることで，進行がスムーズになるよう工夫しました（図9-4）。

　また，スライド上の写真やイラストも拡大し，見やすくしました（図9-5）。スライド1枚に細かい表が載っている場合は，表を2つのスライドに分けて，フォントを拡大し，色をつけるなどの工夫をしました（図9-6）。

　利用者の見やすさや理解しやすさを優先し，トレーナーの実施しやすさを目的として言葉を足したり削ったり，文章の表現を少し変えたりしましたが，基本的な内容は変えていません。

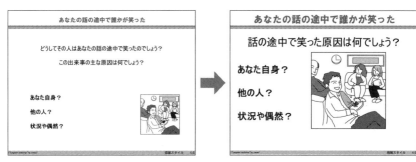

図9-5

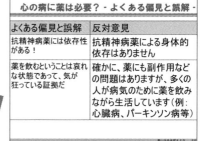

図9-6

6. 終了後のインタビュー

利用者と訪問看護師からの率直な意見や反応を知るためにインタビューを行いました。

利用者の反応では, 顔なじみの訪問看護師が実施することのメリットや, 好ましい変化が生じたこと, MCT＋を友人にも勧めたい等の肯定的

表9‐2　MCT＋実施後のインタビュー（利用者３名の発言の一部）

実施時間・期間について	・集中したから，あっという間だった ・ちょうど良かった ・少し短いと感じた
顔なじみの訪問看護師が実施することについて	・話しやすかったので緊張しなかった ・安心感があった ・看護師さんと一緒に課題を解いていったのが楽しかった
変化について	・考えにあまりこだわってはいけないと思うことができるようになった ・視野が広くなった ・考えるという練習になった ・自分を客観視する練習になった
感想	・いろいろと勉強になった ・他の人にも（MCT＋を）推薦したい ・大学は行ってないけど（パソコンを使ったことで）大学の授業を受けているようだった ・間違い探しのようなスライドが楽しかった

なものが大半を占めました（**表9‐2**）。

　訪問看護師からの反応も，MCT＋の実施時間が20分ほどであれば大きな負担にならないこと，利用者との会話で言葉が増えて訪問看護自体の内容が変化したこと，実施しやすく使い勝手がよかったことなど，おおむね肯定的でした（**表9‐3**）。ただし，先述したように，看護師へのMCT＋の事前説明が今後の課題となりました。

第3節　おわりに

　薬物療法の進歩によって患者さんの認知機能低下を抑えられるようになったことは，薬物療法と心理社会的介入法が両輪となって患者さんの回復を促すことができる条件が整ったことを意味します。

　MCTは比較的容易に実施できることが大きな魅力ですから，医師，看護師，作業療法士等の職種を超えた人材がトレーナーになれば，医療のさまざ

表9-3　MCT＋実施後のインタビュー（訪問看護師3名の発言の一部）

実施時間・期間について	・利用者も私も負担にならない程度の時間だと思う ・週1だと長く感じなかったが，2週に1回だと（半年かかるので）長く感じる ・訪問時間が30分なら（MCT＋の）実施は難しいが，1時間なら20分程でできるのでよい
変化について	・利用者の言葉が増えてきた ・自分の体験を振り返り，そういうことあったよな，それって，そういうことだったんだよなということを，話してくれた ・今までの訪問では出なかった父親や家族の話をよくするようになった ・"自分らしく"とか，普段使わないような言葉でしゃべるようになった
感想	・訪問看護でのMCT＋の使い勝手はかなりよかった ・実施が簡単でストレスが少なかった ・MCT＋がワンクッションになったから，拒否されずに疾患教育ができた ・スタッフが，MCT＋を理解して勉強する機会をしっかり持っていなければ，実施は難しい

まな場面で患者さんが気軽に受けられるようになるでしょう。

　私たち医療スタッフはこれまでも，言語的・非言語的コミュニケーションや関係性といった目に見えない方法を使って，患者さんの認知や感情に働きかけてきました。しかし，多くの方法が可視化できないために，おっかなびっくりの手探り支援になってしまうおそれがあります。標準的な支援方法が定められていない訪問看護ではなおさらです。だからこそ，ツールや実施方法が明確で「目に見えるMCT」は，さまざまな治療場面で看護師が実施を検討するに値する方法だと筆者は考えています。

　看護師だけでなく多くの医療スタッフが，MCTによって，患者さんによい影響を与えているという実感とともに，精神科医療における自らの仕事のやりがいを感じられるようになればよいと心から思います。

（則包和也）

参加者にもトレーナーにも「効く」 メタ認知トレーニング

MCT は，統合失調症を対象として開発されたツールですが，画期的なのは，集団で楽しみながら実施できるところです。筆者が MCT を実施したデイケアや病棟でも，参加者からの反応はおおむね良好でした。しかし，実践を重ねることによって，気をつけなければいけない課題も見えてきました。

まず，セッション中に，不意に個人的な症状や悩みを吐露してくれる参加者がいることです。今この人個人の困り事を傾聴すべきか，集団での進行を優先すべきか，判断に迷いながらも，多くの場合は進行を優先しました。「少し個人的なお話になりそうなので，あとでお話をしましょう」と伝えるのですが，「いや，もういいんです。たいしたことじゃないですから」と言われて，本当に申し訳なく感じました。この点に関しては第8章も参考にしてください。

「ならば，MCT を一対一で実施できないだろうか？」。理解のある精神科医の協力により，MCT を外来で，一対一で実施できるようになり，多くの患者さんが協力してくださいました。A さんは急性期病棟を退院したばかりでした。自分の言動をばかにする幻声が激しくなって入院したのです。幸いにしてすぐに状態が落ち着き，1 か月ほどで退院して，通院の開始とともに一対一の MCTに参加してくれました。

ノートパソコンの画像を共有しながら筆者が心がけたのは，質問を上手に使って，双方向のやりとりに配慮することでした。『心の病に薬は必要でしょうか？』というタイトルの，薬に対する思い込みを示したスライドを説明していたときでした。「もう少し説明してほしいと思ったところはありますか？」という質問に対して，A さんは「今飲んでいる薬で，不安な薬があるんです……」とやや硬い表情で答えたのです。詳しく尋ねてみると，最近追加された薬があり，服薬を続けることに不安があるとのことでした。筆者が薬の名前を質問すると，A さんの口から出た薬品名は，広く処方されている一般的な睡眠導入剤でした。それを A さんに伝えたところ，驚いた表情で「なんだ，そうだったんだ」と繰り返し，次第に穏やかな表情が戻ってきたのです。「そういえば診察で，よく眠れないと先生に言ったことを思い出しました。そういうことだったんですね」と A さんは深く納得した様子でした。

筆者は，A さんの笑顔を見てほっとするとともに，自分の言葉が相手に安心

感を与えたという強烈で生々しい感覚を久々に味わっていました。この感覚は滅多に味わえないのですが，筆者に精神看護の喜びをもたらしてくれる大切なものです。嬉しいことに，その後の一対一のMCTでも何度か味わうことができました。

　また，『心の調子が悪いときに出来事をどのように受け止めるのか』や，『日常生活におきかえる』のスライドの説明後には「スライドの内容に思い当たることはありますか？」という質問を筆者は心がけていました。それに対して参加者から「同じ体験を自分もしたことがある。それが統合失調症の症状ということですか？」という反応が返ってくることがありました。筆者が「その可能性はありますね」と答えてさらに内省を促すと，「あのときは絶対にそう（現実）だと思ったけど……。そうか，症状だったのか」と長年の疑問が氷解したかのように深く頷きながら納得する参加者……。そんなとき，いつも筆者は，参加者の病識が少し深まった瞬間に立ち会うことができたと心を震わせていました。これも一対一のMCTで何回か味わった感覚で，筆者に大きなパワーを与えてくれています。

　このようにMCTは，病識の深化をスムーズに進めることができるツールであると同時に，トレーナーにも大きなやりがいを感じさせてくれるツールだと筆者は強く感じています。

（則包和也）

第 10 章　デイケアでの工夫

第1節　デイケアで MCT をどのように実践しているか？

1．プログラムの構造

　筆者が運営に参加しているデイケアでは，さまざまなプログラムの中の1つとして MCT を実施しています。そのため他のプログラムと同じく90分で実施しますが，参加者の集中力を考慮して途中で20分程度の休憩を入れています。統合失調症用メタ認知トレーニング日本語版マニュアル（以下，マニュアルと記します）では「各セッションは45分から60分」とされていますが，各セッションの開始時に自己紹介と体調の報告，ルールの確認を行い，終了時に感想の共有を行うと，およそ上記の時間になります。

　1回のセッションで各モジュールのスライドをすべて映写しようとすると時間に追われることになりますが，マニュアルでも「すべてのスライドを終わらせる必要はありません」とされていますので，説明や練習課題の量を減らして時間内に収まるようにします。説明や練習課題をどのようにまとめるかは第2節で述べます。特にモジュール4「共感することⅠ」とモジュール8「気分」は練習課題の種類や学習内容の種類が多く，人数が多くてディスカッションが活発なグループでは時間内に終了することが難しいため，休憩時間を短くすることで調整します。

　参加者の人数は時期によって幅がありますが，平均するとおよそ7〜8人です。スタッフは1人がリーダー，もう1人が全体を見て声かけをしたり，演習でモデルとなる動きや発言をする役割のコリーダーとして参加しますが，勤務の都合等でリーダーのみで運営することもあります。参加者が多い時期は10人を超えることもありましたが，その際はリーダーのみ

メタ認知教室へのお誘い

　メタ認知教室は「柔軟な考え方になる」「物事を楽観的にもとらえることができる」
などを目標に作られたプログラムです。
　ちょっとしたクイズや写真・イラストをみんなで見て、考えたり話をしていきます。

　「難しそう」「できなかったらどうしよう」という不安があるかもしれませんが、ひとりひとりの考
え方を尊重し、楽しみながら進めていくプログラムなのでご安心ください。
　スタッフも、参加者の皆さんが「楽に生きるコツ」をつかめるよう、応援します。
　ぜひ、一緒に取り組んでいきましょう。

図 10- 1　MCT プログラムの案内

だと運営が難しいと感じました。マニュアルでも「グループの人数は 3 人
以上 10 人までが適切」とされています。

　他のプログラムと同じように，デイケア施設内に掲示されているプログ
ラムの案内（**図 10- 1**）を見て，希望した人が参加する形式をとっていま
す。マニュアルでは「統合失調症スペクトラム障害が主たる対象で，現在
あるいは過去に精神病症状を示していれば適用できる」とありますが，診
断や症状に関わらず誰でも経験しうる認知バイアスを扱うので，診断名や
症状で参加を制限することはありません。合う／合わないは，実際に参加
してみてから，本人に決めてもらっています。そのためにも，後述する
"導入"セッションを入れています。多様な診断名の参加者がいる場合の
運営方法については第 12 章も参考にしてください。

　たとえば，落ち着いてディスカッションに参加できなかったり，セッ
ションと関係のない話を延々と続けて他の参加者から陰性感情を向けられ
たりする場合のように，MCT への参加が本人にとって有益ではないと考
えられる場合や，他のプログラムに参加したほうが治療上有益だと考えら
れる場合は，本人と担当スタッフとの面談で，現在の状態や治療目標と
MCT が一致するかを検討したうえで参加を決めてもらいます。

　他の参加者への影響という点では，グループの集団力動を考えて「反
社会的，性的，敵意といった不適切な行動を示す場合，症状が改善する

まで参加できない」とマニュアルにも記載されています。こうした点は，MCT以外のプログラムと同じく，普段のデイケアでの対人行動やプログラムへの参加状況についてのアセスメントで判断します。特に，話し合いや学習的なプログラムに参加できていればMCTにも参加できると思われます。

2．プログラムで使用しているモジュール

　筆者がMCTを実践しているデイケアでは，夏期と冬期それぞれ6か月単位でプログラムを組むため，MCTも6か月単位で設定します。時期によって曜日は変わりますが，週1回，約6か月間実施するので，祝祭日や行事を考慮して各期は22〜23セッションでプログラムを構成します。基本的には，MCTのサイクルA・Bと追加モジュールで構成しますが，参加者の大部分が気分障害圏の場合，あるいはうつ病に特徴的な認知バイアスがみられる場合は，サイクルBをD-MCT（石垣・森重，2019）に置き換えるなどして，参加者の状況やニーズに応じた構成に変えています（表10-1）。なお，表10-1で示したように，初回に"導入"，中間と最後に"まとめ"のセッションを入れています。

　"導入"のセッションでは，「メタ認知とは何か」を説明した後に（本書の第1章で説明されているメタ認知の概念やD-MCTの「参加者のしおり」の内容が，説明の内容を考えるために役立ちます），いくつかのセッションの練習課題を実際に行ったうえで「認知バイアスについての体験・学習を通して症状や生活のしづらさの改善を目指す」ことを伝え，本節の（3）で解説する評価尺度に記入してもらいます。

　"まとめ"のセッションでは，これまでのセッションで取り上げた練習課題を1種類ずつ再度行い，「そのときにどのような話し合いをしたか」を振り返り，評価尺度への記入と感想を聴取する時間をとります。表10-1で示したモジュールの実施順は，導入時に「説明や練習課題がわかりやすい順」をスタッフ間で話し合い，合意に至ったものです。

　なお，参加者の約半分はプログラムが切り替わるタイミングで参加を開

表 10- 1　6 か月単位のデイケアプログラムにおける，セッションの構成

	参加者の大部分が「統合失調症圏の診断を有する」 あるいは 「MCT で取り上げる認知バイアスがみられる」	参加者の大部分が「気分障害圏の診断を有する」 あるいは 「うつ病で特徴的な認知バイアスがみられる」
1	導入	導入
2	記憶(MCTのサイクルA・モジュール5)	記憶(MCTのサイクルA・モジュール5)
3	帰属(MCTのサイクルA・モジュール1)	帰属(MCTのサイクルA・モジュール1)
4	結論への飛躍Ⅰ(MCTのサイクルA・モジュール2)	結論への飛躍Ⅰ(MCTのサイクルA・モジュール2)
5	結論への飛躍Ⅱ(MCTのサイクルA・モジュール7)	結論への飛躍Ⅱ(MCTのサイクルA・モジュール7)
6	思い込みを変えよう(MCTのサイクルA・モジュール3)	思い込みを変えよう(MCTのサイクルA・モジュール3)
7	共感することⅠ(MCTのサイクルA・モジュール4)	共感することⅠ(MCTのサイクルA・モジュール4)
8	共感することⅡ(MCTのサイクルA・モジュール6)	共感することⅡ(MCTのサイクルA・モジュール6)
9	気分(MCTのサイクルA・モジュール8)	気分(MCTのサイクルA・モジュール8)
10	自尊心(MCTの追加モジュール)	自尊心(MCTの追加モジュール)
11	スティグマ(MCTの追加モジュール)	スティグマ(MCTの追加モジュール)
12	まとめ	まとめ
13	記憶(MCTのサイクルB・モジュール5)	導入
14	帰属(MCTのサイクルB・モジュール1)	考え方のかたより1(D-MCT・モジュール1)
15	結論への飛躍Ⅰ(MCTのサイクルB・モジュール2)	記憶力の低下(D-MCT・モジュール2)
16	結論への飛躍Ⅱ(MCTのサイクルB・モジュール7)	考え方のかたより2(D-MCT・モジュール3)
17	思い込みを変えよう(MCTのサイクルB・モジュール3)	自尊心の低下(D-MCT・モジュール4)
18	共感することⅠ(MCTのサイクルB・モジュール4)	考え方のかたより3(D-MCT・モジュール5)
19	共感することⅡ(MCTのサイクルB・モジュール6)	不具合な行動とその対策(D-MCT・モジュール6)
20	気分(MCTのサイクルB・モジュール8)	考え方のかたより4(D-MCT・モジュール7)
21	自尊心(MCTの追加モジュール)	感情の誤解(D-MCT・モジュール8)
22	スティグマ(MCTの追加モジュール)	まとめ
23	まとめ	—

始するため，初回から参加することになりますが，デイケア利用のタイミングや治療計画の見直しなどで途中から参加する人もいます。各期の途中から参加する人には，図 10- 1 で示した案内の内容に加えて，"導入"のセッションで伝えるメタ認知の概念やプログラムの目的を説明します。各セッションでその回の目標や日常生活との関係を説明するので，最初の時点で十分説明できなくても支障はありません。途中から参加する人で，これまでの内容を知らないことに不安を訴える場合には，すでに参加されて

いる人から休憩時間等で説明してもらうこともあります。これは，先立って参加している人が知識を言語化する機会になることに加え，相手に説明して感謝されることで自己効力感が高まるという意義もあります。

3．使用している評価尺度

　現在は，認知バイアスの評価尺度の1つである推論の誤り尺度（Thinking Errors Scale：TES）（丹野ら，1998），抑うつの評価尺度である簡易抑うつ症状尺度（Quick Inventory of Depressive Symptomatology：QIDS −J）（藤澤ら，2010），主観的なリカバリーの評価尺度である Recovery Assessment Scale（RAS）（Chiba et al., 2010，千葉ら，2011），MCT への満足度の評価尺度であるメタ認知トレーニング日本語版満足度調査票（満足度調査票）（細野ら，2016）を使用しています。

　これらはすべて自己記入式の尺度で，"導入"のセッション（各期の途中から参加する人は初回の参加前）と，中間と，最後の"まとめ"のセッションで3回記入してもらいます（満足度調査票は最後のセッションのみ）。

　評価は効果判定やプログラム改善が目的だと説明し，任意で記入してもらっていますが，参加者の自己理解の促進が真の目的です。そのため，尺度への記入後に，得点や下位尺度ごとの集計方法を説明しています。参加者に得点を示す際は，「こういう結果です」と一方的に伝えるよりも，「紙の上ではこういう結果になっていますが，ご自身ではどう思われますか？」と尋ねて，自身の考え方や気分，リカバリーについての考えをうかがうことで，メタ認知のアセスメントになるよう意識しています。

　なお，上記の目的に同意しない人や，評価尺度への記入や得点化はしたくないという人に対しては，記入しなくてもプログラムに参加できることを保障しています。反対に，きめ細かいフィードバックを希望する人には個別でのフィードバックを行っています。MCT の介入標的に近い要因を評価でき，かつその場で得点化したりフィードバックしたりしやすいことから，筆者はこれらの評価尺度の有用性を実感しています。

筆者が入院中の人を対象に MCT を導入したとき（森元ら，2015）は，どのような心理的側面に対して有効かを調べるため，メタ認知的対処を含むストレス対処評価尺度である TAC-24 や，全般的な主観的健康感の評価尺度である GHQ-30，精神症状の評価尺度である PANSS や社会的機能の評価尺度である LASMI を用いていました。また，日本で実施された RCT（Ishikawa et al., 2020）では，統合失調症性障害の認知的洞察の評価尺度である BCIS，認知バイアスの評価尺度である CBQp，抑うつの評価尺度であるベック抑うつ尺度（BDI-Ⅱ）や自尊感情の評価尺度である Rosenberg 自尊心尺度（RSES）なども使用されています。これらの評価尺度を実際に使用して，「どのような要因を，どのくらいの時間・負荷で評価できるか？」をトレーナー自身で確認のうえ，評価の目的に合うものを選択してください。

1）Chiba R, Miyamoto Y and Kawakami N : Reliability and validity of the Japanese version of the Recovery Assessment Scale（RAS）for people with chronic mental illness : Scale development. International Journal of Nursing Studies, 47 : 314-322, 2010.
2）千葉理恵，宮本有紀，川上憲人：地域で生活する精神疾患をもつ人の，ピアサポート経験の有無によるリカバリーの比較．精神科看護，38：48-54，2011.
3）藤澤大介，中川敦夫，田島美幸ほか：日本語版自己記入式簡易抑うつ尺度（日本語版 QIDS-SR）の開発．ストレス科学，25：43-52，2010.
4）細野正人，石川亮太郎，石垣琢麿ほか：メタ認知トレーニング日本語版（MCT-J）満足度調査票の開発．精神医学，58：255-258，2016.
5）石垣琢麿，森重さとり監訳，原田晶子訳：うつ病のためのメタ認知トレーニング：解説と実施マニュアル（Jelinek L, Hauschildt M, Moritz S : Metakognitives Training bei Depression（D-MKT）. Beltz, 2015）．金子書房，東京，2019.
6）Ishikawa R, Ishigaki T, Shimada T, et al. : The Efficacy of extended metacognitive training for psychosis : A randomized controlled trial. Schizophrenia Research, 215 : 399-407, 2020.
7）森元隆文，藤田有可，中村直子ほか：精神科病棟におけるメタ認知トレーニングの効果に対する予備的検討．北海道作業療法，32：113-121，2015.
8）丹野義彦，坂本真士，石垣琢麿ほか：抑うつと推論の誤り―推論の誤り尺度（TES）の作成―．このはな心理臨床ジャーナル，4：55-60，1998.

第2節　プログラムの準備をするときの工夫

1．一緒に運営するスタッフとの学習

　マニュアルにはMCTの背景理論や実践方法が詳述されているので，テキストとして必ず学習してください。一方で，認知行動療法（特に，統合失調症の認知行動療法）になじみが薄いスタッフは，マニュアルを読むこと自体にハードルを感じるかもしれません。そういう場合は，各モジュールのスライドに先に触れるのもよいと思います。

　筆者がMCTを導入したときは，昼休みに30分程度の勉強会を開催しました。一緒に運営するスタッフに1つのモジュールのスライドを示しながら，その中の説明や練習課題を通して背景理論や実践方法の理解を促しました。その後の勉強会では，持ち回りで1名のスタッフが他のスタッフにモジュールを1つずつ紹介し合う機会を設けました。他のスタッフに紹介するとなると，スライドや進め方を確認するために事前にマニュアルを読まなければなりません。ただし，参加者への実際の説明と同じレベルを求めるとスタッフの負担が大きいため，「こんなスライドがあって，こう説明するみたい」，「この課題のポイントはこうだと思う」，「この課題はわかりにくい」という程度に紹介してもらいました。そのモジュールの目的や概要をすべてのスタッフが把握したら，実施する際に強調すべきポイントや，どのようなディスカッションになりそうかを話し合います。そのうえで，改めてマニュアルの該当部分を読み，プログラムを実施する準備に進みます。

　一方で，スタッフの疑問に答えるためには，マニュアルやスライドの内容を深く理解し，認知行動療法についての知識も備えておく必要があります。本書の【基礎編】全体が大切ですが，特に第2章第2節で引用されている認知行動療法に関する成書や論文が参考になります。

2．対象者にプログラムを紹介するときの工夫

　基本的には，第1節の1「プログラムの構造」で示した通り，プログラ

ムの説明（図10-1）をデイケア施設内に掲示して紹介しています。また，デイケアの利用目的とMCTが合致する対象者には，図10-1の内容をもとにして，スタッフがMCTへの参加を促すこともあります。

　説明を見てもらった後で筆者が受けることが多い質問は，「メタ認知の"メタ"って何？」，「メタ認知の"認知"と認知症の"認知"は同じなの？」といったものです。これらに対しては，まず「ここでいう"認知"とは"考え方"や"考えていること"を指すので，認知症の"認知"とは違う意味です」，「"メタ"というのは日本語だと"超"になります。自分の考え方や考えていることを普段の目線を"超えた"視点で，つまり"自分の考え方や考えていることを別の視点で見ること"が"メタ認知"になります」と説明しています。

　理解が難しい対象者には「実際に体験しないと，口頭や文字での説明だけではわかりにくいですよね」と，難しい概念であることに共感して，参加への不安を訴える人には「無理矢理発言してもらうことはありません。もし，やってみて"難しい"，"合わない"と思ったら途中で抜けてもまったく問題ありません」と安心して参加できるよう配慮します。

3．周囲のスタッフや関連部門への紹介・説明の工夫

　MCTに直接関与しないデイケアスタッフや関連部門のスタッフも，対象者と同様に"メタ認知"という用語への親和性が低い場合があります。MCTを運営するスタッフと同程度に理解してもらう必要はありませんが，目的やおおまかな内容を理解してもらえれば，適切な対象者を紹介してもらうことにつながりますから，対象者への説明とほぼ同じ内容を伝えることにしています。注意，記憶，判断のような基本的な認知機能や，それらを標的とする認知機能リハビリテーションと混同されることもあるので，図10-2のようなプログラムの相違や関連を示す図も用いて説明しています。

　説明を聞いて興味を持ったスタッフには，MCTで使用するスライドを実際に示して，練習課題やディスカッションを実際に体験する機会を設け

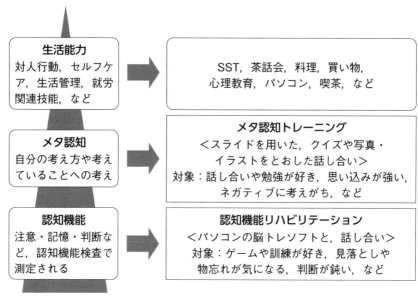

図 10- 2　MCT とその他のプログラムとの相違を示す説明の例

ました。自ら体験することで，参加する対象者の体験を理解でき，MCT 以外での関わりにも活かすことができます。「(プログラムで早とちりがみられる対象者に)“結論への飛躍”のセッションのときにどんな工夫を話し合いましたか？」，「(抑うつ的な訴えがある対象者に) MCT の“自尊心”のセッションでどんなコツがあったでしょうか？」などと，MCT 以外の関わりの中でスタッフが声をかければ，対象者が MCT での学びをプログラム外で意識するきっかけになります。

　さらに，デイケアでの会話や診察・面接場面で，MCT に参加した対象者にプログラムの内容を尋ねると，その対象者のメタ認知や MCT についての理解が深まることも大いにあります。対象者にとっては，MCT に参加していないスタッフに説明するという体験が，MCT で得た知識をアウトプットする貴重な機会になり，それに対して正のフィードバックを得ることができれば，自信や有能感が高まるでしょう。そのため，外来主治医

や訪問看護スタッフなどから，「この前の MCT ではどんなことをしたのですか？」と対象者に尋ねてもらい，場合によってはホームワークの手助けをしてもらうよう依頼しています。

第3節　プログラムを実施する際の工夫

1．セッションを実施する前の準備と心構え

　まずは，その日のセッションで扱うマニュアルとスライドには目を通しておき，「どのような発言が出そうで，どのように対応すると治療的か？」，「（特にネガティブな）意見や行動，態度をどのように受け止め，前向きな態度で応じるか？」というシミュレーションは必ず行っています。特に，初めてそのモジュールを扱うときは，一緒に実施するスタッフとシミュレーションすると理解がより深まります。

　そのシミュレーションの中で，参加者にとって侵襲的だと考えられるスライド上の表現を修正したり（たとえば，「精神病」→「統合失調症，調子の悪いとき」），時間的制約から説明を省く箇所や使用しない練習課題を決定したりします。マニュアルにも「最後のスライドだけは提示すべき」だが，「ある程度の変更を個々に加えることは許される」と書かれています。

　補助教材や追加課題を用意することもあります。補助教材としてはマニュアルで紹介されている動画が活用できますが，自分で探すこともあります。たとえば，追加モジュールⅡ「偏見（スティグマ）に対処する」では，精神疾患に罹患していることを公表している日本の有名人の情報を調べて紹介します。ただし，単なるうわさではなく，自伝や本人へのインタビューを確認するなどして，信頼性を吟味することは必要です。どのモジュールでも海外のニュース，都市伝説，データ等をもとにした情報が多いので，そのままだと参加者もトレーナーもわかりづらいことがあります。日本で似たような情報がないかを調べて紹介すると，参加者にもわかりやすく，トレーナーも自信を持って説明できると思います。

病院の受付

写真にあったのはどれでしょうか？

・ソファ
・時計
・売店
・自動販売機
・診察券を入れる箱
・薬局の事務員

　対象者が記憶のエラーが日常生活で起こり得ることを実感しやすいよう，なじみのある場所の写真を記憶課題として使います。普段は写真右手の受付の前に診察券を入れる箱があり，中央奥の薬局のカウンターには事務員さんがいます。また，この写真の少し左側に売店があります。「いつもそこにいる／ある」という認識は「今もそこにいた／あった」という記憶の歪みを引き起こしかねないことを実感しやすくなります。

図 10-3　モジュール 5「記憶」のセッションで使用する追加課題の例

　モジュール 4「共感すること I」のセッションでは，5 種類の情動／感情を写したデイケアスタッフの写真を用意して，「どんな感情を表しているか」を考える課題を追加しています。また，モジュール 5「記憶」のセッションでは，デイケアや病院内の写真を使った課題を用意しています（図 10-3）。参加者にとって身近な素材を組み込むことによって，MCTの内容を日常的な問題と絡めて理解できるようにするためです。

　MCT の練習課題には，参加者本人の妄想と直接関係のない素材が用いられています。自分の問題・課題や病状に直面しない形で取り組むことができるというメリットはありますが，素材があまりに他人事であったり，課題の内容がわかりにくかったりすると動機づけが低下する可能性もあるため，認知バイアスを身近に感じられる工夫を加えることは必要だと筆者は考えています。

表10-2　各セッションを進めるうえで特に留意していること

自己紹介と体調の報告
　スタッフも含め名前と今日の体調や気分を簡単に話します。報告の仕方は各自に任せますが，スタッフは「○○ということがあって，○○と考えて，○○な気分になった」という思考と感情のつながりに言及して報告するロールモデルになるよう意識します。

ルールの確認
・話したくない，答えたくないときは「パス」してください
・安心して話せるよう，お互いにプライバシーを守りましょう
　（「○○について勉強した」などプログラムの内容を他の人に話すのは大歓迎ですが，「○○さんが○○と言っていた」など自分以外の人のことは話さないようにしましょう）
・スライドに書いていることや話し合ったことと「違う」意見が出てもよいですが，否定（「おかしい」，「ダメ」など）はしないようにしましょう
・他の人の話をさえぎらないのであれば，思いついたこと・気になることが出てきたらその場で話してよいです
　これらを基本におき，そのときの参加者に追加したいルールを尋ねます

前回の振り返り（ホームワークの共有）
　前回の内容（どんな内容であったか，どんな課題をやったか）を尋ねて，ホームワークを記載していて発表できる人に話してもらいます。話す人がいない場合，スタッフが行ったホームワークを発表し「同じような場面でどう考えるか，どう感じるか」を参加者に尋ねます。

認知バイアスについての心理教育
　デイケアプログラムの1つとして対象疾患を限定せずに実施しているので「スライドには病名も出ていますが，人間にはこういった認知バイアスがあるといわれています」「特に，不安や焦り，恐怖，孤独があると認知バイアスが強くなり，自分をつらくする考えや感情にとらわれやすくなるようです」「みなさんはどうでしょうか」という問いかけをします。ノーマライゼーションにもつながりますし，参加者の不安や抵抗，「自分には関係がない」という考えを和らげることを意識します。

2．セッション中の工夫や心構え

　各セッションは，自己紹介と体調の報告，ルールの確認から始めて，前回の振り返り（ホームワークの共有），認知バイアスについての心理教育，練習課題，日常生活への影響についての話し合い，セッションのまとめと

練習課題

　基本的には，どのモジュールの課題も「物事にはいろいろなとらえ方がある」「判断するときに情報を集める（よく観察する，人に意見を聞く）と決めつけや思い込みがやわらぐ」ということが目的になっていると思います。そのため，参加者の判断を聞くときには“どのように考えてその判断に至ったのか”を確認するように意識します。もし，「何となく」など深まりが見込めない回答があったときは「何となくそう思ったんですね」と受け止めたうえで，「何となくそう思わせるものがどこにあったんでしょうかね？」と他の対象者やスタッフ（特に同じ選択肢を選んでいたり同意見を持つ人）に向けて尋ねます。

　特に，クイズ形式の課題では，正答・誤答で一喜一憂しその後の話し合いが深まりにくいときがあります。正答時の盛り上がりを諫める必要はありませんが「最初の判断を過信せず情報を集めてよかったですね」など正答に至ったプロセスを強化することが大事です。誤答の場合は「1 つの課題でいろんな考えが出せたことが成功ですね」と正誤ではなく話し合いが大事だということを強調します。

日常生活への影響についての話し合い

　日常生活への影響と対処がスライドで提示されるので，「皆さんはこういう経験はありますか？」と尋ねると各々の経験や対処法についての話になります。ここで意見が出ない場合は「こういうことがデイケアやみなさんの普段の生活で起こったら，ホームワークに書いて次回教えてください」という形でまとめにつなげます。もし，自身の症状や苦労を懇談と語る人がいる場合，全体で共通しそうなテーマであれば同様の経験を持つ人にも尋ねて同意や似た意見を伺います。一方で，個人的なテーマである場合は「貴重な経験ですね，この後の説明もあるのでプログラムの後に聞かせてください」と頃合いをみて伝えます。

セッションのまとめとホームワーク

　対象者の機能レベルにもよりますが，“思い込み”，“情報”など多くのモジュールで出てくる日常生活で意識してほしい単語は穴埋め式にして用紙を用意し，空欄を尋ねながら各自が記入する形式で進めます。人によっては，セッションが進むごとに“結論への飛躍”，“情報”など，空欄の言葉を尋ねたときの発言がスムーズになり「メタ認知あるあるだわ」という反応もみられます。

　ホームワークは「強制ではありません」と伝えたうえで，「学んだことを書いたり人に話すことで，より頭に残り自分にとって役立つ知識になるので，やってみてほしいです」と伝えます。

ホームワーク，感想の共有という順で進みます。基本的にはマニュアルに記載されている全体の留意点や各モジュールの説明に沿って実施していますが，特に留意していることを**表 10-2**にまとめました。

　この中でも，参加者の担当スタッフをホームワークに巻き込むことは，

デイケアで実施するうえで大事なポイントだと思います。その日のテーマになる認知バイアスがデイケア場面でもみられる参加者には、「もしよかったら、今日のホームワークを担当スタッフとやってみてください」と声をかけます。もちろんホームワークは1人でも、家族や友人、他のスタッフと行ってもよいのですが、担当スタッフは、デイケアという社会的な場面でその人の認知バイアスを目の当たりにしているため、気づきを促しやすい立場にあります。また、ホームワーク実施後のプログラム場面でも声をかけることができますし、その場面でどのように考えることができるか、どう行動できるかを、その場で話し合える立場でもあります。このように、デイケアのさまざまな活動で認知バイアスについて話し合えることは、MCTの効果の増大に大いに役立つと思います。この点は、入院環境でMCTを実施する際の工夫を説明している第8章も参考にしてください。

3. プログラムの継続を支える工夫

　継続を支えるうえで大事なのは、参加者がMCTを楽しめること、安心して参加できること、そして「MCTは役に立つ」と感じることだと筆者は考えます。多くの参加者が楽しみながら安心して参加するためには、**表10-2**で示したようなルールを遵守することのほか、運営スタッフ自身が楽しみながら、ユーモアのある発言をすることも大事です。

　もちろん、参加者の想定外の発言や行動を受けて対応に困ることはあります。一方で、どのような発言や行動でも「必ず起こり得るもの」と覚悟して、反応を毎回楽しみにしている側面も筆者にはあります。筆者がどうしても困ったときは、「そういうご意見や感覚は初めてうかがったので、正直どうお答えすればよいか戸惑っています。ですが、貴重な情報なので参考にさせていただきたいです」と対応するようにしています。

　参加者にMCTが役立つと感じてもらうためには、他のプログラムと同じようにしっかりと準備をしたうえでていねいに実施することが必須ですが、セッション外での関わりも大事です。本節の2「セッション中の工夫

や心構え」でも述べた担当スタッフとのホームワークの取り組みはとても役立ちますし，参加者の他のプログラムでの変化をスタッフがとらえて本人にフィードバックできると，参加者がMCTの成果を実感できるよい機会になります。

　たとえば，手工芸でうまくいかないことがあると自分を責めてばかりいた人が，その原因を自分ではなく，「今日は暑くて集中できなかった」，「難しい工程に入った」というような偶然やそのときの状況に帰属できたことがありました。また，MCT以外の話し合いの場で自分の意見を決して変えなかった人が，他のメンバーの意見を否定しなくなったこともありました。さらに，スタッフの些細な言動に対して腹を立てたりイライラしたりしていた人が，スタッフにその言動の理由を尋ねて冷静に反応できるようになったこともあります。このように，「MCTに参加するようになって○○が変わったように見える」ことを，デイケアのさまざまな場面で，スタッフから参加者に伝えます。そのうえで，デイケア外での考えや行動，気分の変化や生きづらさの変化についての話し合いができると，MCTの内容のさらなる般化につながると筆者は考えています。

（森元隆文）

メタ認知トレーニングへの動機づけを高める目標設定の工夫

1. はじめに

　MCT 導入時のアセスメント面接と目標設定の一例を紹介します。MCT のマニュアルでは，アセスメントや目標設定が必須だとは書かれていません。しかし，筆者はこれまでの経験から，導入時のアセスメント面接や目標設定が，参加者の自己効力感や動機づけの促進に役立つと感じています。MCT は集団用ですから個人用アセスメントシートは資料に含まれていませんが，個別で行う MCT+にはアセスメントや目標設定などのさまざまなワークシートがあります。ここでは，その中の2つのワークシートを用いた例を紹介します。

2. アセスメント面接や目標設定を加えるとどのようなメリットがあるか

　MCT 導入前に参加者と個別に面接して，自分を苦しめる考えや，今後の目標を同定しておくと，参加者が自分のよい変化を認識しやすくなり，自己効力感の向上にもつながります。また，自分が学んでいることが自分の目標達成にどのように役立つかをイメージできるようになり，学習の動機づけにもつながります。

　トレーナーもその人の困り事や，どのようになりたいかという参加者個々のニーズを理解したうえで実践することができます。また，その人の苦しみをさらに深く理解し共感することができれば，信頼関係の構築にもつながります。これらの点から，MCT でもアセスメント面接と目標設定がさまざまに役に立つと筆者は感じています。

3. 活用した2つの MCT+のワークシート

　MCT+では，まずアセスメントで問題を同定して，それから目標設定を行います。MCT+には多くのワークシートが含まれていますが，その中で筆者が使用した2つを紹介します。

・ワークシート 1.1：あなたが持っている独特の考えについて

　このワークシートは第3章コラムにも掲載されています。その人を苦しめている考えについてアセスメントして，問題を同定します。このワークシートは精神症状を直接尋ねるのではなく，思考について間接的に尋ねていますので，症状に関わらず幅広い対象に使用できます。

　このワークシートには，自分を苦しめている考えについて次の7つの質問があります。思考についての多角的なアセスメントがこれ1つで可能です。

①どのような考えで頭がいっぱいでしょうか？（とらわれている思考内容の把握）

②確信度の把握（どのくらい強く信じているかを把握）

③その考えの背景にあるものは何？（考えのかたより，信念，妄想的観念の把握）

④他の人だったらその状況をどのように考えるでしょうか？　別の説明は？（第三者の視点で代替思考を検討）

⑤あなたは自分の考えにとらわれてしまうことが1日のうちどれくらいありますか？（頻度や占有度の把握）

⑥考えにとらわれることによって，どのくらい日常生活が妨害されていますか？（日常への影響を把握）

⑦その考えのせいで生じる恐怖感や不快な感情の強さはどれくらい？（苦痛度の把握）

- ワークシート2.2：ゴール　あなたはメタ認知トレーニングから何を学びたいですか？
 ワークシート1.1で自分を苦しめている考えを同定し，それに関してワークシート2.2を使ってMCTでの目標設定を行いました。これにはMCTのゴールについて2つの質問があります。

①ゴール

②ゴールに達したことは，どうしたらわかりますか？

 この質問によって，ゴールに達したときに，どのようなよい変化が起きているかを具体的にイメージすることができ，MCT参加への動機づけにつながります。

 さらに動機づけを促進するための工夫として，次の3つの質問を用意します。

①「ゴールに近づくと日常生活はどう変わりますか？」という日常へのポジティブな影響に関する質問

②「ゴールに達したときに最初に気づいてくれるのは誰ですか？」という関係性への質問

③「ゴールに到達したときが10だとすると，今は何点ですか？」というスケーリングの質問

　このように筆者は，自分を苦しめている考えと今後の目標を尋ねて，MCTが終わったときに自分がどのようになっていると望ましいかというイメージを明確にして，参加者の動機づけにつなげています。

　集団MCTと個別MCT＋の併用については，MCT＋のマニュアルにも「集団の相互作用と個別での自己理解が，メタ認知の強化や自己効力感にも有用である」と書かれていますから，積極的に行ってよいと筆者は考えています。

（池田直矢）

第11章

リワークプログラムでの工夫

　筆者は，2015 年ごろからうつ病のためのメタ認知トレーニング（D-MCT）をメンタルクリニックのリワークプログラムで提供してきました。当初はまだ D-MCT のマニュアルがなかったため，MCT の研修会とマニュアルを参考にして，参加者の反応を見ながら実施していました。

　日本語版 D-MCT を「いける」と強く感じたのは，すべての参加者の反応がとても良好で，8 週間の実施期間中は参加者が心から楽しみにしている姿を見たからです。復職が迫っている人はもちろんのこと，リワークプログラムに参加して間がない人も，D-MCT 実施中 8 週間の出席率は通常プログラムと比べてとても高く，会場づくりに苦労するくらいでした。また，満足度調査のアンケートを何回か実施しましたが，常に90％程度の満足度が得られました。

　D-MCT 自体の効果に加えて，クイズやディスカッションでグループの雰囲気が和気あいあいとしたものになり，経験を共有して連帯感が強まったことや，実施期間を 8 週間（または 8 モジュール）と限定して集中力を高めたことも好評の理由だったかもしれません。クライエントの笑顔や生き生きした言動がセッション内外で観察され，他の場面でのコメントを見ても，筆者は D-MCT がクライエントの回復に役立っているという手ごたえを毎回感じていました。

　このような筆者の経験も含めて，本章では D-MCT をリワークプログラムで提供する際の工夫やアイディアを紹介したいと思います。D-MCTの詳細については第 4 章も参照してください。

第1節　リワークプログラムでの D-MCT の役割

＜架空事例＞

　会社員 A さんは仕事のストレスからうつ病になり，休職後しばらくしてリワークプログラムに参加した。ほかの集団心理療法と一緒に D-MCT にも参加することになった。物静かでまじめで，発言は少なかったが欠席はしなかった。

　ある日，D-MCT のセッション終了後，A さんは担当スタッフに次のように言った。「いやあ，私は自分の性格が異常なのかとずっと思っていました。お医者さんからうつ病だと言われていても，自分は根性なしの怠け者だと思っていたんです。でもうつ病というのは病気で，やる気がなくなったり，集中力が欠けたり，自分に価値はないと思ったりすることは症状なんですね。知ってよかったです」。笑顔の中にほっとした様子が見て取れた。A さんはほどなく復職し，その後は休職せず勤務を続けている。

　A さんはそれまでにいろいろな機会でうつ病の心理教育を受けていましたが，それでも，自分の状態や症状に関する十分な理解を得ることができなかったようです。どのタイミングで心理教育を受けるかという点も重要ですが，A さんの発言から D-MCT が心理教育として適切な機能を持っていることがわかります。

　D-MCT の重要な役割の1つは，その名前の通り，参加者にメタ的視点を獲得してもらうことです。うつ病の症状は何か，増悪の原因は何か，どのようにして回復し，将来も予防できるのかなどは医学的な心理教育でも伝えられます。しかし D-MCT では，単なる医療者（専門家）からの情報伝達ではなく，クイズや仲間とのディスカッションによってこれらの情報を自分に引きつけて理解するとともに（＝うつ病と自分自身に関するメタ認知的知識の学習），「なるほど，そうか！」と腑に落ちる体験（＝メタ認知的体験）を経て，うつ病と自分自身に対する俯瞰的で冷静な視点を

獲得することで，回復へのセルフ・トレーニングを実施できるようになります。

＜架空事例＞

　2回目の休職に入った後，しばらくして再度リワークプログラムに参加したBさんは，1回目のプログラムには含まれていなかったD-MCTに参加した。参加当初は青白い顔色が調子の悪さを物語っていたが，全8モジュールを受け終わったころにはBさん持ち前の笑顔も出るようになり，復職の日程も決まった。

　リワークプログラムから卒業するとき，Bさんは帰り際，笑顔で次のように言った。「自分の状態をメタ的に見ることを忘れないようにしたいと思います。実は，人工衛星のスライド（各モジュールの2枚目のスライドに必ず掲載されている絵のこと，後述の図11-1参照）をよく頭に思い浮かべているんです。自分のことを遠くから見ようと思っているんですよ。仕事に戻っても，あの絵のことはいつも頭に思い浮かべようと思います」。

　リワークプログラムに参加する目的は，精神障害のために仕事を続けることが一時的に難しくなった状態から回復して，職場にスムースに復帰すること，そして再発予防に注意しながら勤務を続けられるようになることです。D-MCTも当然この目標を達成するために行われます。

　仕事や家庭でのストレスからうつ病になったり抑うつ状態が続いたりすると，クライエントはその苦しさから，健康だった頃の自分にはもう戻れないのではないかという不安や疑いが強くなりがちです。まさに「うつ病の症状の雲」の中に埋もれている状態です。「至るところに雨雲がかかり，もう晴れる日は来ないのではないか」という絶望的な考えしか浮かびません。ここから，自分の状態を俯瞰的に観察できる状態，もうひとりの自分が自分を客観視できる状態にシフトすることで，「雨雲は至るところにかかっているわけではない。これまでも晴れていたことはあったし，この先

表11-1 クライエントがたどる5つのステップ

ステップ1	うつ病とは何か，どのような症状か，症状が持続・増悪する心理的原因は何かなどについての知識を得て，ノーマライズされる。
ステップ2	メタ認知的視点を通して，うつ病を持続・増悪させる自らの認知バイアスに気づく。
ステップ3	認知バイアスの修正方法を知る。
ステップ4	グループで認知バイアスの修正を練習し，日常生活で応用できるようチャレンジする。そのためにホームワークはとても重要な作業である。
ステップ5	メタ認知的視点を通して，日常生活における思考・感情・行動のセルフ・モニタリングができるようになる。

もあるに違いない」と考えられるようになり，平静な気分を取り戻すことができます。機能的なメタ認知を獲得してセルフコントロールできるようになれば，現実を見据えて問題を特定し，具体的な対応策を自分の目標に合わせて設定することが可能となります。

　クライエントがたどるステップを**表11-1**で簡単に説明します。もちろん，すべての人がステップ1から5に向けて順番に進むわけではありません。人によってさまざまですし，各ステップが影響し合います。5つのステップがぐるぐると循環するイメージが，うつ病からの回復やリワークにとって適切かもしれません。

第2節　実施する際の工夫

　日本のリワークプログラムで実施するとき，具体的にはどのような工夫が必要でしょう。筆者の意見に加えて，マニュアルで提案されているヒントやアドバイスもぜひ参考にしてください。

1．グループの作り方

マニュアルでは，D-MCTの適用は主にうつ病と不安症だとされてい

ます。これらのクライエントだけでグループを構成できればよいのですが，リワークプログラムでは難しいでしょう。うつ症状があったとしても，双極性障害，発達障害（あるいは，その傾向を持つ人），社交不安症，強迫症，パーソナリティ障害などが併存していることが多く，診断名でグループを分けることは現実的ではないと思います。トレーナーは各参加者の，診断名，症状，認知やパーソナリティの特徴などを把握し，各参加者に対して最適化し，その人に必要だと考えられる説明をマニュアルに加えていく必要があります。

　筆者は，グループ分けは診断名ではなく，認知機能の回復度に合わせて行っています。認知機能に関する多面的な心理検査ができれば機能が数値化されてわかりやすいのですが，現実にはなかなかそうした検査は行われません。したがって，たとえば，「もういろいろ考えても大丈夫。心への負担はない」，「復職するために自分の問題を考えたい」とクライエントが考えられるかどうかをアセスメントします。症状が重いときは自分自身について考えること自体がつらく，本や新聞も読めないことが多いものです。しかし回復が進み，復職への希望が強くなると，うつ病に陥った根本的な原因を考えたい，同じことを繰り返したくない，と考える人が多くなります。

　D-MCT は認知行動療法（以下，CBT と記します）の発展形ですから，クライエント自身が考え，行動しなければなりません。まだリワークプログラムに加わったばかりで，「考えることのリハビリ」が十分ではない場合は，無理せずゆったりとしたペースのグループへの参加を勧めます。一方，状態が回復しつつあり，考えることが楽になった人，復職への準備が整っている人，復職の日程や復職後のリハビリプログラムを具体的に話し合う段階に入っている人などは，実践的で速いペースのグループに参加したほうがよいでしょう。このように認知機能の回復度別のグループに分けることで，セッション中の言葉の数，ペース，ディスカッションの程度，自分で考えるための（内省するための）時間の配分などを適切に調整でき，効率のよい運営が可能となります。

2．環境設定

　グループの人数は，マニュアルにある通り本来なら 10 人までが理想です。しかし，さまざまな理由で人数を増やさざるを得ない場合もあります。筆者の経験では，ディスカッションの時間は減ってしまいますが，1 グループ 15 人程度でも可能です。

　椅子や机の位置ですが，スクール型（机をスクリーンや壁に向かって並べ，前の人の背中が見える形）は避け，マニュアルで推奨されているようなスクリーンを中心とする半円にするか，スクリーンに向かってコの字型に並べてください。他のクライエントの意見を聞いたり，発言したり，ディスカッションしやすくなります。参加人数が多い場合は特にディスカッションの時間が減るため，互いの顔を見ることができてトレーナーや他の人の発言をよく聴くことができる環境を作ることが大切です。第 2 章も参照してください。

　トレーナーの人数については，マニュアルの通りに 2 人，つまり 1 人がスライドの進行を担当し，もう 1 人が参加者のサポートに入ることが理想的です。1 人でも進行することは十分可能ですが，集団療法の実践経験があることが大切です。精神療法としての技法は問いませんから，社会生活スキルトレーニングでも力動的集団療法でも構いません。

　参加者が 1 人だったとしても，トレーナーが 2 人いれば状況をグループ・セッションに近づけられます。トレーナーが自分の例を挙げたりクイズに参加したりすることで，参加者は自身以外の視点を取り入れることができます。サポートに入るトレーナーは，未経験者でも他の職種の人でも構いません。なお，D–MCT を特に個人心理療法として使用したい場合は，第 4 章の第 2 節「個人セッションへの応用」を参照してください。

　配布資料として，重要だと思われるスライドを抜き出して，紙 1 枚につき 3 スライド程度で印刷してもよいのですが，マニュアルに掲載されているホームワークをコピーして配ってもよいでしょう。セッション中に重要な内容を確認できると同時に，ホームワークに慣れることもできるので，自宅に戻ってからホームワークの応用問題に手をつけやすくなるようで

す。

　時間の管理も重要です。開始時間は定刻通り始め，休憩は毎回同じタイ
ミングで入れるようにし，終了時間も定刻通り終わるよう心がけます。ト
レーナー側の都合や準備不足などで予定を乱さないように注意してくださ
い。クライエントは回復しているようにみえてもまだ健康度は低く，不安
定です。不必要な負担を与えず，安心して毎回参加できる配慮が必要で
す。

　スライドを部分的に改編することは可能ですが，必ず元のスライドも映
写してください。例題や文章，絵や写真などに対して，参加者の理解が深
まる工夫をすることは構いませんが，専門家のマナーとして著作権を尊重
してください。

3．セッションに関する工夫

　まずマニュアルを熟読し，可能であれば研修会にも参加して，内容や実
施法などを把握してください。そのうえで，何度も実践して改良を重ねて
ください。トレーナーとしての第1のステップは，できる限り繰り返しマ
ニュアルを読み，頭に入れることです。トレーナーが不安を感じていると
参加者も不安になります。第2のステップは，理解した内容を，さまざま
な制約がある中で担当するグループや個々の参加者に合わせて応用し，参
加者の理解が深まるようにすることです。

　D-MCT はきわめて構造化されており，各モジュールはコンパクトに
まとめられていますが，情報量がかなり多い部分もあります。したがっ
て，すべての参加者にわかりやすく伝えるためには，トレーナーの細かい
工夫や努力が大切です。

　次に，実施するために役立つポイントを集めました。

1）セッションの進め方

　マニュアル通りに進めることが基本ですが，現実にはさまざまな制約が
あると思いますので，その中での最適な方法を検討してください。参加予
定者と事前に打ち合わせできない場合は，初回セッションの冒頭で時間を

図 11‑1　人工衛星のスライド（イメージ）

取り，参加者に D‑MCT の目的や各モジュールの内容，グループ・ルールや CBT の基礎知識などを簡単に説明してください。CBT の基礎知識を説明する時間がないときは，「考え方のかたより」を扱うモジュールで適宜説明を加えてください。

　各モジュールのスライドは 80 枚程度とかなり多いです。クイズで盛り上がったり，ディスカッションがはずんだりすると時間が早く過ぎてしまいます。そのようなときも，すべてのスライドを提示しようと焦る必要はありません。スライド中のキーワード，重要な内容や絵・図，解決策などをピックアップして説明しても構いません。

　必ず提示するものは，表紙ページ，2 枚目のスライド（人が人工衛星に乗って雲のかかっている地球を眺めているスライド）（図 11‑1），3 枚目のスライド（うつ病の症状を雲で表したスライド）（図 11‑2），「学習ポイント」がリストアップされた最後のスライドです。特に人工衛星から地球を眺めるスライドは，先述の架空事例にもあったように，機能的なメタ認知の獲得を目的とする D‑MCT では印象的で効果的なスライドです。

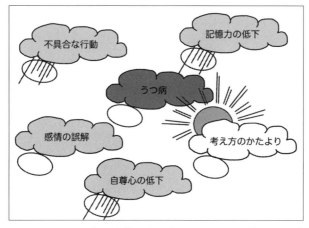

図 11-2　うつ病の症状を雲で表したスライド（イメージ）

最後の「学習ポイント」は，学んだ内容を補強してホームワークへの導入になりますから，ゆっくり読みあげ，必要ならば補足説明を行ってください。

2）セッションの所要時間

セッションの所要時間をマニュアル通り 60 分にするなら，休憩を入れずに行うとよいでしょう。ちなみに筆者は 90 分にしています。その理由は，D-MCT に慣れていない人にとっては情報量が多いと思われること，検討すべき認知バイアスが 1 モジュールに 2 つほど含まれているため，途中で休憩をはさむほうが合理的であること，多くの場合でクイズやディスカッションが活発になり，そこに時間が取られてしまうことなどです。トレーナーや参加者がまだ慣れていないときは，2 つの認知バイアスの 1 つだけを 1 回 60 分のセッションで扱ってもよいでしょう。

次に，90 分で実施する場合の時間配分について，たとえば 2 つの認知バイアスが 1 つのモジュールで扱われる場合，最初と次のテーマとの間に 10 分ほど休憩を入れます。復職を間近に控えているクライエントといえども 90 分間連続ディスカッションはかなり疲れます。セッションの終了

が近づいたらまとめやクールダウンも重要ですから，それも考慮に入れて時間配分を考えてください。参加者の負担を考えると，90分以上にすることはお勧めできません。

３）ディスカッション

ディスカッションはD–MCTで特に大切にされています。他の人と自分が同じだと思うことでノーマライズされ，他の人と自分との相違を実感することで多面的な考え方を自然に身につけられるようになります。さらに，意見を述べるためには自分自身を内省する必要がありますから，セルフ・モニタリングの力を養うことにつながります。ディスカッションを活発にするために用意されているさまざまな質問，例，表，図，絵，写真，クイズを十分活用してください。

ただし，人前で意見を言いづらい人に発言を無理に促す必要はありません。挙手やうなずくだけでも構わないと伝えてください。一方，グループ・ルールを破る人がいる場合ははっきりと注意してください。ルールを守らない場合は参加を断ることもあります。

トレーナーは参加者から発言を引きだすファシリテーターでもあります。参加者に発言してもらうためには，話しやすいリラックスした雰囲気を作ることが大切です。参加者がそのセッションの話題を自分のこととして実感し，他の人の例から自分の経験を思い出すことも重要です。クイズはそのきっかけになります。

重要なことは，マニュアルにもある通り，「正解も間違いもすべて歓迎する」という雰囲気です。グループ・ルールの範囲内であれば，トレーナーは個々の発言をていねいに扱い，支持的に対応したり強化したりしてください。うつ病では完全主義や「べき」思考が強く働きますから，間違うことへのクライエントの敏感さをカバーする工夫が必要です。

ユーモアはディスカッションを促進するための重要なファクターです。トレーナーはクイズをうまく活用して面白いプレゼンテーションを心がけてください。表情や声色，ゼスチャー，間やタイミングも大切です。

多種多様な診断名を持つ人たちのグループでは，各参加者への対応に配

慮が必要です。たとえば，双極性障害の人は内省が不十分で，気分の波に思考がひきずられるかもしれません。また，発達障害傾向のある人は，些細なことにこだわってしまい，そのときの話題から外れてしまうことがあります。そのようなときトレーナーは落ち着いて，発言を否定せず，発言を感謝するにとどめたり，正しいポイントを穏やかに指摘したりしてください。

　ただし，こうした柔軟な個別対応は，口で言うのは簡単ですが実際には難しいものです。うまくいかなくても，トレーナー自身のトレーニングだと考えてチャレンジすることが大切でしょう。失敗したと思ったら素直に謝ってよいと思います。

　リワークプログラムで数週間から数か月のインターバルを設けて実施すると，全部または部分的に2回，3回と複数回参加する人が出てきます。すでに内容を知っているため効果が減るのではないかと心配されるかもしれませんが，複数回出席したクライエントの感想では，「確かにクイズの答えはわかっていたが，多くの部分はさらに理解が深まった」という肯定的な評価が多数を占めました。したがって，支障がない限り複数回参加しても構いません。クイズでは「答えをご存知でも他の人には言わずに，心に秘めておいてください」と伝えればよいでしょう。

4．CBTとの組み合わせ

　D-MCTはCBTと相互補完的な関係があります。互いの強みが手薄な部分を補い合います。本章のコラムも参照してください。D-MCTは楽しく学べるため，回復途上のクライエントや，CBTをなかなか理解できないクライエントでも，治療へのモチベーションを上げて治療に参加する機会を作ることができます。まずはうつ病や認知・感情・行動の関係について全体像をつかむことができますし，「自分の考えは偏ってしまうことがあり，そこには誰もが陥る偏りのパターンがあるのだ」と気づくだけでも大きな進歩です。

　しかし，D-MCTでは個人的な問題を扱いませんし，参加者によって

表11-2 プッチの「合理的質問（思考チェックの方法）」(Pucci, 2006)

あなたの思考をチェックするために，次の３つの質問に全部パスする
考え方かどうかを検討してください。

①私の考え方は事実に基づくだろうか。
②私の考え方は目標を達成するために役立つだろうか。
③私の考えで感じたい感情が湧いてくるだろうか。

表11-3 プッチの目標設定（Pucci, 2006）

さまざまな目標
１．人生の目標
２．したいこと，避けたいこと（日々の生活）
３．セラピーの目標（半年先くらいまで）
①もっとこれを行う／このようにすることを 減らす
②もっとこのように考える／このように考え ることを減らす

理解の程度やスピードが異なります。D‒MCT の参加後に個別の CBT を
受けることで，うつ病の心理メカニズムを十分理解して認知修正できるよ
うになる人もいます。

　本章では参考までに，D‒MCT と CBT を並行して行う際に役立つと思
われる，アルド・プッチ（Aldo Pucci）による CBT の技法の１つを紹介
します（Pucci, 2006）。「考え方のかたより」を検討するモジュールでは，
偏った思考の例に続いて「役に立つ考え方」を示すようしばしば指示され
ますが，参加者が回答を思いつかないことがあります。そんなときは，**表
11‒2** に挙げた「合理的質問（思考チェックの方法）」を紹介すると考え
やすくなるかもしれません。

　モジュール６では反すうが扱われ，出口のない反すう的考え方と計画立
案の違いが説明されます。出口，つまり生活上の目標や目的を設定するこ
とは，機能的，建設的な考え方をするために重要です。いろいろな目標設
定の方法がありますが，筆者はプッチの技法を援用して，**表11‒3** のよう

に尋ねています。

　マニュアルにも書かれていますが，D-MCT の内容を確実に身につけるには何度も練習が必要で，時間がかかります。考え方の偏りが強かったり，体調や精神状態の回復が遅れていたりすると，クライエントが「学んだら，すぐにできるようになるはずだ」と結果を焦ってしまうことはよくあります。期待するほどの改善がみられないと「D-MCT は効果がない」という結論の飛躍バイアスが発動されてしまうかもしれません。

　D-MCT の内容を身につけることはスポーツや楽器などの習いごとと同じなのだとクライエントに伝えてください。たとえば，テニスを習うときはラケットの握り方から始まり，体の動かし方，ボールの当て方，ルールなどの説明を聞いてから，それに従って何度も何度も実際に身体を動かします。D-MCT でもメタ認知的知識の習得と繰り返しの練習が求められます。

　卓球を長年やってからテニスも始めた人がいるとしましょう。テニスに対しても最初は卓球をするときの体の使い方を無意識にしてしまうかもしれません。まずはそれに気づく必要があります。そしてその後，テニスに必要な体の使い方を何度も練習して，自分の体に蓄えられた記憶を直していきます。慣れるまでは体の新しい使い方に違和感を覚えるでしょう。それでも，何度も練習するうちに必ず，テニスに必要な体の動かし方に慣れて自然に動くことができるようになります。

　このような「以前とは違うスポーツにチャレンジする人」というのは，まさに D-MCT 参加者の姿です。これまでの人生で培ってきた認知や行動がすべて不都合なわけではありません。かつてはそれでうまくいったことも多かったので今まで残ってきたのですし，別の方法に切り替えることはなかなか難しいものです。以前のやり方ではうまくいかなくなったので新しい認知や行動を身につけなければなりませんが，昔からなじんできた認知や行動をすぐに取り換えることはできません。

　また，この「以前とは違うスポーツでの体の動かし方」という技術は，知識を得ただけで習得できるでしょうか？　当然，答えはノーです。どん

なに優れた身体能力を持つ人でも，最初はこつこつ練習しなければなりません。したがってD-MCTで学習した内容を参加直後，あるいは終了直後から生活に反映させられないのは当たり前であり，根気よく練習する必要があるのだとクライエントに繰り返し説明してください。こうしたていねいな説明と情報提供が，クライエントが自分自身に対する予測を偏らせず，「自分は無能だからできないんだ」という誤った原因帰属や，「D-MCTはまったく効果がない」という結論の飛躍を避けることができます。

5．スライドの修正について

　D-MCTはドイツで開発されたプログラムですから，使われている絵や写真に違和感を抱く人がいることは，筆者も経験しています。それでもアンケートでは，満足度は毎回90%程度になりました。つまりこうした文化的違和感は，リワークプログラムではさほど気にしなくてもよいのだと思います。

　もし違和感を強く訴える参加者が多い場合は，もっとなじみのある絵（たとえば，漫画やアニメ）や日本人の顔写真などを使ったスライドを作っても構いません。この点に関しては，第10章のデイケアでの工夫や，第13章の「やわらかあたま教室」も参考にしてください。ただし，D-MCTという名前で実施する場合は，原著者の著作権を考慮して，元のスライドも使いつつ，「こちらの写真のほうが，なじみがあるかもしれませんね」などと，別途作成したスライドを提示してください。新しく作成したオリジナルのスライドのみを使う場合は，D-MCTという名称を使わないよう注意してください。

6．ホームワーク
＜架空事例＞

　毎回のD-MCT終了後，トレーナーはすでに配ってあるホームワークについて次のように伝えていた。セッションで発見したことや役に立ったことを確認すること，生活に活かせる部分を考えること，全部

の回答を考えることが難しければ，部分的にでも興味のある部分を書いてくること，次回のセッションに忘れずに持ってくること。

　ある日，よく冗談を言うCさんが今回のホームワークの枚数を数えていたが，そのうちニヤッと笑ってこう言った。「おお！今日のホームワークは12枚もあるよ！」。他の参加者はそれを聞いてホームワークを手に取り，笑ったり冗談を言い合ったりした。トレーナーが「今回が一番多いですが，次からは減りますから大丈夫ですよ。だから，書いてきてね」と言うと「本当かなあ？」と参加者が答える，そんなやり取りが場を和ませていた。

　D-MCTのホームワークは，CBTのホームワークと同様に重要な役割を持っています（**図11-3**）。リワークプログラムでD-MCTを行うのは，多くても週に1回，月4回，たったの60〜90分間だけです。先述したように，セッションで学んだ内容を日常生活でこつこつ練習しなければD-MCTの内容は身につきません。練習は再発予防のため，復職後にも継続してもらいたいと思います。したがって，まずはどのようにしてホームワークに手をつけてもらうか，トレーナーはよく考えてください。動機づけを高める方法は参加者によって異なります。逆に，心理的，時間的に余裕がないにもかかわらず強迫的にホームワークを完遂しようとする人には，その厳格な態度を緩めるよう促す必要があります。ホームワークをやってこなかったとしても，セッションの冒頭で前回の振り返りとともに取り上げるだけでよいこともあります。

　参加者の動機づけを高めるもっともよい方法は，トレーナーがホームワークを回収して添削することです。この方法はトレーナーにとって時間的負担が大きいかもしれません。しかし，参加者のD-MCTに対する理解や動機づけの程度を適切に把握することができますし，次のセッションの構成や参加者への対応を考えるうえでとても役立ちます。

Homework 1	モジュール１――考え方のかたより１	1/8

考え方のかたより１：メンタル・フィルター

メンタル・フィルター――どういう意味でしょう？

- ▶ ちょっとしたマイナス面を一所懸命に探して，それに注目してしまうこと。
- ▶ 現実を見る目が曇ってしまいます。たとえばそれは，インクが一滴落ちただけでも，グラスの水全体が濁ってしまうのに似ています。

これから１週間，実際に起きた出来事に対して，自分がどのようにメンタル・フィルターをかけてしまうか気をつけてみてください。そして，例のような状況で，あなたが体験したものを１つ書き出してください。次の例はセッションで取り上げたものです：

例

「職場の会議で，あなたは自分のアイディアを発表しています。ほとんどの人は耳を傾けてくれていますが，ひとりだけ携帯電話をいじっている人がいます」
メンタル・フィルター：「誰も私の話を聞いてくれない…私のアイディアはつまらないんだ！」

あなたの例を挙げてください：

あなたのメンタル・フィルターは何ですか？：

図11－3　モジュール１「考え方のかたより１」のホームワークシートの一部（石垣・森重〔2019〕から改編）

７．状態の評価

D−MCTの効果はランダム化比較試験（RCT）で確認されており（Jelinek et al., 2016），参加者の満足度も十分高いことが報告されています。日本ではまだRCTは行われていませんが，リワークで実践してきた

筆者もこの結果に同感です。

　臨床研究における効果はおおむね，①参加直前，②参加中（4セッション終了後），③終了直後，④数週間から数か月後のフォローアップ時点，の調査結果を分析して検討されます。日常ではこのように頻繁に評価することは難しいですが，①と③だけでも実施できるとよいでしょう。CBTでも多くの場合，うつ病症状評価尺度のBDI−Ⅱや不安尺度のSTAIのような自記式尺度を使って複数回評価します。自記式尺度は自分の状態や思考を振り返らないと記入できないため，経過や結果の評価だけでなく，クライエントのセルフ・モニタリングのためでもあります。

　ちなみに，Jelinek et al.（2016）のRCTで用いられた評価尺度は，ハミルトンうつ病評価尺度（Hamilton Depression Rating Scale：HDRS），ベックうつ病評価尺度（Beck Depression Inventory：BDI），非機能的態度尺度（Dysfunctional Attitudes Scale：DAS），ローゼンバーグ自尊心尺度（Rosenberg Self-Esteem Scale），WHO版QOL尺度（World Health Organization Quality of Life Assessment）でした。

　D−MCTでも毎回のセッション終了時に自記式尺度で評価しても構いませんが，あくまでもリワーク内のグループ活動ですから，個人心理療法のような厳密さは求められません。また，毎回の尺度得点の変遷よりも，D−MCTが終了してこれからのリワーク活動にどのようにつなげていくか，ということのほうが重要です。①と③の間の変化を可視化して，クライエントと一緒に今後のステップを考える資料にしてください。

8．その他のヒントや補足情報

　どのような精神障害であっても，心理・生理・社会の3つの観点から回復を目指す必要があります。D−MCTは心理療法の1つとして心理的領域の改善を目指しますが，生理と社会の領域における改善も，回復のためには不可欠です。

　D−MCTに取り組む前に，あるいはD−MCTと同時に，参加者には身体的な健康や生理的な安定の重要性を必ず説明してください。処方されて

いる薬があるなら，その服薬状況や副作用に関する事項も含まれます。そのほか，睡眠は改善されているか，食事は定期的にとっているか，栄養はバランスよくとれているか，お酒やたばこなど嗜好品に関する問題行動はないか，適度な運動をしているか，などです。

　リワークプログラムの参加者でも食生活が乱れているケースをときどきみかけます。また，復職開始直後は，職場が十分配慮してくれて体力に自信のある人でも，非常に疲れます。このことは，労働にはかなりのエネルギーが心身ともに必要だということを表しています。したがって，身体的に健康で生理的に安定していないと仕事にならず，自分に関するネガティブな思考がまた強くなるきっかけを与えてしまう可能性があるとクライエントに伝えてください。

　加えて，社会的側面に何らかの問題があればそれに取り組む必要があります。家族，友人，職場の同僚・上司との関係という対人的な側面もありますが，困ったときはどこに相談するか，どのような制度を利用できるかという相談資源の知識と利用経験も大切です。

　つまり，リワークプログラムはクライエントの心理・生理・社会のすべての側面をサポートする必要があり，サポートのすべてが協働していなければなりません。D-MCT はそうしたサポートツールの一部に過ぎず，ほかのサポートとどのように協働するかを常に考えながら運営する必要があります。

　残念ながら，諸外国には日本とまったく同じリワークプログラムがないので，参考にできる臨床研究も実践報告も存在しません。私たちが日々の経験を積み重ねるしかありません。M ネットの活動やワークショップを通じて今後もトレーナーが経験を共有して，D-MCT が日本のリワーク活動の発展にさらに寄与できるようになることを期待しています。

（森重さとり）

1) Jelinek L, Hauschildt M, Wittekind CE, et al. : Efficacy of Metacognitive Training for Depression : A Randomized Controlled Trial. Psychotherapy and Psychosomatic, 85 : 231-234, 2016.
2) Pucci A : The Clients' Guide to Cognitive-Behavioral Therapy : How to Live a Healthy Life...No Matter What! iUniverse Inc., 2006. (森重さとり, 石垣琢磨訳:いつまでも健康で幸せに生きる!:認知行動療法セルフカウンセリング・ガイド. 金剛出版, 東京, 2016.)

コラム リワークプログラムでメタ認知トレーニングが有効だった事例

1.【仮想例Dさんとeさん】

リワークプログラムに参加しているDさんは，これまでにも集団でのCBT，アサーション・トレーニング，マインドフルネスなどのプログラムに参加して復職に備えていました。D-MCTへの参加は復職の直前になりました。ある日，担当スタッフとの面談で，Dさんはこんな感想を伝えてくれました。「CBTは復職するために必要だと知っていたし，実際とても役に立っていると思います。ただ，こうしてCBTを受けた後でD-MCTを受けてみると，D-MCTはCBTの総まとめをしているように感じます。自分のこれまでの体験を整理することができて，参加してよかったと感じています」。

D-MCTとCBTに並行して参加してリワークプログラムを卒業する予定のEさんは，「D-MCTはわかりやすくて面白く，参加するのがすごく楽しみでした。ただ，あっという間に終わってしまうので，どうやって自分の考え方のくせを直せばよいのか，具体的にわからないときがあったのです。その点，CBTでは，自分の考え方のくせに集中して取り組むことができたので，両方受けたのがよかったと思います」。

2.【仮想例Fさん】

職場の上司とうまくいかなくなったFさんは，ストレスを抱え込んでうつ状態となり休職しました。リワークプログラムでD-MCTに参加することになりましたが，初めて知る「考え方のかたより」や，なじみが薄い外国の写真や絵に，最初は戸惑いました。しかし，うつ病になると自尊心が低下したり，「すべき」だとかたくなに考えたり，他者が自分を低く評価していると信じ込んでしまったりして症状がどんどん悪くなることについて理解が深まり，ホームワークにも意欲をみせて毎回提出しました。

しかし，復職した後も同じ上司のもとで働かなければならないことがわかったFさんは，上司とどのような関係を作ればよいかがわからなくなり，気持ちが落ち込み，体調も悪くなり，復職の日程も延期になってしまいました。

リワークプログラムではD-MCTが数か月のインターバルを経て再開されました。今回はリワークプログラムに新しく加わった人の参加が多かったのです

が，オープングループなのでFさんも「もう一度参加しようかな」と考えて，参加の許可を主治医から取りました。

　クイズの答えは覚えているものもありましたが，量が多いので忘れてしまったものも多いことに気づきました。記憶力の低下，自尊心の低下，反すうなどの用語は「確かに前回聞いたなあ」とは思うものの，詳しいことはあまり覚えていませんでした。しかし今回は，Fさん自身の生活に関連させて考えることができ，前回理解できなかったことも理解できたと実感することが多々ありました。

　また，参加メンバーも前回とは異なるため，違う見方や意見を聞くことで新しい発見がいくつもありました。「考え方のかたより」の，特に投影や予言の自己成就の説明のとき，自分が自分に対して下している低い評価を「上司がそう考えているんだ」と相手に投影していたことや，「復職しても上司とうまくいくわけがない」と予言していることに気づき，復職のためにはそれらがまったく役に立たず，かえって回復を妨害しているのだということを発見しました。1回目では気づかなかったことや聞き流してしまったことに対して，2回目では理解が深まったことを実感しました。

　復職後はときどき仕事をやりすぎて疲れとともに気分が落ちてしまうものの，ひどく悪くなる前に自ら対処できるようになり，仕事を続けています。

（森重さとり）

第
12
章

臨床でのさまざまな工夫1
―メタ認知トレーニングの診断横断的活用―

第1節　心理社会的アプローチの課題と診断横断的アプローチ

1．心理社会的アプローチの現状と課題

　統合失調症はもとより，さまざまな精神障害における認知機能障害は，日常生活を送るうえで必要な機能を損なう一因になることがわかっています。社会参加が制限された環境に身を置く期間が長くなるほど，生活の中で得られる情報や経験も少なくなりますし，それに伴い判断や順応，協調や適応といった社会的技能が次第に失われ，対人関係についても支障をきたすことにつながります。このようなことが原因で，精神障害を持つ多くの人々が地域生活を自立して行うことや，仕事に就くことなどが難しくなり，障害の慢性化の原因の1つになっていると考えられています（Harvey & Penn, 2010）。そして，当事者の多くは，健常者が日常生活で普通に行っていることでも「難しい」ととらえてしまい，新しいことや経験したことのないことにも挑戦できないため，障害を抱えて生活するうえでの悪循環に陥ってしまいます。

　現在に至るまで，重篤な精神疾患に対する主な治療戦略は薬物療法であることに変わりはありません。薬物療法は精神疾患を直接的に治療し，症状の改善につながると考えられていますが，個々の症状に対してどのように作用するかについては未解明なことが多く残されています。なかには，効果がみられなかったり，副作用のために治療を続けられなかったりして，薬物療法が奏効しない例が一定数存在し，患者さんが不満を持っていることもわかっています。そして多くの人が，薬物療法と比較して精神療法や社会的な支援といった心理社会的アプローチのほうを好むこともよく知られています（McHugh, 2013）。

このような背景からも，精神医療保健福祉の領域では，精神疾患の症状の緩和や日常生活機能の改善を目的とした，薬物療法を補完する効果的な心理社会的アプローチが強く求められています。薬物治療と心理社会的アプローチを合理的に組み合わせて用いることは，実際にはとても難しいことですが，精神療法や認知リハビリテーションのような心理社会的アプローチは当事者の問題解決能力向上のためにとても重要です。

　心理社会的アプローチは，当事者の一人ひとりに対して高強度の個別介入を行うことが最も有効だといわれています。心理社会的アプローチ発展の歴史をたどってみると，うつ病や不安症のような診断名に応じた心理社会的アプローチの開発と実装が長年にわたって進められてきたことがわかります。認知行動療法はその代表であり，さまざまな精神疾患に対する数多くの臨床研究が行われ，その有効性に関するエビデンスが積み上げられてきました。

　しかしその一方で，こうしたアプローチは実践者の育成に時間がかかり，実臨床への実装が進んでいません。日本ではその傾向が顕著に表れています（Ono et al., 2011）。たとえば，1人の当事者に対して1人のスタッフが個別的かつ継続的な介入を行うためには，そのスタッフはプライベートな時間を自らのトレーニングに割く必要がありますし，実施する際の勤務形態やスタッフ間の調整など，多くの課題を克服する必要があります。

　さらに，心理社会的アプローチにおける多職種連携の必要性については近年よく話題に上がりますが，その難しさも課題となっています。日本では，2016年度に医師と看護師が協働して行う認知行動療法が保険点数化されたことは画期的な出来事で，認知行動療法を広く提供することが期待されました。しかし，現在までの提供実績はごくわずかにとどまっています。

　心理社会的アプローチの困難さには，対象者の複雑な症状や，障害に対応することへの難しさも理由として挙げられます。たとえば，精神疾患には併存症が多いことがわかっており，統合失調症はうつ病をはじめ，不安症や強迫症も併発しやすいことが明らかになっています。不安症もうつ病

を併発しやすいといわれています。これらのことからも当事者が抱える症状や障害が複雑であることがわかります。

　アメリカで行われた大規模な疫学調査では，生涯になんらかの精神疾患に罹患した人の約 80％は併存症を持っていたことが明らかになっています。私たちも日常臨床の中で併存症のある人に関わる機会は多いので，個々のニーズに合わせた心理社会的アプローチを提供することは容易ではないと多くの医療者が感じるのは当然のことといえるでしょう。

　日本の精神医療保健福祉サービスの現状では，入院環境やデイケアや就労促進サービスにおいて，診断名とは無関係に多くの当事者が同じ活動やプログラムに参加する可能性が高くなります。たとえば精神科デイケアでは，全利用者に占める統合失調症の割合は約 60％に過ぎず，それ以外の精神疾患の人が多数利用されています。入院環境においても同様のことがいえます。このような多様な疾患を抱える人々の集団における共通のニーズを見出し，それに合った心理社会的アプローチを提供することはかなり難しいといえるでしょう。

　しかしながら近年では，これまでとは異なる治療目標が提唱されるようになりました。以前は症状軽減が第一目標と考えられてきましたが，近年では当事者個人がその人らしさを取り戻し，希望の生活や生き方を実現していくリカバリーの概念が重視されるようになりました。リカバリー概念は，精神保健上の問題や課題のとらえ方に疾患の枠組みを超えた新しい視点を提供します。これに伴い，心理社会的アプローチも診断名の境界を越えた診断横断的なアプローチが新たに注目されるようになりました。先述のような複雑な疾患や症状を抱える人の日常臨床場面においても，診断横断的な心理社会的アプローチへのニーズと期待が高まっています。

2．診断横断的アプローチとは

　診断横断的な心理社会的アプローチは，疾患に合わせて実施方法を変更することなく，対象者全体に同じアプローチを行うものであり（McEvoy et al, 2009），大きく 2 つに分けられます（Sauer-Zavala et al., 2017）。

まず，うつと不安の統一プロトコル（Barlow et al., 2010）に代表されるような，疾患を超えて幅広く適用できるように設計され，同じ治療要素のセットをすべての対象者に適応する "One size fits all" のアプローチです。普遍的なアプローチを幅広い精神疾患に対して変更することなく活用することは，多くの実用的利点があります。たとえば，介入要素を個別に選択する必要がないため臨床応用がかなり容易になります。また，異なる疾患に対する複数の治療プロトコルを個別に学ぶ場合に比べれば治療者トレーニングも容易になるでしょう（Steele et al., 2018）。しかし一方で，当事者個々の問題やニーズに合わせた治療要素の選択が難しくなるといった課題もあります（Dalgleish et al., 2020）。

　もう1つのアプローチ方法はモジュール方式と呼ばれています。これは，個々の治療ターゲットを持つさまざまなモジュールで構成され，各モジュールが独立した内容を取り扱い，各クライアントのニーズに合わせてモジュールの選択や順序を調整しながら柔軟に提供するもので，実施効率向上にもつながると考えられています（Sauer-Zavala et al., 2017）。MCT も，エビデンスに基づき，すべての人に当てはまる認知バイアスを扱うモジュールで構成されたモジュール方式アプローチです。

　つまり MCT は，認知行動理論に基づいた新しいリハビリテーション法であり，診断横断的な活用が期待できるプログラムだということができます。モジュール方式アプローチの実践上の課題は，実施者がモジュール毎の内容や個人や集団に合わせてモジュールを提供する必要があることです（Dalgleish et al., 2020）。しかし，これらは結果として，当事者の問題やニーズと介入内容のマッチングがうまくいくことにつながります。MCTは，普遍的な認知バイアスを扱い，トレーナーへのトレーニングが容易であることから，上記の課題を克服したアプローチであるともいえるでしょう。

　診断横断的アプローチは，その適用範囲の広さにも違いがあり，比較的狭い範囲の臨床症状に焦点を当てているものもあれば，うつ，不安，認知バイアスなど広い範囲を対象としているアプローチもあります。適用範囲

が広いということは，特異的な症状や障害に合わせて介入法が調整されな
いことを意味しますが，数多くのシステマティック・レビューやメタ分析
において，診断横断的アプローチの有効性は広く支持されています。こう
した研究結果は，診断横断的アプローチが診断別アプローチより優れてい
る証拠とはいえませんが，日常臨床の環境下では診断横断的アプローチを
とらざるを得ない私たちの背中を押してくれるものにはなるでしょう。

1）Barlow DH, Ellard KK, Fairholme CP, et al. : Unified protocol for transdiagnostic treatment of emotional disorders : Workbook, 1st ed. Oxford University Press, Oxford, UK, 2010.
2）Dalgleish T, Black M, Johnston D, et al. : Transdiagnostic approaches to mental health problems : Current status and future directions. Journal of Consulting and Clinical Psychology, 88 : 179-195, 2020.
3）Harvey PD, Penn D : Social cognition : The key factor predicting social outcome in people with schizophrenia? Psychiatry (Edgmont), 7 : 41-44, 2010.
4）McEvoy PM, Nathan P, Norton PJ : Efficacy of transdiagnostic treatments : A review of published outcome studies and future research directions. Journal of Cognitive Psychotherapy, 23 : 20-33, 2009.
5）McHugh RK, Whitton SW, Peckham AD, et al. : Patient preference for psychological vs pharmacologic treatment of psychiatric disorders : A meta-analytic review. Journal of Clinical Psychiatry, 74 : 595-602, 2013.
6）Ono Y, Furukawa TA, Shimizu E, et al. : Current status of research on cognitive therapy/cognitive behavior therapy in Japan. Psychiatry and Clinical Neurosciences, 65 : 121-129, 2011.
7）Sauer-Zavala S, Gutner CA, Farchione TJ, et al. : Current Definitions of "Transdiagnostic" in Treatment Development : A Search for Consensus. Behavior Therapy, 48 : 128-138, 2017.
8）Steele SJ, Farchione TJ, Cassiello-Robbins C, et al. : Efficacy of the Unified Protocol for transdiagnostic treatment of comorbid psychopathology accompanying emotional disorders compared to treatments targeting single disorders. Journal of Psychiatric Research, 104 : 211-216, 2018.

第2節　診断横断的アプローチとしてのMCTの有用性

1．MCTの診断横断的な活用

MCTは，これまでに強迫症やうつ病，境界性パーソナリティ障害など

に向けた専用のバージョンが作られてきましたが，もともとは統合失調症や精神病性障害のために開発されました。認知バイアスの修正を目的としながら，他の心理療法への橋渡しの役割も担うアプローチです。

　MCTのプログラムは統合失調症に限定しないグループでも実施されることが多いため，幅広い障害を持つ人がMCTのグループセッションに参加できます。また，オープングループですから，どの回，どのモジュールから参加してもよく，参加できなかった日があったとしても，その後も自由に参加して構いません。

　グループで実施するMCTの参加人数については，3人から10人までが適当だと推奨されていますが，参加者の精神疾患の内訳については特に決まりはありません。その理由としては，MCTで扱われる認知バイアスのほとんどは，多くの精神疾患でよくみられるものだからです（Dan, 2009）。

　たとえば「結論への飛躍　jumping to conclusion」は少ない証拠で結論を導いてしまう傾向のことで，特に妄想と関連する認知バイアスとして知られていますが，うつ病とも関連することがわかっていますし，精神疾患の有無にかかわらず多くの人にも当てはまる傾向といえます。また，うつ病に特徴的だといわれている「べき思考」や「白黒思考」についても同様のことがいえるでしょう。

　認知バイアスについてはこれまでの章で詳細に述べられていますので，ここでは一部にとどめますが，認知バイアスが多くの人に共通することは周知の事実で，医療者である私たちも日々実感するところです。また，先述のように，日本の日常的な入院や精神科デイケアの環境では，診断名にかかわらず同じプログラムに参加していることが多いといわれています（Miyaji et al., 2008）。このような環境で，診断横断的アプローチとして広く活用できるという特徴から，さまざまな医療場面で集団療法やグループ活動を企画するうえでもMCTは有用なツールになるでしょう。

2．診断横断的 MCT の有用性

　MCT は世界中で臨床研究が行われていますし，その結果を集めた多くのメタ分析も有効性を証明しています。しかし，これまでの MCT の臨床研究では統合失調症のみを対象としており，診断横断的アプローチとしての MCT の有用性を裏づけるような研究は行われていませんでした。そこで筆者らは，日本のデイケアにおいて，多様な精神疾患を対象にした診断横断的 MCT の有用性を明らかにするための臨床研究を行いました（Tanoue et al., 2020）。

　この研究では，日本の精神科デイケア利用者の現状を反映させるために，対象者の条件を「何らかの精神疾患と診断された人」として幅広く参加者を募集しました。研究に参加していただいた約 40 人の診断名の内訳は，約 3 分の 2 が統合失調症，約 3 分の 1 がうつ病，双極性障害，発達障害等でした。MCT のトレーナーも職種を限定せず，看護師，作業療法士，臨床心理士が交代でセッションを運営しました。参加者には週 1 回全 10 回の MCT を受けてもらいました。

　結果として，MCT の前後で統合失調症の参加者は妄想や幻聴といった陽性症状や「結論への飛躍」のような認知バイアスが改善し，うつ病の参加者はうつ症状が改善していました。つまり，各精神疾患における主要な症状に対する効果が確認できました。また，参加者の生活の質や生活機能についても改善がみられました。

　終了後のインタビューでは，すべての参加者から「MCT の内容と実施形式に非常に満足した」との回答をいただき，MCT 満足度の点数についても先行研究を上回る結果となりました。その一方で，内省力（病識）は，MCT 前後での変化はみられませんでした。これについてはさらなる検討が必要です。

　この研究でさらに注目すべき点は，治療成果を統合失調症（MCT のメインターゲットとなる人）と統合失調症以外（MCT のメインターゲットではない人）に分けて結果を比較したとき，2 つのグループ間で，ほとんどの治療成果に差がなかったことです。つまり，統合失調症の人もそれ以

外の精神疾患の人も，診断横断的 MCT を受けることで主要な症状が改善
し，診断限定的な心理社会的アプローチと同等の効果を得ることができた
ということです。

　ただし，この結果の解釈にはさまざまな制限や限界を考慮する必要があ
り，過剰な一般化はできません。また，MCT は疾患ごとに準備されてい
ますので，開発方針に合わせて提供するほうが望ましいかもしれません。
しかし先述のように，日本の臨床環境では診断名でグループを分けて提供
できないことが多いため，診断横断的 MCT は日常臨床の課題を克服しな
がら有益な心理社会的なアプローチを提供することに貢献するでしょう。

1）Dan A : Predictably Irrational : The Hidden Forces that Shape Our Decisions.
　　HarperCollins Publishers, New York, 2009.
2）Miyaji S, Yamamoto K, Morita N, et al. : The relationship between patient charac-
　　teristics and psychiatric day care outcomes in schizophrenic patients. Psychiatry
　　and Clinical Neurosciences, 62 : 293-300, 2008.
3）Tanoue H, Yoshinaga N, Hayashi Y, et al. : Clinical effectiveness of metacognitive
　　training as a transdiagnostic program in routine clinical settings : A prospective,
　　multicenter, single-group study. Japan Journal of Nursing Science, 18 : e12389,
　　2021.

第 3 節　診断横断的 MCT の実践に向けて

1．進行・運営の工夫

　MCT を診断横断的アプローチとして効果的なものにするためには，ま
ずはすべての心理療法に共通する成功要因を押さえる必要があります。た
とえば，参加者が治療効果を期待して取り組むこと，構造化されているこ
と，定期的に実施すること，実施者と参加者，もしくは参加者同士が良好
な関係であることなどは，すべての心理療法に共通する成功要因であり
（Cuijpers et al., 2019），MCT においても同様です。これらの条件を満た
すためには，MCT のセッション中だけでなくセッション外でも，よい雰
囲気の人間関係を作ることがまずは大切ですし，そのためには基本的な実

践方法やルールを理解し，モジュールの意図を踏まえて実施することも重要です。

　繰り返しますが，MCTで大切なのは，認知バイアスについて知り，「自分にも，誰にでも（診断名に関わらず）認知バイアスはある」ということや，「自分はこの認知バイアスにとらわれがちだ」ということに気づき，認知バイアスの影響についての知識を得て，日常の生活場面で「ちょっと待てよ」と考えるメタ認知的活動を般化する，という好循環を確立することです。これはMCTに参加するすべての人に当てはまります。筆者らの研究でも，認知バイアスや日常生活への影響に関する参加者の感想は，診断名が異なっても同じでした。

　セッション中のディスカッションでは，モジュールで扱った認知バイアスが自分の症状や日常生活とどう関連するかを話し合います。このディスカッションについても，「このようなときにどうするかについて，他の人の意見を聞く機会がこれまでなかったので役に立った」という共通した反応がみられました。多様な背景や特徴を持つ人たちとの話し合いが，診断名を超えて新たな視点を与えてくれる機会になったということです。このことは，各参加者の経験，悩み，思考，感情について，認知バイアスという共通の話題のもとで話し合い，意見を聞く機会自体が，すべての参加者に認知的柔軟性をもたらす，と言い換えることもできるでしょう。

　一方，このような参加者の意見や感想は，参加者にとってMCTが「受け身の授業」になってはいけないという注意喚起でもあると思われます。MCTではスライドを提示する場面が多くなりますが，特に初めて参加する人はスライドの文字を懸命に追う状況になりやすいものです。また，グループや設定によっては，ディスカッションの場面で意見を述べる参加者が限定されてしまうこともあります。どのような集団療法でも似たような状況は生じますから，技法や診断名を超えた個人に対するていねいな関わりが，参加者の高い満足度と，MCTの効果を高める臨床環境につながるでしょう。

> **なぜ、こんなことになるのでしょう?**
>
> 精神病の人の多く(すべててではない！) は、自分の意見や信念に反する情報を得ても、その意見や信念に固執し続ける傾向があることを、研究は明らかにしています。
>
> このことは、対人関係にトラブルをもたらし、自分の周囲の環境を健全に、そして現実的に理解することを妨げるかもしれません。

図 12‒1　特定の精神疾患に向けた内容の例

2．MCT の提供方法の工夫

MCT のモジュールは統合失調症用に作られており，統合失調症への心理教育が多く組み込まれているため，スライドや資料には**図 12‒1** のように統合失調症に関する表現がよくみられます。診断横断的に実施する場合は，資料で用いられている表現が当てはまらない参加者も出てくるでしょう。そのような場合は，たとえば，「○○の人は……と書かれていますが，多くの人に（一般的に）当てはまることです」と口頭で説明を加えるような工夫が必要になります。

また，MCT はドイツで開発されたプログラムですから，西洋の文化に基づいた都市伝説やたとえ話，ことわざなど，日本人には理解が難しいものもあります（**図 12‒2**）。開発者のモリッツ教授は，文化差や実施環境を考慮して，スライドを柔軟に変更してもよいと言っています。筆者はスライドやワークシートを参加者の特徴や条件に合わせてわかりやすい内容やたとえ話に変更し，特定の人を対象とした表現をあらかじめ書き換えておくようにしています。

なかには定期的に参加できない人もいます。MCT はオープングループで実施するため，不定期の参加自体は特に問題ありません。しかし，参加できなくても MCT 自体には強い関心を持っている場合もあります。このような人に対しては，モチベーションの維持・向上のため，セッション内

図12-2　西洋文化に基づいた内容の例

容の簡単な紹介，セッションの振り返り，次回に実施する内容の伝達など，可能な範囲で個別のサポートを行います。

　また，グループ活動への参加や，診断横断的なグループ自体に抵抗がある人もいるかもしれません。この場合は，個人向けのメタ認知トレーニング（MCT＋）を提供することもできます。MCT＋のトレーナーになるには訓練がある程度必要ですが，個別のケースフォーミュレーションをはじめとするMCTにはない利点があり，より高強度の介入を必要とする患者さんにとって有益です。MCT＋には詳細なマニュアルや資料が準備されていますので，個人療法の経験が少ないトレーナーにとっても比較的実施しやすいプログラムだと思われます。

　すべての患者さんが心理社会的アプローチに積極的に参加したいわけではありませんし，こちらが勧めても受け入れてもらえないこともあります。しかし，セッションに参加することがMCTの恩恵を受け取る唯一の方法というわけではありません。病院や施設で，MCTセッションの内外で，当たり前のように認知バイアスについてノーマライゼーションが行われるような雰囲気を作ることができれば，多くの人にとってメタ認知的体験を得るチャンスが増えるでしょう。そして，MCTは参加者が楽しめることは何よりの長所ですが，トレーナーにも同じことがいえます。これか

表 12-1　診断横断的な評価に使いやすい尺度の例

評価項目	尺度
うつ症状	Patient Health Questionnaire-9 item：PHQ-9（Kroenke et al., 2001）など
不安症状	Generalized Anxiety Disorder-7 item：GAD-7（Spitzer et al., 2006）など
生活の質	Sheehan Disability Scale：SDS（Sheehan et al., 1996） EuroQol 5-Dimension 5-Level questionnaire：EQ-5D-5L（Herdman et al., 2011, van Hout et al., 2012）など
パーソナル・リカバリー	Recovery Assessment Scale：RAS（Corrigan et al., 2004） The Questionnaire about the Process of Recovery：QPR（Niel et al., 2009）など

らトレーナーになりたいと考えている人も，楽しみながら取り組んでもらいたいと思います。

3．診断横断的 MCT の評価方法

　診断横断的な MCT の効果をどのように測定するかについては意見が分かれるところでしょう。通常の臨床場面では，各参加者の一次的な症状（たとえば，統合失調症の陽性・陰性症状，うつ病の意欲低下や抑うつ気分）をモニタリングするのが一般的です。この方針に従えば，MCT の参加者に合わせて個別にテストバッテリーを組み，評価することになります。

　しかし日常臨床では，一人ひとりに合わせてテストバッテリーを組むのは難しいですし，評価尺度によっては評価者のトレーニングが必要です。多職種で協働している場合は，心理尺度に関する知識にばらつきがあるかもしれません。こうした場合は，多くの精神疾患に当てはまる，うつや不安などの診断横断的な自覚症状を参加者全員の評価項目として設定したり，生活の質（QOL）やパーソナルリカバリーの程度などを評価したりする方法があります。

　表 12-1 に示す心理尺度は，日本語版の妥当性が確認されており，項目

数も少なく5分程度で終えることができるため，限られた時間や枠組みの中で実施するMCTでも用いやすいでしょう。しかし，評価方法や内容を一概に決めることはできず，参加者によってはさらに詳細な臨床的評価が必要な場合もありますから，主治医をはじめとした多職種でよく相談することをお勧めします。実践方法や評価方法は，MCT-Jネットワークのコミュニティで質問したり，意見交換したりすることも役立ちます。

（田上博喜）

1）Corrigan PW, Salzer M, Ralph RO, et al. : Examining the factor structure of the recovery assessment scale. Schizophrenia Bulletin, 30 : 1035-1041, 2004.
2）Cuijpers P, Reijnders M, Huibers MJH : The Role of Common Factors in Psychotherapy Outcomes. Annual Review of Clinical Psychology, 15 : 207-231, 2019.
3）Herdman M, Gudex C, Lloyd A, et al. : Development and preliminary testing of the new five-level version of EQ-5D (EQ-5D-5L). Quality of Life Research, 20 : 1727-1736, 2011.
4）Kroenke K, Spitzer RL, Williams JB : The PHQ-9 : Validity of a brief depression severity measure. Journal of General Internal Medicine, 16 : 606-613, 2001.
5）Neil ST, Kilbride M, Pitt L, et al. : The questionnaire about the process of recovery (QPR) : A measurement tool developed in collaboration with service users. Psychosis, 1 : 145-155, 2009.
6）Sheehan DV, Harnett-Sheehan K, Raj BA : The measurement of disability. International Clinical Psychopharmacology, 11 (Suppl 3) : 89-95, 1996.
7）Spitzer RL, Kroenke K, Williams JB, et al. : A brief measure for assessing generalized anxiety disorder : The GAD-7. Archives of Internal Medicine, 166 : 1092-1097, 2006.
8）van Hout B, Janssen MF, Feng YS, et al. : Interim scoring for the EQ-5D-5L : Mapping the EQ-5D-5L to EQ-5D-3L value sets. Value in Health, 15 : 708-715, 2012.

コラム ピアサポートグループでの実践例
―精神疾患のある性的マイノリティへの応用―

1．病院での実践経験

　MCT は「楽しくて，ためになる」素敵なプログラムです。筆者は精神科病院で MCT を実践しながら，参加者が自分の考え方をみつめ，より明るい生活に向かう姿を数多くみてきました。妄想が原因で長期入院を余儀なくされていた患者さんが，MCT により現実的な思考を取り戻し退院していく経験もしました。また，誰しもが経験する認知バイアスが主題となっていることで，MCT に参加している医療スタッフの考え方が変わり，患者さんに対するレッテル貼りやスティグマが減っていく場面にも出くわしました。これもノーマライゼーションの１つでしょう。このプログラムは医療現場に限らずさまざまな場所で行われるべきだと考えるようになりました。

2．精神疾患・発達障害のある性的マイノリティについて

　筆者は，精神疾患・発達障害のある性的マイノリティのピアサポートグループ「カラフル@はーと」に携わっています。LGBTQ などの性的マイノリティは強い対人ストレスを抱えやすいことから精神疾患の発症率が高いといわれています。性的マイノリティが精神疾患を発症すると，アイデンティティの複数の側面にマイノリティ性を持つことになり，ダブルマイノリティや複合的マイノリティなどとよばれる状況に陥ります。彼らは社会生活のさまざまな場面で自己開示しにくく，「精神疾患を持っていると知られたくない」，「自分のセクシュアリティを知られたら，差別されるかもしれない」と考えざるを得ない状況にある人も少なくありません。

　精神科医療の場でも差別や偏見があり，「セクシュアリティを開示したら『不道徳な生き方だ』と叱責された」，「通院先を変えざるを得なかった」，などという声が上がっています。差別や偏見を恐れ，精神的不調を抱えながらも医療の場に現れない人たちも実は数多く存在するといわれています。こうした人たちは，精神疾患による苦しみや，セクシュアリティに関する悩みなどを複合的に抱えています。自分を苦しめる思考や感情が認知バイアスによって増強されていても，自分の本当の考えを開示したうえで認知行動療法的支援を受けることはかなり難しいといえます。

242

3．LGBTQ グループにおける MCT の実際

　そこで筆者は，ピアサポートグループの参加者を対象に MCT を実施してみることにしました。グループは当事者性のある人のみで構成され，心理的安全性が比較的保たれていますし，MCT は本当の自分を表現することに抵抗を感じている人でも参加しやすいことから，複合的マイノリティの人たちでも気がねなく話せるだろうと考えました。

　参加者を募ったところ，統合失調症，うつ病，双極性障害，アルコール依存症などさまざまな疾患を持つ人が参加してくれました。セクシュアリティも多様で，ゲイ，レズビアン，バイセクシュアル，トランスジェンダーの人が含まれていました。お互いの精神疾患やセクシュアリティを開示したうえでディスカッションでき，多くの参加者から「有意義なプログラム」，「満足度が高い」というフィードバックをもらいました。

　「自分と他者では考え方が違うことで視野が広がった」といった典型的な感想だけでなく，「自分がゲイであることがずっと苦しかったが，苦しさの一部は認知バイアスの問題だとわかった」というセクシュアリティ関連の思考にも言及した感想や，「性的マイノリティに対する社会の偏見には結論への飛躍バイアスが影響している。メディアの情報だけを根拠に判断されていることがある」といった鋭い指摘も寄せられました。

　MCT の「いろいろな考え方をしてみる」という指向性は，多様な背景を持つ複合的マイノリティのピアサポート活動と相性がよく，参加者のリカバリーにつながると感じています。

（松本武士）

臨床でのさまざまな工夫2
―やわらかあたま教室―

第1節　臨床現場でメタ認知トレーニングを使うために

　みなさんはメタ認知トレーニングを誰に提供したいと考えていますか？
また，その人たちに導入するための具体的なイメージは頭に浮かんでいま
すか？　参加者の反応を想像してみると，おおむね良好なものが期待でき
そうですか？　周りのスタッフの受け入れはよいでしょうか？

　現場に導入する際に生じる上記のような問いに対して，特に問題や心配
がなければメタ認知トレーニングをそのまま実施してもよいと思います。
一方，対象となる人たちに合わない，あるいは，その現場に合わないと思
う部分があれば，効果と限界を考慮したうえで，プログラムを修正し，工
夫することが必要になります。

　本章では，病識や理解力が低下した人たちにも提供できるようメタ認知
トレーニングを修正した例として「やわらかあたま教室」を紹介したいと
思います。やわらかあたま教室はメタ認知トレーニングの中から5つの
テーマを各2回ずつ用いた，1クール計10回のプログラムです。選択し
た5つのテーマは**表13-1**を参照してください。このプログラムは，関心
を示した人がすぐに参加できるオープングループ形式で行われます。クイ
ズに使用する写真やイラストの中には，メタ認知トレーニングのものを日
本人にわかりやすいよう変更したものもあります。これらに加えて，やわ
らかあたま教室では参加しやすく有意義なプログラムとなるように4つの
工夫を行いました。

1. 病識の乏しい人にも受け入れられるプログラム
　メタ認知トレーニングは，その人固有の体験や症状を扱わない一般的な

表13-1　やわらかあたま教室のテーマ・クイズ・やわらかあたまポイント

テーマ	クイズ	やわらかあたまポイント
1．原因さがし	「原因は？」	3種類の理由を考える 「自分」「相手」「状況／偶然」
2．あわてちゃ 　　いけない	「これは何？」	あわてない，あわてない ひとつの見方にとらわれない
3．状況がわかる	「どんな状況？」	前後の状況をよくみる
4．きもちがわかる	「どんなきもち？」	一部だけではなく，状況もみよう
5．記憶	「何がありましたか？」	あやふやな記憶に頼りすぎない生 活をしよう

課題を通して，自らの認知バイアスに気づいてもらうという目的を持つ，体験型学習スタイルのプログラムです。自分の認知を振り返り，認知バイアスの影響に気づき，改善するための工夫に取り組むというプロセスを練習して，症状の改善を促進する作用があります。

　一方，メタ認知トレーニングには認知バイアスを精神障害と関連づける心理教育も含まれていますが，これに抵抗を示す人もいます。たとえば，統合失調症や妄想といった言葉が出てくると，「私は病気じゃないから，このプログラムは必要ない！」といって拒否する可能性があります。事前に言葉を慎重に選んだとしても，このようなことが生じると，参加者が減ってしまうかもしれませんし，プログラムを提供するスタッフのモチベーションの維持も難しくなるかもしれません。

　そこで，やわらかあたま教室では精神障害に関する心理教育を割愛することにしました。ただし，この割愛によって統合失調症の陽性症状の軽減に関するメタ認知トレーニングの効果は薄くなるかもしれません。その代わり，メタ認知トレーニングの体験学習のよさが十分生かされ，病識の乏しい人も含めて多くの人に提供できるかもしれません。

2．集団プログラムの導入部分の工夫

　参加対象を幅広くすると，参加者の理解力にばらつきが生じます。ま

た，病識が乏しい人の中には，孤立する傾向が強く，集団の場に入ることへの抵抗が強い人もいます。このような人たちにも参加してもらえるように，各回のプログラム冒頭に「あたまの体操」として，「あたまに『○』（たとえば，『さ』）のつく言葉をあげてください」という言語流暢性課題を置くことにしました。

　この課題には3つの目的があります。まず，参加への敷居を下げるという目的です。あたまに『○』のつく言葉であればどんなものでも「正解」となりますし，特別な知識はいりません。次に，他者交流へ導入するという目的です。この言語流暢性課題では，隣の席の人とペアになって回答を紙に書き込んでもらいます。一方が記録係になることで，他者との共同作業を促します。最後に，集団の場へ導入するという目的です。集団の場での発表は，失敗した体験や他者から拒絶された体験を持つ人にとっては強い不安や緊張を伴います。しかし，この言語流暢性課題では，すでに書き出したものを読み上げるだけですし，どのような答えも正解であって，失敗はないということをスタッフが強調します。こうして人前で発言することの抵抗を下げ，発表での成功体験を提供します。また，自分が発表しなくても，他者の発言に耳を傾けることによって，他者の意見や視点を知るよい機会にもなります。

　このような方法を用いて，理解力が低下している人や集団に入ることが難しい人でも，参加しやすくなるプログラムを目指しました。

3．般化のための「やわらかあたまポイント」の作成

　プログラムの効果は，参加しただけではなく，日常生活の場面でプログラムの内容がどれだけ想起され，活用されるかにかかってきます。つまり，変化のためには般化が重要です。そこで，日常生活においても認知バイアスを自覚したり，それによって生じる問題に対処したりする指針として，実際に口にしやすくておぼえやすい「やわらかあたまポイント」を設定しました。

　各セッションでテーマに関するクイズの体験と合わせてポイントの意味

をつかみ，繰り返し口にして記憶に残る仕組みになっています。やわらか
あたま教室ではテーマを5つに絞りました。各テーマとやわらかあたまポ
イントは表13-1の通りです。

4．自分の傾向に目を向けるためのスモールステップ構造

　ここまで紹介したプログラムのねらいや工夫を実際に参加者に提供する
ためには，適切な流れが必要です。各回のテーマは異なりますが，自分の
問題に目を向けるための基本の流れは同じです。そして，この流れをス
モールステップで構造化しました（**図13-1**）。集団に入り，課題を中心
にした取り組みに参加しながら，自分の傾向に目を向けるという流れで
す。この流れは，行きつ戻りつしながらステップアップするイメージを
持ってください。

　このプログラムの効果や有用性を理解するためには，トレーナーや参加
者として実際に体験することがもっともよい方法だと思いますが，具体的
なイメージを提供する架空事例を第2節に挙げました。これは精神科病院
の急性期病棟において「プログラムに初めて参加する当事者」の視点から
みたやわらかあたま教室の体験です。この当事者の思考内容を（　）で示
し，スタッフの発言は＜　＞で示します。ほかの当事者の発言は「　」で
示します。この当事者は入院中ですが，症状は全体としてある程度落ち着
いていると考えてください。なお，文中の各見出しはスモールステップ構
造の番号（図13-1）と対応しています。

第2節　やわらかあたま教室の参加者体験
〜ある精神科病院の急性期病棟〜

　午後3時，ホールにて，スタッフが2，3人で何やら準備を始めた。
＜今からプログラムを開始するので，テレビを消させてもらいますね＞
と，そのスタッフが患者さんたちに声をかけている。1人のスタッフは，

図13-1　やわらかあたま教室のスモールステップ構造

ノートパソコンを開いて，プロジェクターを設置している。別のスタッフは，大きなスクリーンを立ち上げて，マイクセットを準備し，マイクのテストをしている。ある患者さんは別の患者さんに「一緒にやろうよ」と声をかけている。

　（何が始まるのかな？）と思って見ていると，スクリーンには，『やわらかあたま教室』という文字が出ている。（かわいいキャラクターのイラストも一緒に映っているな。よくわからないけど，何やら楽しそうな雰囲気だから，少し後ろのほうで様子を見てみるか）そのうち，＜それでは今からやわらかあたま教室を始めたいと思います＞とスタッフがマイクを使って話し始めた。マイクを通すので，後ろのほうでも声がはっきり聞こえる。＜はじめて参加される方はいらっしゃいますか？＞と尋ねられたので，軽く手を挙げてみた。（他にも初めての人がいるみたいだな）＜ここに『いろいろなアイディアが出せるようになろう』と書いてありますが，やわらかあたま教室は，あたまのストレッチだと思ってください。時間は30分くらいです＞とスタッフが説明した。（なるほど，あたまのストレッチか。少しはやってみたほうがいいかもな。時間もあるし，30分くらい

ならいいか）

1. あたまの運動（言語流暢性課題）

（あ，スクリーンの映像が変わった）＜あたまに『さ』のつく言葉，思いつきますか？＞とスタッフが読み上げた。「はい，さかな」「さけ」「あ，さとうさん」患者さんたちが，あちこちから声を上げている。スタッフは，＜そうですね，さとうさんというのは，看護師さんのことですかね？＞発言をした患者さんはうなずいている。＜それから，さかな，と，さけ。さけって，魚のさけのこと？＞と尋ねられると，患者さんが「さけは，お酒のほうだよ」と声を上げた。＜ついつい先に魚って言われたから，魚のさけのほうかと思っちゃいました。ありがとうございます。みなさんが言ってくださったように，あたまに『さ』のつく言葉はたくさんありますね＞（確かに。これがあたまの運動か）

＜それでは，頭の運動として，今から，あたまに『さ』のつく言葉を1分間でできるだけ挙げてみてください＞と説明された。（『さ』のつく言葉か，いろいろありそうだな）＜頭の運動は，できればペアになって行ってください。今から紙と鉛筆をお渡ししますので，2人で1つずつ受け取ってください。どちらかが書く係になって，2人で協力して行ってください＞ほかの患者さんは最初からペアになっているところもある。（『一緒にやろう』と言っていたのは，このことか。ペアと言われても，誰か余っている人はいるのか）そう思ったのもつかの間，＜ペアが見つかっていない人は手を挙げてください＞と言われるので，手を挙げたら，スタッフの1人が，別の患者さんを連れて隣にきて＜一緒にやってもらってもいいですか？＞と声をかけてきたので，頷いた。（少し緊張するが，まあ，やってみるか）

＜それでは，今から時間を1分間，測ります。あたまに『さ』のつく言葉を，できるだけ挙げてください。よーい，はじめ！＞勢いよく声がかかった。（いろいろあるはずだ）「さ，さしみ，とか」と自分が声を出すと，隣の患者さんが，鉛筆でさしみと書いてくれた。（なかなか字がきれ

いだ）「サランラップ，サイレン，というのもあるかな」と言うと「そうですね」と応じてくれる。相手も「サンタクロース，サングラス」と言いながら書き足している。（そういうのもあったか。確かにな）

　ピピピピ，ピピピピ，タイマーの音が鳴り響いた。＜はーい，時間になりました＞（あっという間だな。もっといっぱい出ると思ったが，途中で止まってしまった）スタッフは，＜それではみなさん，何個出たか数えてください＞と声をかけている。自分たちのペアは，9個だった。＜0個のところ＞スタッフが声をかけているが，誰も手は挙げない。＜1個から5個のところ＞1組，手が挙がった。＜6個から9個のところ＞，相手と目を合わせて，一緒に手を挙げてみた。ほかにも手が挙がっているペアはある。＜10個以上のところ＞（そんなところもあるのか）

　スタッフは続けて＜みなさん，いろんなものが出たと思いますが，それぞれどんなものが出たのか共有したいと思います。順番に読み上げてもらいたいと思います。最初に発表してもよいというところはありますか？＞と声をかけた。マイクを回して，それぞれのペアが読み上げている。「サルモネラ菌，さみしい，さみだれ，サーベルタイガー……。以上，7つです」（7つという割に，変わったものが出ているんだな）ほかのペアも，同じものもあれば，変わったものもある。＜いろんなものがありましたね＞とスタッフがまとめた。（確かに。自分は少し頭が固くなっているのかな。少し頭の運動になったような気がする）

　＜さて，頭の運動をやってみましたが，今日の頭の働き具合を教えてください。今日は，頭がよく働いている人＞パラパラと手が挙がる。＜まあまあかな，という人＞（ここかな）＜今日は，あんまり頭が働いていないという人＞（どっちかと言えば，こっちかな）手を挙げてみた。＜それではみなさん，ご自身のペースでご参加ください＞（そうか，自分のペースでいいのか）

2．今日のテーマとクイズ
　＜さて，今日のテーマに移ります＞（映像が変わったぞ。なんだろう）

＜今日のテーマは，原因探しです。人は，おかしいぞと思うと，原因を探します＞（そう言われるとそういうときもあるかもな）＜さっそくですが，クイズ，原因は何？に取り組みたいと思います＞（あ，赤ちゃんだ）＜はい，こちらの写真は見えますか？何でしょうか？＞こちらの表情を察したのか，スタッフと目が合った。＜何でしょうか？＞と尋ねられたので，「赤ちゃんが泣いている」と答えた。＜そうですね。赤ちゃんが泣いているところです。さて，なぜ泣いているんでしょうか？原因をみんなで一緒に探してみましょう。ただし，これはやわらかあたま教室なので，正解はありません。頭のストレッチと思って，いろいろなアイディアを挙げてください。いかがでしょうか？＞

　さっそく手を挙げている患者さんがいる。＜はい，どうぞ＞「おなかがすいている」（たしかに，そうだな）「おしっこが出た」（そういう意見もあるか）＜おしっこが出て，いやだー，早く替えてよー，という気持ちですかね？＞スタッフが言葉を足している。（赤ちゃんが泣くのはこんなところだろうな）＜他にはどうですか？＞（スタッフは，まだ何か原因があると思っているのか。うーん）「はい，暑くて泣いてるとか」＜そうですね，暑いよー，なんとかしてくれー，といって誰かを呼んでいるのかもしれませんね。いろいろなアイディアが出ましたね＞

　映像が切り替わった。＜やわらかあたま教室では，やわらかあたまポイントというものをお伝えしています。今日のポイントは，まずは『たくさん思いつく』です＞（そうか，これは，頭のストレッチだった）

　＜次のクイズです。さて，これはどんな状況でしょうか？＞『約束の場所，約束の時間』と書いてある。（どこかの駅の中かな。大きな時計がある。人も多いなあ）「駅で，待ち合わせをしてるところ？」患者さんが声を上げた。（あの人はよく話すなあ。人前で話すことに緊張しないのか）＜待ち合わせをしたのに，相手がいない，なぜだろう？＞スタッフが進行した。「寝坊してるんじゃないですか」，「あとは，約束を忘れてるとか」，「電車が止まったから」いくつも意見が出た。＜『電車が止まったから』と言ってくださいましたが，止まったというのは？＞（おっ，さらに質問

か）「事故で」＜事故もいろいろありますね。せっかくなので，どんなものが思いつくか教えてもらってもいいですか？＞

ほかの患者さんが手を挙げている。「線路にシカが入って，それで電車が止まって，遅れている」＜じゃあ，遅れているのは，シカのせいかな？＞「そうなりますね」（そんなことめったにないだろ。でも，そんな原因でもいいのか）＜ほかにどうですか？＞（もうないだろ）「はい，自分が場所を間違えている，というのもあるんじゃないですか。初めての場所で，駅の反対側にいるとか」（ああ，そうか，自分が間違っているということもあるのか）

3．やわらかあたまポイント（図13-2）

＜いろいろな意見がありましたね。それでは，少しこちらをご覧ください。ここには，みなさんが挙げてくれたものもありますが，『自分が場所を間違えた』，『相手が約束を忘れている』，『事故にあっている』シカが出てきたというのも事故ですね。ちょっとここで，スライドを進めますが，『原因は3種類あるみたい』と書いてあります。何かというと，『自分が場所を間違えた』というような『自分のせい』，それから『相手が約束を忘れている』というような『相手のせい』，それから『事故にあっている』というような『状況や偶然』です＞（確かにそう言われると，3種類というのは納得だな）＜さてここで，やわらかあたまポイントに移ります。先ほどは，『たくさん思いつく』ということをお伝えしました。それに加えて，『3種類の理由を考える』ということもポイントです。その3種類というのは，『自分』，『相手』，『状況・偶然』です。これは，また後で聞きますので，覚えておいてください＞（ふー，なんだかいろいろ出てきたな）

＜さて，つぎの事件です＞（今度は，道路だな。車があるぞ）＜『急ブレーキ，追突してしまった』と書いてあります。自分が乗っていた車が，急ブレーキをかけたけど，残念ながら追突してしまったようです。さて，なぜ追突してしまったのでしょうか。今度は，隣の方と一緒にどんな原因

やわらかあたまポイント
・「たくさん」思いつく
・「3」種類の理由を考える
　「自分」「相手」「状況・偶然」

図13-2　やわらかあたまポイント

があるか，話し合ってもらってもよろしいですか？先ほどのペアで，紙の空いているところに思いついた原因を書いてみてください＞（ペアか，さっきの人となら，なんとかやれるか）

「お願いします」隣の人が，頭を下げた。「何か思いつきますか？」（そう言われてもなあ）と思っていると，「よそ見ですかね」と隣の人が言った。「そうですね」あいづちを打っておいた。「じゃあ，書きますね」（ほかには何かないかな）「スピードの出しすぎとかはどうですか」と自分の意見を言ってみた。（よかった。隣の人は『スピードの出しすぎ』とも書いてくれた）スタッフが回ってきた。＜順調ですね。あとで発表してくださいね＞（発表か，できるかな）＜みなさん，あと10秒です＞（もうそんなに，時間がないのか）

ピピピピ，ピピピピ，タイマーの音が鳴り響いた。＜はい，時間です。どんなものが出ましたか？発表してもよいところはありますか？＞（さっそく手を挙げているペアがある。マイクを持って発表か）「よそ見と車間距離の詰めすぎというのが出ました」（なるほどな）＜よそ見は，何を見てたのかな？＞スタッフが尋ねた。「あ，わかった。スマホが鳴って，気がそれた」（確かに，運転中にスマホが鳴ったか）＜それでは，よそ見をしたのは，スマホのせい？＞スタッフが質問をした。「それは，自分のせいでしょ。鳴っても気にしなければいいんだから」と返答している。＜車間距離を詰めたのは？＞「それも自分のせいでしょ」＜ありがとうございました。自分のせいというのが2つ出ましたね。それでは，ほかのペアは

どうですか？＞（もう1つのペアが手を挙げていたぞ）「はい，私たちが
思いついたのは，急に横入りをしてきた車がいて，急ブレーキをかけたけ
ど，間に合わなかった，というのと，もっと前の車が急ブレーキをかけ
て，それで前の車が追突したから，自分たちの車も急ブレーキをかけても
間に合わなくてぶつかってしまったというものを思いつきました」（へー，
そんなこともあるか）＜ありがとうございます。まずは，急な横入り。こ
れは誰のせいかというと？＞「相手のせいですね」＜なるほど，前の車が
急ブレーキをかけて，というのは，誰のせいかというと？＞「それも，相
手のせいかな」＜ちなみに，前の車が急ブレーキをかけたのは，なぜで
しょうか？＞「えー，それは考えてなかった」，別の人が手を挙げて当て
られた。「たとえば，猫が道路に飛び出してきて，それをみて，急ブレー
キをかけたとか」と別の人が発言した。＜確かに，それはびっくりして急
ブレーキをかけちゃう状況でしょうね＞

　（自分たちは手を挙げて発表することはできなかったな）いろんな意見
が出たところで，スタッフが映像を切り替えた。＜さて，やわらかあたま
ポイントに戻ります＞（ポイントか，なんだったかな）＜先ほど，お伝え
しましたが，一部が空欄になっています。覚えていますか？ここに入るも
のがわかる方？＞（うん。わかる）＜はい，どうぞ＞（おっと，つい手を
挙げてしまった）「たくさん思いつく」拍手が起こった。（さっきは，意見
を言えなかったけど，答えが決まっていると発表しやすいな）

　＜次の部分を覚えている人はいますか？＞（これはわかる。3種類だ
な）1人が発表した。＜そうですね，次は，みなさん，わかりますか？＞
（そのあとは，自分のせいと，相手のせいと，それから何だったかな）別
の人が今度は手を挙げている。「自分，相手，状況と偶然」（おー，そう
だった）拍手がまた起こった。

4．認知バイアスの悪影響
　＜さてここで，原因探しの影響について考えてみたいと思います。た
えば，自分のせいが『クセ』になっている人がいたとします＞（ん？どう

いうことだ？）＜赤ちゃんは自分のせいで泣かせてしまうし，待ち合わせでも，前もって確認しておかなかったから，自分のせいで会えなかったし，前を見ていなかった自分のせいで追突する＞（あー，そうなったら大変だな）

　＜こんな考えが『クセ』になると生活にどんな影響が出ると思いますか？＞（生活ってなんだ？）＜たいてい『自分のせい』と考えると，どんな気分になりそうですか？＞スタッフがみんなに尋ねている。（気分のことか）「はい，落ち込む」（相変わらず積極的な人だ，すごいな）＜そうですね。落ち込んだり，自信がなくなるかもしれません＞（うん。そういうことはあるだろうな）

　＜さて，今度は，『相手のせい』がクセになっている人がいたとします。赤ちゃんは当てつけのように泣き出すし，待ち合わせても相手は忘れているし，へたな運転手のせいで事故になるし＞ハハハハハ，みんな笑っている。（進行するスタッフは面白い人だな）＜こんな考えが『クセ』になると，生活にどんな影響が出ると思いますか？たいてい『相手のせい』と考えるとどうなると思いますか？＞（うーん，イライラした感じだろうな）＜いかがですか？＞スタッフと目が合った。「えっと，イライラしやすくなる？」＜そうですね。ありがとうございます。よく腹が立って，相手とケンカになって言い合いをしたり，無視したりする場合もあるかもしれません＞

5．アンケート

　＜さて，みなさんは頭が固くなっていませんか？自分のせいばかり，とか，相手のせいばかり，になっていませんか？＞（どうかなあ？）＜ここで，アンケートです。自分は何か嫌なことがあると，自分のせいと考えやすい人？＞パラパラと手が挙がっている。＜ありがとうございます。では，自分は何か嫌なことがあると相手のせいと考えやすい人？＞（自分はこっちかな。どうしてもイライラしてしまっていたなあ）＜自分の傾向を自覚したら，チャンスです＞（ん？どうして？）＜自覚できると，そこか

らどうするかを考えるチャンスが出てきます。頭が固くなっているな，と思ったら，バランスよく考えられるようになるといいですね＞（そういうことか）

6．対処方法の検討

＜さて，バランスよく原因をみつけるには，どうしたらいいと思いますか？今から少し時間をとりますので，隣の人と一緒に相談をしてみてください。時間は1分半です＞（今度は，対処方法を考えるのか）「お願いします」（また，ペアになって話し合いだな）

（よしよし，『客観的になる』『人の意見を聞く』『決めつけない』『3種類の原因を考えるようにする』2人で話し合っていると，4つも出てきた。でも，イライラしたときには，難しいんだよな）

ピピピピ，ピピピピ，タイマーの音が鳴った。＜いかがでしたか，どんな意見が出たか教えてもらってもいいですか？＞自分たちのペアも意見を求められたので発表できた。（ほかの人たちは，どんな意見が出たのかなあ。お，そういう意見もあるのか。なるほど。いろんな意見があったなあ。今度から試せるといいか。そうだなあ）

＜さてみなさん，いろんな対処方法が出ましたが，やわらかあたまポイントに戻ります。覚えていますか？空欄に入るのは何かわかりますか？＞（もちろん。自信あり）＜覚えている方は，せいので，声に出してもらってもいいですか？＞「せいの！」「たくさん思いつく！」「3種類の理由を考える！」「自分，相手，状況と偶然」。（おー，みんなでそろうとすっきりするなあ）

＜今日のやわらかあたま教室は，ここまでとなります。いかがでしたか？あたまの運動になった人？面白かった人？ちょっと疲れた人？疲れた人は，ゆっくり休んでくださいね。次回はまた来週この時間に行いますので，よかったらご参加ください＞パチパチパチパチ。拍手が起こった。

（あー，いい頭の運動になった）「ありがとうございました」（隣の人ともこれで終わりか）「面白かったですね」と隣の人と目が合ったら声をか

けられた。「そうですね」と返事をした。「いやー，なかなか頭が固くなっちゃってるなあーと思いましたよ」（たしかに自分もそう思った）「こういうのもいいですよね」と返答してみた。「まったくその通りですね。ところで……」（もう少し話をしてみるか）。

第3節　臨床現場への応用における支援者の役割

　前節の架空事例でやわらかあたま教室を追体験できたでしょうか。あなたが接している当事者にとって，このプログラムは面白くて，楽しく参加できるでしょうか？　参加者が自分の認知バイアスに目を向ける機会になるでしょうか？　本章で示した工夫が現場のニーズに合うなら，ぜひ取り入れてみてください。

　さて，多くの人に提供できる汎用性の高いプログラムは，さまざまな臨床現場で活用することができます。その一方で，プログラムを通してどのような成果が得られるかは，トレーナーを含む支援者の力量が大きく影響します。ここからは，（1）アセスメント，（2）個人への介入，（3）他の支援との連続性における支援者の役割，（4）各現場におけるプログラム提供のあり方，の4点から，支援者の力量を上げる方法を検討したいと思います。

1．アセスメント

　ここでいうアセスメントとは，何かの特殊な道具を用いたり心理テストを行ったりして評価するという意味ではありません。参加者のプログラムに対する態度を観察するだけでも，さまざまなアセスメントができます。

　まずは他者交流の場面で，他者配慮の様子や自分の思っていることを発言できるかどうかを観察することで，社会性，積極性，言語化能力などのアセスメントができるでしょう。

　さらに一歩進めると，プログラムでの態度や反応から参加者の認知特性についての情報が得られます。たとえば，原因探しの課題では，1つの原

因に偏ってしまい，アイディアが広がらない人がいます。また，状況を理解しようとするときに，情報収集を十分にせずに判断を下してしまう傾向を持つ人もいます。自分の判断や記憶に対して自信過剰な人もいます。

そして，自分自身の認知バイアスや考え方の傾向を自覚できる力（＝メタ認知）についても情報が得られます。やわらかあたま教室に参加する前には「病識がない」と評価されている人でも，課題を行っているうちに自分の考え方の傾向を振り返ることができるようになる人は多いという印象を筆者は持っています。自分自身への気づきの機会を提供することで，メタ認知能力が向上する可能性をアセスメントすることもできるでしょう。

支援者がこうしたアセスメントの視点を持つには，支援者が認知バイアスやメタ認知についての理解を深める必要があります。本書の第1章や第2章も役に立ちますが，やわらかあたま教室は支援者がこうした理解を深めてアセスメント能力を高める機会になると考えています。

2．個人への介入

集団プログラムでは，冷静に状況を理解したり，複数の視点からとらえたりすることの意義を理解できるようになるための支援を行います。そして，やわらかあたま教室では「やわらかあたまポイント」をキーワードとして共有します。この共有されたキーワードをトラブルが生じた際の声かけに使うことが個人への介入のカギとなります。

誰しもトラブルに陥ると，視野が狭くなり，自分の考え方の傾向にはまり込んでしまうことがあります。「やわらかあたまポイント」は，日常生活でトラブルが起こったときにも，「あわてない，あわてない」，「決めつけない」，「ひとつの見方にこだわらない」など，立ち止まって冷静になるためのワンフレーズです。この言葉が参加者に共有されていると，言葉がカギとなってプログラムでの体験が想起され，再び冷静になり，状況を理解し，問題に取り組む態度が変わります。

個人への介入，つまり対話による支援でも，トラブルへの正解を求めるわけではありません。ただ，あわてずに，状況をよく見て，1つの見方に

こだわらずに，何が起きているのかを理解することをめざします。そのためのキーワードとして「やわらかあたまポイント」やプログラムのクイズで使った問いかけの言葉を，個人への介入でも使うことができます。支援者の経験が豊かでも，個人への介入は難しい場合があります。しかし，ワンフレーズのキーワードが当事者と支援者との間で共有されていれば，対話のきっかけになるだけでなく，対話を促進する役目を果たしてくれるはずです。

3. 他の支援との連続性

やわらかあたま教室は精神科リハビリテーションの土台作りを目的としています。精神障害の心理教育に関する部分を割愛していますが，心理教育を否定するものではありません。やわらかあたま教室によって認知的柔軟性を高めてから，心理教育に進んだり，具体的な問題を解決するためのスキルやコミュニケーションスキルを高めるための社会生活スキルトレーニングを導入したりすることが望ましいと筆者は考えています。

薬物療法や環境調整などでも，「あわてない」，「決めつけない」，「前後の状況をよく見る」というやわらかあたまポイントを活用することで，治療や支援が円滑に進むかもしれません。

各種プログラムや支援との連続性や役割分担を考慮しながら，効果的な支援方法を組み立てていくことが支援者にとっての課題となるでしょう。やわらかあたま教室を運営しながら，支援者自身の認知的柔軟性を高め，プログラム単独での効果にこだわらず，現場の総合力を生かした支援方法を組み立てることができればよいと思います。

4. プログラムの提供のあり方

やわらかあたま教室は，医療や福祉を中心にさまざまな臨床現場で活用されています。現場に合わせて柔軟に提供しているという報告が筆者のもとにたくさん届けられています。

たとえば，週1回実施しているところもあれば，月1回のところもあり

ます。一連のプログラムの 1 コマである場合もあれば，他のプログラムと組み合わせて行われている場合もあります。メタ認知トレーニングのようなホームワークを加えているところもあれば，やわらかあたまポイントを壁に掲示しているところもあります。課題を工夫したり，イラストを変更したり，試行錯誤しながら実にさまざまな取り組みがなされています。

　こうした多種多様な工夫が存在するのは，対象となる当事者や状況を支援者がよく観察して，柔軟な態度で取り組んでいるからでしょう。また，こうした支援者はみな，施設内でのディスカッションや他の施設との情報交換を繰り返しています。当事者だけでなく支援者も，冷静に情報を集めて，他者との対話を大切にすることが重要です。　　　　　　　　　（古村　健）

第14章

専門家教育への応用

第1節　認知行動療法の理解促進のための MCT の活用

1．認知行動療法の普及

　日本では 2007 ～ 2009 年度に厚生労働省が実施した，こころの健康科学研究事業「精神療法の実施方法と有効性に関する研究」において，認知行動療法（以下，CBT と記します）の有効性が実証され，「うつ病の認知療法・認知行動療法治療者用マニュアル」が作成されました。

　こうしたエビデンスの蓄積により，2010 年度には外来の気分障害患者さんへの CBT が診療報酬で算定できるようになりました。特にうつ病患者さんの社会復帰支援の一部として CBT の活用とその普及が進展し，近年ではうつ病等の気分障害に加え，強迫症，社交不安症，パニック症，心的外傷後ストレス障害，神経性過食症が CBT の診療報酬の算定対象疾患となっています。

　このように，多くの疾患に対して CBT が提供されるようになり，この 15 年ほどで各医療専門職種の教科書で CBT が説明されるようになっただけでなく，国家試験問題においても CBT 関連の出題が頻出するようになっています。また，後述する臨床実習教育においても，実習施設先で CBT を活用した治療場面に出会うことが増えています。このような状況から，医療専門職を目指す学生が臨床実習に参加する前，あるいは国家試験前に，CBT についてこれまで以上に理解を深める必要性が増しています。

2．専門教育課程科目における MCT の紹介と認知行動療法の理解促進

　本章では，筆者が実際に作業療法学専攻の学生に対して，MCT を用い

表14-1　学生に紹介する MCT の基本的モジュール

モジュールのタイトル
1．帰属―誰かのせいと自分のおかげ
2．結論への飛躍Ⅰ
3．思い込みを変えよう
4．共感することⅠ
5．記憶
6．共感することⅡ
7．結論への飛躍Ⅱ

て CBT への理解を深めた方法を紹介します。MCT の8モジュールすべてを学生に伝えることは時間的に困難です。したがって，筆者は基本の8モジュールの中から，**表14-1**のゴシックの斜体で記した3つを中心に紹介しています。

　また，3つのモジュールを紹介する前に必ず，出来事に対する認知，感情，行動，身体反応の関係性を中心とした CBT の基本概念を説明し，**図14-1**「MCT の基本背景」と**図14-2**「MCT モジュールの基本構造」を用いて，MCT の基本背景と治療構造を学生に説明しています。

　学生には授業内で実際に MCT を体験してもらっています。教員（筆者）がリーダー役を務め，場合によっては MCT を実践している修士 TA（ティーチング・アシスタント）にコリーダーを依頼します。学生は3〜4名程度の小グループに分かれて，各モジュールの写真やイラストを見ながら，患者さんと同じようにそれぞれの課題に取り組み，グループ内で意見交換します。この意見交換では，写真やイラストに対する解釈（認知）の多様性や，個人の認知バイアスの違いに触れる機会を自然に提供できます。また，異なる認知がその後の感情や行動に多様な反応を生じさせることを，非侵襲的に繰り返し学ぶことができ，CBT の基本的概念図の理解を促進できると考えています。

　作業療法士の国家試験では CBT に関連した問題が毎年必ず出題されていることに加えて，CBT や MCT を実践している施設での臨床実習を経

☞妄想の認知モデル

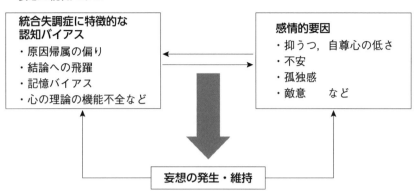

図 14-1　MCT の基本背景（Freeman et al. 2002 より抜粋）

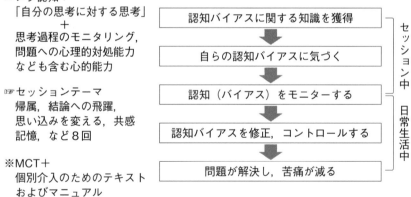

図 14-2　MCT モジュールの基本構造（石垣，2014 より改変）

験する学生が増えているため，90 の実習科目の 2 コマを利用して MCT を活用した教育を実践しています。ただし，MCT のスライド資料はプロジェクターで提示するのみで印刷物は配布せず，深く学びたい学生には

MCT‐J ネットワーク（http://mct‐j.jpn.org/）へのアクセスを勧め，卒後に臨床で活用したい場合には事前に公式の研修を受けることを指示しています。

1 ）Freeman D, Garety PA, Kuipers E, et al.：A cognitive model of persecutory delusions. British Journal of Clinical Psychology, 41：331‐347, 2002.
2 ）石垣琢麿：メタ認知トレーニングの理論と実践．北海道作業療法，31：96‐102, 2014.

第2節　臨床実習前教育における MCT の応用

1．実習カリキュラムと学生のメンタルヘルス危機

　医療系大学・学部における各専門家教育課程では，知識の般化や，実践的な技術や態度の獲得を目的として，臨床実習カリキュラムが義務づけられています。医療専門職を目指す学生にとっては大切な教育機会である一方，不慣れな環境下で初めて経験することも多く，臨床実習でメンタルヘルスが悪化し，トラブルが生じることもあるため，大きな問題となっています。

　専門家教育に関する研究では，実習前と実習初期を中心にメンタルヘルスが悪化したり，自己肯定感が低下したりするケースが多いことや，場合によっては実習後も長期にわたって何らかのメンタルヘルス危機が持続することが確認されています（藤澤ら，2017）。

　臨床実習の教育システムは，文科省などが作成する教育モデル・コア・カリキュラムの改定によって，指導を受ける学生と臨床実習指導者双方のための改善が図られていますが，臨床実習カリキュラムでの学生のメンタルヘルス危機は課題として残されたままになっています。

2．実習カリキュラム前教育での MCT の応用と学生のメンタルヘルス危機の回避

　先述の通り，臨床実習で学生のメンタルヘルス危機の可能性が高まるこ

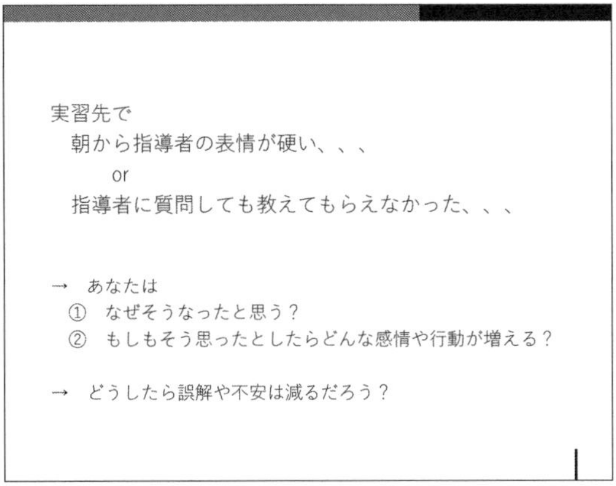

実習先で
　朝から指導者の表情が硬い、、、
　　　　　or
　指導者に質問しても教えてもらえなかった、、、

→　あなたは
　①　なぜそうなったと思う？
　②　もしもそう思ったとしたらどんな感情や行動が増える？

→　どうしたら誤解や不安は減るだろう？

図 14- 3　実習前教育用 MCT スライド（個別用）

とはよく知られています。学生の不安を軽減させつつ，学生にとっても指導者にとっても，臨床実習がよい学びの機会となるような支援が必要とされています。その一環として，教育機関では臨床実習前指導が一層積極的に行われるようになりました。

　筆者は下記のようなスライドを用意し，臨床実習場面におけるストレスについて学生と一緒に検討する機会を作っています。手順は次のようになります。

　①実習に対する不安の共有
　②感情要因（不安や自信の低下，孤独感）が認知バイアスを強化してしまうことを確認
　③図 14-3 のスライドを使った検討

　①の段階では，先輩学生の話やこれまでに経験した実習での出来事から想起された不安や孤独感，困難感をブレインストーミング的に列挙します。
　②の段階では，図 14-1 なども用いて MCT の内容を復習し，実習先で

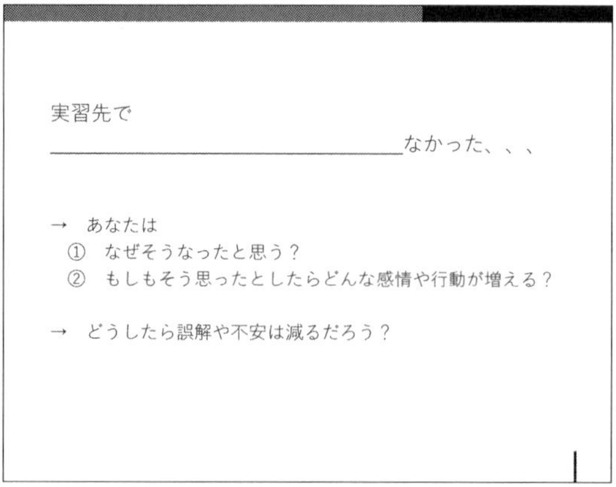

実習先で

_____なかった、、、

→　あなたは
①　なぜそうなったと思う？
②　もしもそう思ったとしたらどんな感情や行動が増える？

→　どうしたら誤解や不安は減るだろう？

図 14- 4　実習前教育用 MCT スライド（個別用）

メンタルヘルス危機が生じやすくなる可能性について考えます。

③の段階では，図 14- 3の課題に小グループで取り組みます。まず，臨床実習指導者の言動を「嫌われた」，「能力がないと思われた」と解釈することの背景には，原因帰属の偏りや結論への飛躍があることを理解します。次に，「朝に表情がさえない人はそれなりにいる」，「指導者も忙しくて余裕がなかった」，「すぐに次の業務が入っていた」という他の解釈を考えます。最後に，それぞれの解釈（認知）から生じる反応（感情や実習機関での振舞い）について検討します。

次に，臨床実習指導者に対する不安や抑うつ気分が生じた場合の対処法を，結論への飛躍や心の理論の機能不全などに目を向けつつ具体的に列挙して，臨床実習場面で行動に移すよう促しています。具体的な案として，「普段の様子やほかの人への態度を観察する」，「その後の行動を見てから判断する」，「もう一度，時間をおいてから質問する」，「自分に実習生としてふさわしくない行動があったか確認する」などが挙げられました。

学内での学習には問題がなくても，臨床実習では多くの困難を抱えてしまう学生もいます。その場合は，実習前だけでなく実習中も支援することがあります。抱えている問題について**図 14- 4**を用いて個別のストレス場

面を取り上げて，一緒に状況を振り返り，具体的な対処方法を検討してから実践するよう促します。MCT の基本構造と同じで，自らの認知バイアスに気づき，対処法を検討し，（ホームワークとして）実践するステップを大事にしています。

図14-4を活用して臨床実習中に教育支援を行ったAさん（仮想事例）を紹介します。Aさんは大学での講義や実習には積極的に取り組み，臨床実習の事前学習も入念に行うような真面目な学生でした。しかしながら，アルバイトや部活のような社会経験が乏しく，自己肯定感がやや低いと感じられる学生でした。

臨床実習で多くの経験を積み，自信を養ってほしいと願いながら実習先に送り出しましたが，実習2週目には，「思うように動けないし，指導者に嫌われていると思う。ほかの実習生と比べてもできていないことばかりだ。つらい気持ちが強く，寝つきが悪く，心身ともに疲れている」と訴えたため，実習中にAさんと会い，図14-4を用いて状況の整理と対処法を検討しました。

まず，図14-4の①と②を一緒に振り返りました。不安や緊張が強く，「患者さん相手に思うような評価（リハビリテーション領域における，各検査を用いた治療開始前のアセスメント）ができなかった。自分の練習不足のせいで失敗し，指導者に悪い印象を与えてしまった。ほかの実習生はできているのに自分はできていないと思う」と本人は考えていることが確認できました。

Aさんは思うように行動できなかった理由を「自分の練習不足のせい」ととらえていましたが，ほかの要因，たとえば「初めて患者さんを相手にしているから」について一緒に検討したり，ほかの学生はどのようなステップを経てうまくできるようになっているのか（たとえば，失敗を繰り返しながら，必要に応じたサポートを受けながら）を再確認したり，情報をしっかり集めてから「実習機関で完璧にできる学生はほとんどいない」ことに冷静に目を向けられるよう促したりしました。

また，「指導者に嫌われている，悪い印象を与えている」という点につ

いても，「実際に嫌われていると判断できるような言動が観察されるのか？」と振り返り，「笑顔ではなかったが威圧的でもなかった。解決方法や，次の機会に向けた助言はもらえていた」ことに目を向ける機会を作りました。

　こうしたかかわりによって，Ａさんは自分の認知の偏りがネガティブな感情や行動を増やし，実習状況を悪化させていることを理解しました。最後に，その後の実習中の注意点を，「失敗したとしても自分の練習不足だけのせいにしない」，「ほかの学生のできている点だけに目を向けず，冷静に自分や周囲の状況から判断する」，「指導者やほかのスタッフの考えや感情をすぐにネガティブに解釈せずに，情報を集めてから推測する」という具体的な行動指針に整理し，次の日の実習ですぐ実践するようＡさんに促しました。

　このように，授業や臨床実習前教育で取り上げたMCTを学生指導に活用すると，学生と一緒に状況を整理し，対処法を検討して，実習のストレスを緩和したり，さらに充実した臨床実習経験につなげたりすることが可能になると考えます。さらに，エビデンスに基づいた精神療法の重要性を，学生が身をもって実感する機会にもなるのではないかと感じています。

　筆者はこのような取り組みについて量的な効果検証を行っていませんが，医療系学部における臨床実習時のメンタルヘルス危機に対処する方略が確立されていない現在では，MCTを基本とした実習前教育は実践的で有効な方法だと考えています。方法に少し違いはありますが，臨床実習準備期にある作業療法学専攻学生に対してMCTを実施した日本の予備的研究では，自尊心が改善したという報告もあります（勝嶋，2020）。自閉スペクトラム症の傾向がある大学生や神経症傾向の大学生に対するMCTを用いた支援についてはすでに報告されていますし（細野，2017；前田・佐藤，2020），専門家教育に関してメタ認知を意識した教育の重要性についての報告も増えています（たとえば，Medina et al., 2017）。したがって，MCTは一般的な大学の学生相談から専門家教育に至るまで応用可能ではないかと筆者は考えています。

1）藤澤美穂，畠山秀樹，氏家真梨子ほか：医療系大学の臨床実習における学生のストレス．岩手医科大学教養教育研究年報，52：55-62，2017.
2）細野正人：神経症傾向のある大学生へのメタ認知トレーニング（MCT）の効果と学生互助システムの構築．メンタルヘルス岡本記念財団研究助成報告集（0916-9156），28：127-130，2017.
3）勝嶋雅之：臨床実習準備期にある作業療法学生に対してメタ認知トレーニング介入を実施した予備的研究．帝京平成大学紀要，31：207-214，2020.
4）前田由貴子，佐藤寛：自閉スペクトラム症傾向の大学生に対するメタ認知トレーニングの効果．日本認知・行動療法学会大会プログラム・抄録集，46：344-345，2020.
5）Medina MS, Castleberry AN, Persky AM : Strategies for Improving Learner Metacognition in Health Professional Education. American Journal of Pharmaceutical Education, 81 : Article78, 2017.

第3節　卒後教育における MCT の活用

1．症状の理解から思考プロセスの理解へ

　無事に教育課程を卒業し，国家試験に合格し，希望通り精神科臨床に入職したとしても，若手スタッフの精神科患者さんに対する理解は，症状リスト程度にとどまっていることも少なくありません。全人的かつ包括的に対象者を理解するためには，患者さんの症状リストを記憶するだけではなく，症状や社会生活障害を引き起こす思考プロセスにも目を向け，理解することが求められます。

　MCT 以外にも D-MCT，myMCT，B-MCT などさまざまな疾患や症状を対象にした治療モジュールが作成され，それぞれの疾患や症状を持続，増悪させる認知バイアスが整理されています。若手スタッフがそれらのマニュアルを読んだり，実際の MCT による治療に参加したりすれば，患者さんをより深く理解できるようになるでしょう。

2．医療専門職種のメンタルヘルス・スキル向上のための MCT の応用

　日本医療政策機構が2021年4月に発した「認知行動療法及び認知行動療法の考え方に基づいた支援方法の普及に向けた提言」の中で，人材育成に関する項目の1つとして，CBT の基礎を医師・看護師等のメンタルへ

ルスに関わる専門職のベーシックスキルとして位置づける必要性が唱えられています。筆者は，患者さんだけでなく医療従事者のメンタルヘルス向上のためにも CBT や MCT は応用できると考えています。

　医療専門職は，ときとして患者さんからの攻撃的な言動や態度にさらされ，大きなストレスを抱えてしまいます。また，業務内容によっては対象者の健康や生死に大きな影響を与えてしまいますから，強い緊張やストレス場面に長期間さらされるかもしれません。そのため，医療者自身がメンタルヘルスを悪化させることも少なくありません。

　MCT の知識は，危機的状況の回避や，危機から立ち直るセルフケアのために有益だと考えます。CBT はセルフケアにももちろん有益ですが，MCT は体験的な学習によって CBT の基礎的な考え方を容易に理解し，身につけることができます。また，MCT や D–MCT の実践家は，臨床場面だけでなく日常のストレス場面においてもメタ認知的知識や活動を駆使して，自分のストレスを緩和したり対処したりしている人が多いと筆者は感じています。

　医療専門職も同じ人間として，MCT や D–MCT で取り上げられる認知バイアスや行動様式のどれかに当てはまる可能性を持っています。MCTグループのさまざまなモジュールを学び，臨床場面で実践することは，医療者自身が日々のストレスに対処するためのメタ認知能力を高め，自らのメンタルヘルスに関わるベーシックスキルの向上につなげることができると考えます。　　　　　　　　　　　　　　　　　　　　　　　（井上貴雄）

第
15
章

MCT-J ネットワーク
―現状とその利用方法―

第1節　はじめに

　本書を手に取り，MCT を実践したいと考える人の多くは対人援助職だと思います。医師，看護師，公認心理師，作業療法士，精神保健福祉士などの有資格者も多いでしょう。これらの人たちは認知行動療法（以下，CBT と記します）や社会生活スキルトレーニング（Social Skills Training：SST）などには親しんでいるかもしれませんが，MCT を学習する機会はまだ多くありません。

　筆者が MCT を始めたのは 2012 年です。精神科クリニックに勤務していた筆者は，精神科小規模デイケアで「勉強プログラム」の一環として MCT を取り入れました。このデイケアでは定期的に心理教育プログラムを実施していたこともあり，MCT も比較的導入しやすかったのです。MCT 開発者のモリッツ教授は「MCT は参加者が楽しみながら参加できることが特徴だ」と言っていますが，実践してみるとまさにその通りで，参加希望者が多い，デイケアの人気プログラムとなりました。初めて精神科デイケアを見学するような強い不安感を抱いた患者さんたちにも大変好評でした。

　しかし，これから MCT を始めようかなと考えている支援者の中には，「1 人で学習するのは難しい」，「私でも実践できるのか？」と不安になる人は多いでしょう。MCT-J ネットワーク（以後，M ネットと記します）はその不安を払しょくするために，2012 年に設立されました。MCT の実践に M ネットへの入会は必須ではありませんが，実践者に役立つさまざまなサービスを提供しています。本章では，M ネットの現在の姿を紹介し，利用方法について説明します。

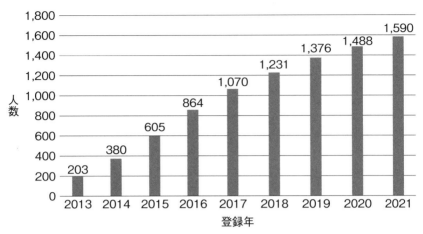

図 15-1 Mネット会員登録者の推移

第2節 Mネットについて

1. Mネットとは

Mネットでは，MCTの研修会，MCTの導入・研究のサポート，海外から発信される最新情報の提供などを行っています。またMCTだけでなく，D-MCTやmyMCTなどのMCTグループ全体に関する研修会や情報発信も行っています。

図15-1のようにMネットの会員数は年々増加し，2021年8月現在の会員数は1,590人にのぼります。現在は多職種で構成された任意団体ですが，このように会員数が増加し，国内での実践者も増えたため，2022年以降に一般社団法人にする予定で活動しています。最新情報はHPに掲載されますのでご覧ください。

次に，2021年8月現在のMネット会員の構成について説明します。作業療法士546人，臨床心理士・公認心理師388人，精神保健福祉士188人，看護師158人，医師114人，その他の心理職50人，学生16人，その他130人です（**図15-2**）。

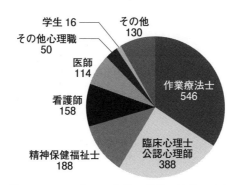

図 15-2　Mネット会員の職業・資格の内訳

　Mネット設立当初，最も割合が多かったのは臨床心理士でした。当時
は CBT に触れる機会が最も多い職種だったからでしょう。現在では作業
療法士が最も多く，その他の資格者も増えてきています。急速に普及が進
んだのは各会員のご尽力のおかげですが，精神科リハビリテーションを多
職種で実践するという，現在の精神科医療の方向性を反映しているとも
考えられます。職種や資格に関係なく，最近はさまざまな学会で CBT に
関する発表が増えています。CBT に関する用語，態度，技法の浸透が，
MCT への関心を高めていることは間違いありません。
　Mネット会員が多職種になっている理由の１つは，MCT の実践の容易
さです。マニュアルには，「トレーナーは，できれば統合失調症圏の患者
との長期間にわたる治療経験をもつ心理士か精神科医が望ましい」と書か
れていますが，「精神科専門看護師や作業療法士でもよい。理想的には，
以前にグループ・セッションのリーダーをした経験があるとよい」ともさ
れています。つまり，精神科の患者さんのことを深く理解している医療従
事者であれば誰でもできるということです。トレーナーにとっても間口が
広いプログラムだといえます。
　２．会員がMネットを知ったきっかけについて
　本書執筆時のデータによれば，学会・研修会・講演会・勉強会などで

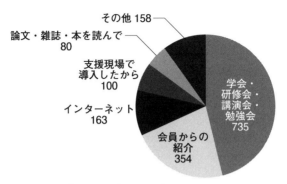

図15-3　会員がMネットを知ったきっかけ

Mネットを知った人は735人でした。会員からの紹介が354人，インターネットで検索して知った人が163人，職場・関連する部署ですでにMCTを実施していて知った人が100人，論文・雑誌・本などを通じて知った人が80人，その他が158人でした（**図15-3**）。

このように，MCTやMネットを知ったきっかけはさまざまですが，学会等の学習機会を皆さんが大切にされていることがよくわかる結果だと思います。日本の多忙な医療従事者（もちろん，それ以外の専門家も含めてですが）がとてもまじめで熱心であることの現れですので，我々もこうした学習機会を利用してMCTとMネットの普及にさらに努めなければなりません。

3．会員の所属について
本書執筆時のデータでは，Mネット会員が所属する機関は，医療（病院・クリニック等）1,122人，福祉（就労支援事業所・特例子会社・生活支援事業所など）204人，教育・研究（大学・研究機関等）178人，司法・行政（公的機関）57人，その他（企業の保健担当者など）29人でした（**図15-4**）。

当然のことながら圧倒的に医療機関が多く，70%が医療機関に所属して

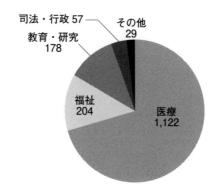

図15-4　M ネット会員の所属機関について

いいます。しかし，30％は福祉・教育・司法・産業などの分野に所属していることにも注目すべきでしょう。元来 MCT が医療のために開発されたツールであることを考えると，これは驚くべきことかもしれません。

　会員の中には，自分の（医療ではない）支援現場に応用できるかもしれないと考えて，MCT について学び始めた人もいます。効果については不明な点がまだ多いですが，MCT の一部だけを使用することは認められており，また，資料を一部変更すること（レイアウトを変えない範囲の修正）も認められています。このような柔軟性を持つプログラムは他に例を見ないため，医療以外の分野での使い方や効果にも期待が膨らみます。今後もさまざまな分野で応用した結果報告に期待しています。

4．会員の所属機関所在地について

　M ネットの会員は全国に広がっています。表15-1によれば東京都，神奈川県，北海道，大阪府に多いですが，まだ少ない県もあります。M ネットを通じて，多職種間の全国的なつながりを，さらに強固にしたいと考えています。

　すべての施設・機関が見学者を受け入れているわけではありませんが，M ネットを通じて他の施設を見学した後に，自らの職場で実践するよう

表 15-1　会員の所属機関所在地

所在地	人数	所在地	人数
北海道	162	三重県	27
青森県	11	滋賀県	10
岩手県	7	京都府	65
宮城県	31	大阪府	115
秋田県	11	兵庫県	47
山形県	8	奈良県	13
福島県	16	和歌山県	9
茨城県	10	鳥取県	17
栃木県	11	島根県	2
群馬県	3	岡山県	16
埼玉県	33	広島県	21
千葉県	77	山口県	18
東京都	216	徳島県	24
神奈川県	166	香川県	4
新潟県	26	愛媛県	7
富山県	10	高知県	21
石川県	4	福岡県	40
福井県	9	佐賀県	19
山梨県	21	長崎県	12
長野県	54	熊本県	15
岐阜県	14	大分県	5
静岡県	40	宮崎県	37
愛知県	71	鹿児島県	17
		沖縄県	18

になった会員もいます。身近に会員がいればご自分で見学を依頼すること
もできますし，Mネットの事務局に連絡していただければ見学先を探す
お手伝いもできます。

5．M ネットの利用方法

M ネット HP には，次の情報が掲載されています。

①新着情報

研修情報の紹介や研究情報の紹介を行っていますが，MCT グループを開発しているハンブルク大学のチームから送られてくるニューズレターの紹介（M ネットで日本語訳を作成）もしています。また，新しいツールの開発情報や会員アンケート調査についても掲載しています。

② MCT の紹介

HP で掲載する情報は限られてしまいますが，MCT についての紹介文を掲載しています。HP では MCT の概要と各モジュールを簡単に紹介していますので，初めて触れる人にはご一読をお勧めします。

③研究情報

ここでは国立情報学研究所の学術情報ナビゲータ（CiNii）やアメリカ国立医学図書館の情報データベース（PubMed）をもとに，国内外の研究情報を掲載しています。学会発表や論文執筆の際にご利用ください。

④会員ページ

M ネットに入会することで，会員ページへアクセスできるようになります。会員ページでは，公開されているすべての MCT のツールがダウンロード可能です。会員向けのレポートやアンケート結果も確認できます。また，会員は M ネットのドライブにアクセスすることができます。ドライブには，過去の研修会の資料や MCT 導入施設が使用した参加者募集ポスター，利用可能な尺度（BCIS，CBQp，満足度評価票）などが収納されています。どれも MCT を実践するうえで大切なものばかりです。今後，会員ページではさらに多くの情報を掲載する予定です。

⑤ツールのダウンロード方法

M ネットの会員になることで，次のツールが会員ページよりダウンロードできます（2021 年 8 月現在）。

・MCT
・MCT ＋

・D-MCT

・myMCT

インターネットの接続環境によって，セキュリティによりダウンロードできない場合もあります。その場合は，インターネット環境を変えて試してみてください。

⑥研修情報

Mネットでは定期的に研修会を開催しています。これまでに開催した研修会は，MCT，D-MCT，myMCT に関するものです。実践スキルを身につけるためのワンデーワークショップや，毎月行われるオンライン連続ワークショップも開催してきました。オンライン上で参加者を募集することもあります。

2019 年には日本認知療法・認知行動療法学会の支援も受けて，D-MCT 開発者のレナ・イェリネク（Lena Jelinek）教授をハンブルク大学から招き，ワークショップを開催しました。

研修情報については多くのお問い合わせを事務局にいただきますので，参考までにこれまでに開催された研修会について次節で紹介します。

第3節　研修会について

これまでに開催された研修会の一部を以下に列挙します。今後も会員のニーズに基づいたさまざまな研修会を開催する予定です。

●メタ認知トレーニング第1回全国研修会（2015 年 12 月 19 日-20 日）

Mネット発足後，初めて開催された全国研修会です。この研修会では，MCT 開発メンバーでもあるトッド・ウッドワード（Todd Woodward）先生と，臨床家・研究者であるマヘシュ・メノン（Mahesh Menon）先生をカナダのブリティッシュ・コロンビア大学から招きました。MCT 開発の経緯から最新の効果研究に至るまで詳しく解説してもらいました。参加者は約 150 人でした。外国人講師のセッション以外にも，国内の実践者に

よる報告会と，実践準備のためのワークショップも同時に開催しました。

　この研修会で使用されたスライド等の資料は，M ネット会員は会員ページから閲覧できます。

• メタ認知トレーニング第2回実践報告会（2017年2月25日）

　すでに MCT を実践している4人の実践者を招いて，実践方法について報告してもらいました。この報告会のテーマは「多職種が実践する MCT」です。テーマの通り，登壇したトレーナーの職種は看護師，臨床心理士，作業療法士，精神保健福祉士とさまざまでした。職種を問わず実践できることを証明した報告会になりました。

• MCT ワンデーワークショップ（初回は 2018年3月11日。以降，複数回開催）

　M ネットでは，MCT を初歩から学習するための研修会を開催しており，このワンデーワークショップがそれに該当します。ワンデーワークショップでは，MCT の体験を重視し，体験ワークによる理論的背景と実践方法の学習を目指しています。このワークショップはその後も定期的に実施しています。このワークショップに参加してから MCT を始める人が多いので，実際に職場で行う可能性が高い人には参加をお勧めします。

• D-MCT うつ病のためのメタ認知トレーニング（2019年8月31日）

　D-MCT について1日で学習できる研修会を開催しました。対面形式で2回開催しましたが，その後はオンライン形式で行っています。このときの講師は，D-MCT 日本語版マニュアル監訳者の1人である森重さとり氏でした。

　D-MCT もマニュアルを熟読して，それをもとにスライドを事前に確認すれば始めることは可能ですが，研修会で講師から実践上のコツを聞いたり，参加者同士で話し合ったりすることによって，さらに実践しやすくなります。この研修会も定期的に開催する予定です。

- **myMCT 研修会・オンライン（2021 年 8 月 1 日）**

myMCT について，1 日で学習できる研修会を実施しました。この研修会の講師は，myMCT の日本語版作成者である石川亮太郎氏と吉田賀一氏でした。この研修会はオンラインのみで開催しましたが，オンデマンド配信も行いました。本書でも第 5 章で石川氏が myMCT について詳しく解説していますが，研修会に参加したりオンデマンド動画を視聴したりすることで，さらに深く学ぶことができます。

- **今後実施される予定の（定期的な）研修会**

メタ認知トレーニング（MCT）ワンデーワークショップ改訂版：2021 年 8 月から 9 月にかけて，M ネットでは会員に対してアンケート調査を実施し，MCT を実践している会員と実践前の会員の意見を集約しました。この結果を反映させた研修会が「メタ認知トレーニング（MCT）ワンデーワークショップ改訂版」です。この研修会では，各モジュールに関する解説や体験ワークだけでなく，トレーナーに必要とされる知識やスキルについても学習します。開催スケジュールは M ネット HP でご確認ください。

第 4 節　FAQ

ここでは M ネット事務局に問い合わせが多い事項をまとめました。MCT を始める前にこの FAQ を確認して，さらに不明な点は事務局にご相談ください。

- **MCT を始める前に周囲のスタッフへ説明しておいたほうがよいですか？**

ほかのスタッフ，たとえば同僚や上司へ内容を説明しておくことをお勧めします。筆者も上司から「どのようなプログラムなのか？　何に効果があるのか？」と尋ねられ，詳しく説明した経験があります。

ほかの精神療法やリハビリテーションプログラムでも同じですが，周囲のスタッフの理解があれば，さらに効果が高まります。それについては

【実践編】の各章で詳しく述べられています。周囲の理解を得るためにていねいに説明してください。

　口頭で説明するだけでなく，院内の勉強会で実際にMCTのスライドを使って紹介し，ほかのスタッフに体験してもらうと理解が深まるようです。本書【実践編】の各章も参考にしてください。

・参加者への説明はどうすればよいですか？

　「『メタ認知とは何か？』を具体的に説明できないと参加者を集めにくい」という声がこれまでにもありました。口頭で説明してもわかりづらいかもしれませんから，わかりやすいポスターを掲示して参加者を募集した例が複数あります。そのポスターについては，一部の情報を修正したうえで，Mネット会員用ドライブに収納されていますので参考にしてください。本書第10章にも例があります。

・プログラム名を変えても大丈夫ですか？

　「『メタ認知トレーニング』というプログラム名にすると参加へのハードルが上がってしまいそうなのでプログラム名を変えたい」という意見がこれまでにもありました。実践するにあたり「メタ認知トレーニング」という名前を必ずつけなければならない，という条件はありません。たとえば「頭のストレッチ」，「あたまの柔軟体操」，あるいは本書第13章のように「やわらかあたま教室」としてもよいでしょう。参加予定者にとってなじみのある言葉があれば，それを取り入れてみてもよいかもしれません。

　ただし，オリジナルのスライドでわかりづらいところを別途作成したスライドで補完することは認められていますが，オリジナルとは異なるスライドだけを使う場合は「メタ認知トレーニング」という名前を使ってはいけないルールになっていますから注意してください。

・効果を測定する方法はありますか？

　MCTに特化した効果測定方法は現在のところありません。しかし，先

行研究で用いられている尺度で効果を測定することは可能です。先述した
ように，Ｍネット会員用ドライブには複数の尺度が収納されていますの
で参考にしてください。筆者らが開発した満足度調査票は，参加者のニー
ズをくみ取るためにも大切ですし，実践内容の妥当性を確認する意義があ
りますから，利用をお勧めします。

- **統合失調症以外の患者さんに実施しても大丈夫ですか？**

　MCTは統合失調症への有効性についてはエビデンスがあります。数々
のメタ分析でも有効性は明らかです。D-MCTはうつ病の患者さんを，
myMCTは強迫症の患者さんを対象に有効性が検討されています。

　一方で，このように参加者の診断を厳密にコントロールしないと研究結
果を世界的に認めてもらえないというのも現実で，ここが現在の臨床研
究の限界だといえるでしょう。モリッツ教授も「統合失調症以外の人が
MCTに参加してはいけない」とは言っていませんが，「その人たちに対
する有効性は確約できない」と言っています。

　たとえば，日本の精神科デイケアで実践する場合は，統合失調症の患者
さんだけでグループを構成することはほぼ無理です。Ｍネット会員のほ
とんどはさまざまな診断名を持つ患者さんのグループを対象に実践してい
ます。しかし，これまでのところ，統合失調症以外の人に有害だ，侵害的
だという報告はありません。それはMCTの「構造」と「内容」に由来す
ると思われます。

　「構造」というのは，オープングループなのでいつでも出欠席が可能で
すし，セッションの途中で帰ってしまってもそれ自体は問題にはならな
い，という意味です。モリッツ教授が言うように，その人たちに対する効
果は期待できないかもしれませんが，有害ではないということは確実にい
えます。

　また，「内容」というのは，たとえばMCTとD-MCTの間で共通する
モジュールや内容がかなりあるという意味です。D-MCT全体はうつ病
のために作られていますが，部分的には統合失調症にも当てはまり，うつ

病以外の人が参加しても十分理解や納得できることが多いといえます。

　なお，さまざまな診断名の参加者が所属するグループへの工夫は，本書第 10 章「デイケアでの工夫」，第 11 章「リワークプログラムでの工夫」，第 12 章「メタ認知トレーニングの診断横断的活用」などを参照してください。

• グループワークは必須ですか？

　グループでのディスカッションが苦手だという参加者もいます。病状や症状のために，参加はできても発言できない人もいます。グループワークが必須だと参加のハードルは高くなってしまうでしょう。MCT にとって，ゲームとディスカッションを通じてメタ認知的知識を獲得したり，メタ認知的体験を得たりすることはきわめて重要ですが，グループワークは必須ではありません。この点は，一対一で MCT を実施した本書第 9 章を参考にしてください。また MCT には，トレーナーと一対一で行う MCT ＋というツールも用意されています。もちろんグループワークはありません。MCT ＋については本書第 3 章コラムを参照してください。ディスカッションはせず，○×式にしたり，札を挙げたりしてもらうこともできます。

　グループワークに参加せず見学したいという人も受け入れることはできます。筆者が実践したときも一部の人は見学していました。グループワークの方法は，参加者の様子を見て柔軟に選択することをお勧めします。

• ホームワークは必須ですか？

　MCT は認知行動療法を基礎にしていますから，セッション中に学習することも大切ですが，学習した内容をセッション外の日常生活で試してみることのほうが重要です。したがって，MCT でもホームワークは，効果を上げるためには必須といっても過言ではありません。また，ホームワークは，参加者が MCT の内容を理解できているかをトレーナーが把握するために役立ちます。

　ただし現実には，ホームワークを次回のセッションまでにやってくるこ

とは参加者にとってかなり難しい場合があります。この問題をどのように解決するかについては本書第2章や【実践編】の各章も参照してください。

・日常生活に般化させる方法には何がありますか？

セッションで伝えたことを参加者の日常生活にどのように般化させるか悩むトレーナーは多いようです。

各参加者の環境，モチベーション，知的能力，好奇心などが異なるため，すべての参加者に日常生活での般化が生じるのは諦めたほうがよいかもしれませんが，次のような方法も検討してください。

①ホームワークをなんとかやってもらうよう努力する

課題のレベルを下げたり，次のセッションまでの間に何度も「やってほしい」というサインを出したり，トレーナーが努力する必要があります。トレーナーは大変ですが，ホームワークが書かれたノートをトレーナーが読んで，フィードバックを書き込むと，参加者のモチベーションがかなり上がるということを筆者も体験しています。

②セッションの後に個別面接を行う

これもトレーナーにはかなり負担を強いることになるかもしれませんが，今日学んだことを日常生活でどのように生かすかを一対一で話し合えば，そのセッションの知識が深まり，参加者のモチベーションも間違いなく上がるでしょう。

③デイケアなどの場を利用する

参加者がデイケアやほかの集団療法を週に複数回利用しているなら，そこが日常の一部でもありますから，その場を使ってセッションで学習したことを実践してもらうという方法もあります。たとえば，「あるデイケアメンバーが自分を恨んでいる」と早とちりして悩んでいたら，「それは結論の飛躍かもしれないですね。一緒に考えてみましょう」と促します。ただし，そのためには，トレーナー以外のスタッフがMCTの内容を十分理解していなければなりません。

本書【実践編】の各章も参考にしてください。現実にはいろいろ難しい

ことはありますが，研修会でも日常生活での般化に関して詳しく検討します。

・**M ネットの入会方法**

M ネット HP から申し込んでください。MCT を使用している，あるいは使用を予定している人であれば，職場，職種を問わず会員になれますが，会員の職域は医療・教育・福祉（リワーク含む）分野に限ります。学生は指導教員の推薦書（HP に雛形があります）が必要になりますので注意してください。　　　　　　　　　　　　　　　　　　　　　　　（細野正人）

・MCT ネットワークの HP：http://MCT.jpn.org/

QR コード

第16章 **むすび**

ここまでの 15 の章で，MCT のさまざまな対象，さまざまな臨床現場，さまざまな応用方法について解説しました。むすびの本章では，すでに多くの執筆者が言及しているところですが，多職種協働の拡充と認知行動療法の普及という 2 つの観点から MCT を再度眺めてみたいと思います。

第1節　多職種協働の拡充：「トレーナー間の協働」と「専門職間の協働」

すべての執筆者が言及している通り MCT は，統合失調症用でも，うつ病用でも，強迫症用でも，トレーナーの職種は選びません。本書の執筆者が精神科医，看護師，作業療法士，公認心理師（臨床心理士），精神保健福祉士であることもそれを裏づけています。

一般的な精神療法とは異なり，パワーポイント・スライドを使うという方法や，セッションがあらかじめ構造化されていることがトレーナー側の敷居を下げてくれますから，精神療法に特化したトレーニングを受ける機会がなかった専門職でも，これまでの経験を生かしながら取り組むことが可能です。ていねいなマニュアルが付属していることに加えて，日本ではトレーナーをサポートする組織である MCT-J ネットワークがいち早く立ち上がったことも，多様な職種の人たちが実践できる基盤を作っています。

マニュアルでも，対象となる精神疾患に精通していればどのような職種であっても実践可能だと書かれています。したがって，日本でも，トレーナーとなる職種は現場の状況や人材に応じて決めればよいですし，多職種が週替わりで行うこともできます。もちろん，誰でも同じような効果を生

むためには，トレーナーの知識と経験をある程度均質化させる必要がありますが，独学でも，Ｍネットの研修会を利用しても勉強できますから，同じ職場内であれば比較的容易に均質化を達成できるのではないかと思われます。

　このように，１つの支援方法を他の職種と共有して，互いに高め合うことができるというのは素晴らしいことです。しかし，これまでそのような機会は少なかったのではないでしょうか。各職種の専門性を生かすことは支援にとって不可欠ですが，多職種間で共通する，共有できるキーワードやツールを持つことも協働にとっては不可欠です。MCTが多職種協働の材料の１つになることは間違いありません。これを筆者は「トレーナー間の多職種協働」とよびたいと思います。

　また，これもすべての執筆者が言っていることですが，多くのスタッフにMCTの考え方を知ってもらい，トレーナーは彼らと協働しなければなりません。

　MCTでは，１回のセッションで行われるメタ認知的学習プロセスはもちろん，神経認知機能リハビリテーションでのブリッジング，心理学では般化とよばれるプロセス，つまり，訓練したことを日常生活で活用する機会や，そこでの認知や行動に関するモニタリングやフィードバックはさらに重要です。このプロセスを自分自身の力で遂行できる対象者は多くありません。トレーナーもホームワークを介して般化プロセスを促進しますが，おのずと限界があります。つまり，MCTを完結させ効果を高めるためには，トレーナーだけでなく，対象者を支援するすべての専門職がMCTの概念のもとに協働する必要があります。これを筆者は「専門職間の協働」とよびます。

　図16-1は第10章で森元隆文氏が作成してくれたものです。わかりやすい図なので再掲します。図の左側に描かれているように，１人の対象者を総合的に支援するためには，その人の認知機能，メタ認知，生活能力のすべてに目を配る必要があります。このようなきめ細かいアセスメントは当然のことながら１人の支援者ではできません。また，右側に描かれてい

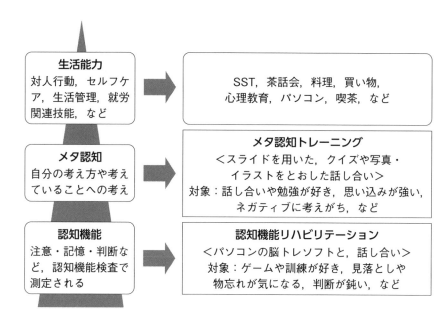

図 16-1　MCT とその他のプログラムとの相違を示す説明の例

るように，MCT で取り上げるメタ認知の機能を維持，向上させるために
は，認知機能リハビリテーションとしての脳トレも，社会的活動としての
茶話会も不可欠です。そして，この図のさらに上位には，総合的な支援に
とってきわめて重要な領域があります。それは，恋愛，進路，就職などと
いった人生にかかわる大きな課題や，障害の受容や大切な人の死といった
人として乗り越えていかなければならない難しい問題へのサポートです。

　どの職種が図のどの部分を得意としているかという専門性は重要です
し，その専門性を統合する機会を適宜持つことも重要です。これも「専門
職間の協働」ということになります。

　まとめますと，MCT は多職種間で共有できる支援ツールであり，MCT
が十分な効果を発揮して総合的な支援が可能になるためには多職種間の協
働が必要です。これが病棟や外来治療という従来の医療体制の枠にとどま
らないことは，本書【実践編】でご理解いただけるでしょう。

第2節　認知行動療法の普及：基本的知識の普及に向けて

　アーロン・ベックは認知行動療法（以下，CBTと記します）を気分障害のための精神療法として開発しました。モデルや技法は少しずつ異なるとはいえ，CBTの基本概念はさまざまな精神疾患に応用できることが実証されてきました。さらに，医学的・心理学的治療法という役割を超えて，健常者のメンタルヘルス維持，向上という一次予防にも役立つことが徐々にわかってきました。

　こうした事実を裏返せば，CBTが扱う心理的なメカニズムは，精神疾患だから存在するわけではなく，人間ならば誰でも持っている可能性があり，悪循環によって誰でも生活に支障をきたす状態に陥る可能性がある，ということになります。

　人間に共通する心理メカニズムを提唱したという点において，認知行動理論はフロイトの防衛機制や心的構造論などの概念と似ています。精神分析的な考え方がすべて妥当ではないのと同じように，認知行動理論もすべての心理現象に当てはまるわけではありません。しかし，対象となる人や問題を限定すれば，多くの現象を説明することができ，実際に役に立つことは明らかです。

　このように重要な概念や技法を含むCBTですが，日本では精神分析的な考え方ほど普及しているとはまだ言い難いようにみえます。それだけ精神分析が各方面に与えたインパクトは大きく，曖昧模糊とした心理現象を説明する手段として正鵠を射るものであったという証拠でもありますが，日本では精神医学や心理臨床の重鎮が長年にわたり普及啓蒙に努めてこられたという事実は見逃せません。

　CBTが日本全国に普及するために，現在は国立精神・神経医療研究センターの認知行動療法センターが中心の1つとなって活動しています。特に医療の領域ではとても大きな潮流となっています。しかしそれでもなお，CBTがなかなか普及しない理由の1つは，認知行動理論の妥当性や有益性に触れる機会が医療者全体に少ないからではないかと筆者は考えて

います。

　その道の権威者が推し進める形式をトップダウン的普及だとすれば，現場で働く人たちがその有益性を理解して組織全体に影響を及ぼす形式をボトムアップ的普及とよべるかもしれません。2つとも大切な方法であり，普及を進めるための車の両輪ともいえますが，筆者はMCTグループが日本におけるCBTのボトムアップ的普及に貢献してくれることを強く期待しています。

　精神療法に興味がない人や，専門業務で忙しかったり自分の仕事は精神療法ではないと考えたりしている人には，CBTのテキストや研修会は無用の長物か，自分には縁のないものとしかみてもらえません。つまり，トップダウン的な普及方法だけでは，CBTへのモチベーションを高めて接触機会を増やすよう多くの医療者に求めることは難しいといえます。

　一方，第1節で述べたように，MCTは多職種協働のキーワードになりうるツールです。MCTに関わる多くのスタッフが，実践するためにマニュアルを精読したり本書を読んだりすれば，CBTの基本的な考え方に必ず触れます。また，認知行動理論を正しく理解することがMCTを実践しやすくさせ，効果を上げることも体験からわかるでしょう。

　すべての支援者がCBT専門家やCBT実践家になる必要はありません。これは医療以外の領域でも同様です。CBT以外の専門家に必要なのは，基本的な認知行動理論の正しい理解と，専門家に協力してCBTを適切に用いたことによる成功体験です。対象者の些細な変化に基づく小さなものだったとしても，この成功体験はCBT以外の専門家の意識変革にとってきわめて重要です。なぜなら，職種を問わずすべての支援者は，対象者の幸福を願い，それがいくらかでも達成されつつあることを，身をもって実感したいと常に希望しているからです。

　MCTはCBTを下敷きに開発されていますから，多くの人がCBTの知識と成功体験を無理せずに，必ず得られる優れた方法です。トレーナーになる人はセッション中から対象者の認知と行動の変化に気づくでしょう。尺度を用いて評価すれば数量化もできます。それ以外のスタッフも，ト

レーナーと協働していれば，セッション後の対象者の変化に気づくことが十分できます。MCT によって CBT に興味を持ったり，CBT の知識を深めたりした人は，さらに詳しく CBT を学ぶことになるでしょう。この好循環が，日本における CBT 全体の大きな広がりにつながってくれることを期待しています。

（石垣琢麿）

あ　と　が　き

　まず，MCT に興味を持ち，実際に参加していただいて，私たちトレーナーに貴重な体験を与えてくださっている精神障害当事者の皆様に厚くお礼申し上げます。皆様からのご意見やご感想は，トレーナーの技術を向上させ，MCT の改善に役立っているだけでなく，すべての人の精神的健康の改善や促進に大きな影響を与えています。今後も率直なご意見，ご感想をお寄せいただきますよう，何卒宜しくお願いいたします。

　シュテフェン・モリッツ教授，レナ・イェリネク教授を中心とするハンブルク大学エッペンドルフ病院臨床神経心理学ユニットのメンバーにはどれほど感謝してもしすぎることはありません。MCT シリーズは発展し続けており彼らの発想と才能には驚くべきものがありますが，彼らの努力と熱意，そして温かい人柄を私たち日本の臨床家・研究者はおおいに見習うべきです。MCT-J によって日本の医療，福祉，教育，産業における心理支援をさらに充実させることが彼らに報いる方法でしょう。

　加えて，各執筆者に感謝します。ただでさえ忙しい日常業務が COVID-19 の影響によってさらに複雑，困難をきわめるなか，貴重な時間を割いて執筆していただいたことは，各執筆者の MCT に対する熱意と期待の表れだと考えています。執筆者の思いは読者に必ず伝わるはずです。日本における実臨床や教育のさまざまな場面で MCT の研究と普及にご協力いただいている多くの方々に，ここで改めてお礼申し上げます。

　最後になりましたが，MCT の現物を掲載できないという，出版社としては困難な企画を，計画段階から刊行までご支援いただいた星和書店編集部の近藤達哉氏に深謝いたします。

　MCT が支援者の力となり，支援者を支え，多くの対象者の幸福につながるよう，心から祈っています。

2022 年　春

石垣琢麿

索　引

● 執筆者一覧 (五十音順)

池田直矢　東京大学医学部附属病院リハビリテーション部精神科デイホスピタル (公認心理師)

石垣琢麿　東京大学大学院総合文化研究科 (精神科医・臨床心理士) ／ MCT–J ネットワーク

石川亮太郎　大正大学心理社会学部臨床心理学科 (公認心理師) ／ MCT–J ネットワーク

井上貴雄　大阪河﨑リハビリテーション大学リハビリテーション学部作業療法学専攻(作業療法士)

織部直弥　国立病院機構肥前精神医療センター (精神科医)

島田　岳　医療法人清泰会メンタルサポートそよかぜ病院 (作業療法士)

武田知也　人間環境大学総合心理学部総合心理学科 (公認心理師)

田上博喜　宮崎大学医学部看護学科 (看護師)

則包和也　弘前大学医学部保健学科 (看護師)

古村　健　国立病院機構東尾張病院 (公認心理師)

細野正人　東京大学大学院総合文化研究科 (精神保健福祉士) ／ MCT–J ネットワーク

松本武士　カラフル@はーと／名古屋大学医学部保健学科／平成医療福祉グループ医療法人社団大和会大内病院 (作業療法士)

森重さとり　Satori MT & CBT (公認心理師)

森元隆文　札幌医科大学保健医療学部作業療法学科 (作業療法士)

●編者

石垣　琢磨（いしがき たくま）

東京大学大学院総合文化研究科教授（精神保健指定医，精神科専門医，臨床心理士）

1987 年　東京大学文学部心理学科卒業

1993 年　浜松医科大学医学部卒業後，精神科医として臨床に従事

1999 年　東京大学大学院総合文化研究科博士課程修了

2000 年　横浜国立大学教育人間科学部助教授

2006 年　東京大学大学院総合文化研究科助教授

2009 年から現職

メタ認知トレーニングをはじめよう！

2022 年 4 月 21 日　初版第 1 刷発行

編　　　者　石垣琢磨
発　行　者　石澤雄司
発　行　所　㈱星和書店
　　　　　　〒 168-0074　東京都杉並区上高井戸 1-2-5
　　　　　　電話　03（3329）0031（営業部）／03（3329）0033（編集部）
　　　　　　FAX　03（5374）7186（営業部）／03（5374）7185（編集部）
　　　　　　http://www.seiwa-pb.co.jp
印刷・製本　中央精版印刷株式会社

妄想・幻声・パラノイアへの認知行動療法

ポール・チャドウィック, 他 著
古村 健, 石垣琢麿 訳
A5判　304p　定価：本体 2,900円＋税

認知行動療法の適用を、統合失調症へと広げる。心理学的介入の効果が乏しいと考えられてきた妄想や幻聴への認知行動的アプローチを紹介。精神科臨床に携わるすべての職種に役立つ実践的な1冊。

侵入思考

雑念はどのように病理へと発展するのか

デイヴィッド・A・クラーク 著
丹野義彦 訳・監訳
四六判　396p　定価：本体 2,800円＋税

意思とは無関係に生じる侵入思考は、うつ病、強迫性障害、PTSD、不眠症など、多くの心理的障害に特徴的なかたちで表れる。本書は、侵入思考がこれらの障害に果たす役割について論じた初の書物であり、新たな研究領域への扉を開くものである。

発行：星和書店　http://www.seiwa-pb.co.jp